山东省重点马克思主义学院建设经费资助项目
李安增泰山学者工程经费资助项目（TS201712038）

九州文库

『质』的探索

杨世宏 著

九州出版社
JIUZHOUPRESS

图书在版编目（CIP）数据

“质”的探索 / 杨世宏著. -- 北京：九州出版社，2021.12

ISBN 978-7-5225-0796-5

Ⅰ.①质… Ⅱ.①杨… Ⅲ.①质变—研究 Ⅳ.①B024.7

中国版本图书馆 CIP 数据核字（2022）第 011067 号

“质”的探索

作　　者	杨世宏　著
责任编辑	安　安
出版发行	九州出版社
地　　址	北京市西城区阜外大街甲 35 号（100037）
发行电话	（010）68992190/3/5/6
网　　址	www.jiuzhoupress.com
印　　刷	唐山才智印刷有限公司
开　　本	710 毫米×1000 毫米　16 开
印　　张	16.5
字　　数	237 千字
版　　次	2022 年 4 月第 1 版
印　　次	2022 年 4 月第 1 次印刷
书　　号	ISBN 978-7-5225-0796-5
定　　价	95.00 元

概　要

本书对哲学范畴“质”做了系统的分析和研究。对目前学术界的各主要观点进行了辨析总结，在此基础上，提出了自己的观点。主要研究思路是：第一，联系事物研究质，并将事物作为研究质的出发点。质是事物的质，质的存在与事物的存在是直接同一的，从某种意义上说，研究事物就是研究质。第二，联系量来研究质。因为质不能脱离量而存在，不了解量，就不可能真正理解质。第三，联系度来研究质。度是质和量的统一，离开量与质，就不能理解度。第四，联系本质研究质。分析质和本质的关系，阐述本质是根本之质，是整个质系统的核心。第五，以马克思主义为指导，在广阔的历史背景下，结合系统论研究质，对质和本质的层次性问题做了细致入微的分析。

研究质应当以事物为逻辑起点。事物是标志物质之实存性的哲学范畴，是自成单位或相对独立的客观存在，包括实体和关系。从认识论的角度来看，事物就是客体。事物的质所回答的问题就是：事物作为整体存在是什么的问题，所以质就是事物所具有的相对独立的整体功能状态，是事物成为它自身的直接规定性，这种规定性使该事物区别于他事物而又同于类事物。质的规定是内在的，也是外在的。外在的部分作为现象可以直接被感知，内在的部分需要通过抽象思维来把握。质的内容由量来规定，量是质的存在方式；质的稳定性和变动性取决于量的变化，由于事物矛盾运行的复杂性，质变形态呈现多样性，包括中性质变、正向质变和反向质变。

质的生成及其辩证性。事物的产生和发展与质的生成是同一的。首先，事物作为系统，其组成要素的质和量及其联系方式直接规定着事物的质，这是质生成的内在机制，因此事物系统质可表示为要素的质与量的函数，它体现着单一性与多面性、稳定性与变动性、显现性与潜匿性的统一。其次，事物之间的联系是质赖以实现和维持的条件，离开联系就无法理解质的存在。再次，对作为主体对象（客体）的事物来说，其质的确定离不开主体的实践。其一，事物的存在状态同人的实践需要相契合，使事物的某些潜在的功能和属性显示出来，被主体确定为系统质的一个部分。其二，在实践中，人通过思维把某一时间内事物的相对稳定状态确定为事物系统质的一个方面或要素。其三，质的生成同人们掌握世界的方式直接相关。以不同的方式掌握世界，就会得到不同的质。其四，质的生成过程也是主体与客体在实践中相互作用的过程。

从动态的角度看，质是一个运动过程。质、量、度三个概念是密切相关不可分割的。从维持事物性质稳定的角度看，度就是“质所规定的量”，即与质相对应的量。事物是作为过程而存在的，度就是质的运动过程所呈现的状态范围，是质的量的范围或区间，即与质相对应的量。质总是有一个进展的过程，这个过程的上限和下限就是关节点或临界点。在质的进程的区间内可以划分出程度不同的三个阶段：一是轻度（萌芽），二是中度（成熟），三是重度（衰败）。

从系统的观点来看，质具有层次性。系统质可以分为特殊质、共同质和根本之质（本质）三个基本层次。特殊质是指事物个体相互区别的特殊规定性，表现为具体事物之间的差异性，是“个别”所具有的某种限定的质。对异类事物来说，特殊质可以是表层的，也可以是深层的；对同类事物来说，它只能是表层的、非本质的。共同质是指事物类的规定性，是事物构成要素的共同点或同一性的集合体，事物所具有的类的特征或共性就是共同质。事物的特殊质与共同质相互联系不可分割，互为存在的前提。本质是质系统中占统治地位的部分，是事物成为它自身的根本规定性，是事物存在和发展的内在根据。事物的根本矛盾及其运动形式决定事物的本质，非根本矛盾及其运动形式决定共同质与特殊质。根据事物的共同矛盾与特殊矛盾，按照属种关系，可以将本质划分为一般本质与特殊本质。一般本质是指深藏于同类事物背后并为该类事物的每一现实个体所具有的共同矛盾和根本规定性，是个体事物可能没有完全表现而又不断趋近的那种规定性，它规定着该类事物的共性和运动趋势。特殊本质就是某事物或现象的最低属的存在根据，它由事物的特殊矛盾构成。特殊本质体现为由种所限定的属，或者说种中之属，即种差。一般本质存在于特殊本质之中，一般本质与特殊本质相互依存、相互规定，使事物从根本上既同于类事物，又别于类事物。

质与本质都是事物的规定性，但本质是比质更深刻的范畴：质与属性不可分，它可以成为感性认识的对象，而本质则是“根据”，只能通过理性思维来把握；质和本质在规定事物的差别方面具有不同的特点。质是直接的外在规定，表现为外在差别。本质是间接的内在规定，表现为内在差别。质的差别可以是历时式，也可以是并列式。本质的差别具有“同时性”和“相对性”的特点。特殊质、共同质和本质也是相互依赖不可分割的。特殊质包含了共同质，即共性存在于个性之中；共同质包含了本质，但并非任何共性都是本质，本质只是共同质中的核心部分。对质的研究有助于充实唯物辩证法的内容，更好地指导实践改造世界。

目　录

CONTENTS

导　论 …… **1**

第一章　事物："质"的现实形态 …… **10**

一、"物" …… 11

二、"事" …… 24

三、"事物" …… 31

四、"事物"与唯物主义之"物" …… 41

第二章　质与事物 …… **44**

一、历史上人们对"质"的理解 …… 44

二、怎样界定"事物"的"质" …… 49

三、质与属性 …… 60

第三章　质与量 …… **64**

一、量是质的程度和等级 …… 64

二、量是质的存在方式 …… 86

三、质与质量 …… 102

四、质之量的范围或区间——度 …… 107

五、质的进程 …… 113

第四章　根本之质：本质 …… **128**
一、对本质认识的历史考察 …… 128
二、质与本质的关系 …… 142
三、本质何以呈现于主体 …… 148

第五章　质的生成及其辩证性 …… **163**
一、事物的构成要素及其联系是事物质的基础 …… 163
二、外部联系在质的生成和实现中的作用 …… 167
三、内部联系与外部联系共同规定事物的质 …… 171
四、实践对质的确定 …… 175
五、质的单一性与多面性 …… 189

第六章　质和本质的层次性 …… **195**
一、系统质的层次结构 …… 195
二、本质的基本层次 …… 214

尾声　质系统研究的意义 …… **230**
一、有利于人们正确理解唯物辩证法的有关原理 …… 230
二、有利于人们认识、控制和改善事物的质 …… 234
三、有利于人们正确地认识事物的本质 …… 237

参考文献 …… **243**
后　记 …… **250**

导　论

随着中国特色社会主义进入新时代，哲学研究也进入了一个新时期，涌现出了大批学者，新著如雨后春笋，马克思主义哲学的研究也是盛况空前，令人欣喜，哲学的春天到来了。就马克思主义哲学来说，的确有很多问题需要深化理解，例如对哲学范畴“质”的研究在我看来还是个薄弱环节。一是理论阐释偏少，且不够系统，甚至语焉不详，忽略了质的丰富内容；二是由于对质的研究并不深入，造成了一些理论上的混乱，影响了人们对唯物辩证法的理解。

作为哲学基本范畴的质同事物、矛盾、质量、量、量变、质变、本质、现象、一般、个别等哲学范畴密切相关。辩证唯物主义的各基本概念与基本原理都是相互联系的，质作为一个基本概念，对它的理解是否到位，直接关系到对辩证唯物主义有关原理的理解，所谓牵一发而动全身。

从历史上看，比较系统全面研究质的哲学家是黑格尔，他的研究成果产生了深远的历史影响，成为马克思恩格斯创立唯物辩证法相关原理的直接理论来源。直到现在如果要讨论质的问题，黑格尔也是绕不过去的。就现代西方哲学来说，质作为一个传统哲学范畴似乎不是他们所关注的。现象学号称是关于本质的科学，但它所谓的本质是指纯粹的和一般的现象或者纯粹意识。① 虽然现代西方的模态逻辑思潮代表人物 S. A. 克里普克等人

---

① 张云鹏认为，胡塞尔现象学的“本质”是指“纯粹的和一般的现象”，“纯粹的”意味着最初的、直接给予的；“一般的”意味着非具体的、摆脱了感性内容的。现象是呈现在意识中的一切东西，包括感觉经验与观念。
张云鹏. 对现象学“本质”概念的界定［J］. 山东教育学院学报，1999（6）：19-21.

涉及“本质”的问题，但同现象学一样并未对质给予特别关注。

我国哲学界有些论著提及质的系统性、质的分类或层次性，包括普遍本质和特殊本质等问题，但都不够详尽和具体，缺少系统的分析论证。至于质有哪些层次，各层次之间是什么关系，如何划分本质的层次等问题也较少涉及，几乎成为哲学中的冷门。现行哲学教材和论著对质和本质含义的陈述相当空泛，很少做具体的分析。不仅忽略了质和本质的丰富内容，而且没有讲清二者的关系，这就不能不影响了对辩证唯物主义有关原理的理解。

著者认为，质的问题就是认识主体面对事物而发出的“是什么”的追问。呈现在主体面前的客体“是什么”，它的规定性如何？这也是历史上哲学家们在探讨本体论时不能回避的问题，但是直到现在这一问题实际并未真正解决，仍有继续探讨的必要。这一问题解决不好，很多哲学基础理论研究就无法深入下去。

本书的主要研究思路如下：首先，把事物作为研究质的出发点。事物是作为系统的存在，质必定也是一个系统。质的定义应当包括系统的功能属性，体现出统一性与多面性、稳定性与变动性。其次，系统是由若干要素按一定结构组成的，具有层次性，因而质也是有层次性的。质可分为要素质和整体质。再次，任何事物都是一般与特殊、共性与个性的统一，因此质可以区分为共同质与特殊质，质系统的核心便是本质。最后是关于本质的层次性问题。本书从属种关系的角度分析论述本质的基本层次。对质的探讨涉及很多哲学范畴，这项研究有助于充实唯物辩证法的内容，这在理论上和实践上都是有意义的。黑格尔说过真正的哲学史和哲学是统一的。因此本书对质的探讨要紧密结合哲学史，特别是西方哲学史，否则就很难找到定位。本书共分六章和尾声部分。

第一章主要是论述质的存在形态——事物。由于质和事物的存在是直接同一的，在一定意义上说，对质的研究就是对事物的研究。探索质的问题应当以事物的概念为逻辑起点。事物是一个复合概念，这就需要分别从“物”和“事”展开分析。“物”是指在空间上可以被描述的实体性的东西，包括天然的和人造的，是物质的具体存在形态。当然物与实体也不可以等同起来，物的内涵比实体更为广泛，除了包括实体外，也包括实体之间的关系，即是说物包括实体存在和关系实在。

“事”或“事情”的含义非常宽泛。从一般意义上说，“事”是客观世界发生的各种现象和过程，即物质客体内部诸要素（实体）之间或物质客体之间的相互作用状态或情形。主要有两种类型：一是自然存在的实体之间自发的相互作用；二是因人的活动而发生的物与物之间的相互作用，包括人与人之间、团体与团体之间、人与物之间、物与物之间的相互作用的情形。“物”和“事”都是人对客观存在的描述，物是从静态的、空间的角度进行的描述，侧重于实体；事是从动态的、时间的维度进行描述，侧重于关系。把事和物综合起来就是事物。事物是标志物质之实存性的哲学范畴，是自成单位的客观存在，包括实体和关系。从主体和客体的关系来看，事物就是主体认识和实践的对象。

在对事物及其内涵做了界定之后，第二章就需要对质与事物的关系进行探讨。对质的理解应同事物的系统性、整体性联系在一起，从事物中抽象出质的概念。事物是自成单位客观整体存在，具有相对独立性，这种相对独立性取决于事物成为它自身的是其所是的规定性，这种规定性相对于事物自身来说就是它的质或质系统，这是人对事物运动倾向性的一种描述。

界定事物的质有两个前提：一是要有既定的层次，明确是在什么层次上界定；二是被定义质的事物必须是处在相对稳定状态的单一整体存在。

质的内涵应当这样理解：从主体认识意义上看，质就是事物所具有的相对独立的整体功能状态，是事物成为它自身的直接规定性。质回答的问题是主体所面对的对象“是什么”的问题。从系统观点来看，质是事物成为它自身的自为规定性，是结构和功能、共性和个性的统一。所以质的实质内涵就是事物所具有的相对独立的功能状态和形式。

不管在何种意义上，质都是作为事物的属性而存在的，但质又不能与属性等同。质是抽象的，属性是具体的。同样一种质，在不同条件下会表现出不同的属性。如变色龙在不同的环境条件下，受到的刺激不同，它的皮肤会有不同的颜色。做饭需要添加食盐，如果适量则饭菜可口，如果太少或太多，饭菜就会变得无味或者苦涩难吃。

质的概念是从事物的概念引出的。质是事物属性的集合体，质由量来规定，量是质的存在方式。质与本质都是事物的规定性，但本质是比质更深刻的范畴：质与属性不可分，它可以成为感性认识的对象，而本质则是“根据”，只能通过理性思维来把握；质和本质在规定事物的差别方面具有不同的特点。

质的规定是内在的，也是外在的。外在的部分作为现象可以直接被感知，内在的部分需要通过抽象思维来把握。质与事物的存在是直接同一的，但质与事物也不能完全等同起来，不能把二者看成是一回事。对事物而言，如果只是某一个方面非根本的质丧失了，也并不意味着事物就不存在了。一部手机有多方面的质，如果有一个功能（质）如计步功能或播放mp3的功能丧失了，并不影响它仍然作为一部手机使用。因为丧失的这个功能并非手机的主要的或根本的功能。

对质的界定还需要讲清质与属性的关系。质是属性的统一体，事物的某个属性就是事物某个方面的质。当然质作为一个系统，也绝非是这些属性的简单堆积，而是这些属性的有机结合而表现出来的新的独立的属性。如电脑的每个零件都有不同的属性，但电脑的质也不是这些属性的机械相加，而是这些零部件通过一定的结构组合起来而形成的一种新的功能状态。

质是相对于量而言的，没有脱离量的质。因此一定要联系量来研究质，否则于质于量都是说不清、道不明的。这就是第三章重点探讨的内容。

首先要明确什么是量。在这里不是单纯地研究量，而是从质的角度考察量。从历史上哲学家对量的认识来看，尽管众说纷纭，但实际上无非是在用不同的方式表达这么一个核心理念：量是质的程度和等级。当前大多数教科书坚持认为：量是事物的规模、程度、速度等可以用数量关系表示的规定性。这个定义的内容暂且不论，仅从形式上看，用了列举的方式并加上“等等”这样的表述，作为一个哲学概念这是非常不严谨的。量应当是标志事物存在状态和变化程度的概念。“存在状态”是就静态而言的，涉及事物的时空规模、体量大小及组成要素的结构状态；“变化程度”意味着观察视角是动态的，指出了事物的运动速度、时空变动幅度的大小。

其次，界定了量的内涵之后，就要分析量的辩证性。这一点学术界涉及不多。量是绝对与相对的统一。量的绝对性是指量的客观性、无条件性，量与质一样都是事物本身所固有的规定性。在这个问题上，本书主要分析量的相对性。量的相对性是指量的条件性。事物量的规定随事物所处条件的变化而变化。如同性别同年龄的人在身高、体重、社会地位和各种能力方面有很大的不同，这表明事物量的规定受具体环境和条件的影响。主要表现在两个方面：一是同质不同量，因为量与事物的存在没有直接同一性；二是量的标准取决于主体的实践需要。这是量的相对性的突出表现。如对汽车尾气排放标准的制定，从“国一”到“国六”标准的升级，就是根据环保实践要求制定的。

再次，讲量的辩证性还要说明量的类型和层次性。事物的存在总是具体的，呈现为一定的规模、程度、结构以及运动状态的离散与连续的状况，与之相对应，事物的量也就可以划分为不同的类型：规模量或时空量、程度量或等级量、结构量或序量以及离散量和连续量。事物的存在具有高低不同的层次。从认识的角度看，量也有高低不同的层次，这些层次从低到高是这样排列的：一是名数或称数量，表示事物在量上的多少。名数实为有名字的数。名是事物之名。名+数=名数。二是无名数，即不与质直接相连的数，这些数是从自然事物中抽象出来的。三是常数或常量，指在某一运动过程中数值固定不变的量。四是变数或数量关系。量的这些不同层次反映了人们在实践中对事物的量及数量关系认识的深化。

第四，要明确质的存在方式——量。从现实来看，质以量的方式呈现出来，质的内涵是由量来确定的。质与事物的存在具有同一性，质的丰富内容就是以量的方式呈现出来的，没有量的规定，质就是不可思议的东西。从运动和静止的关系来看，事物的变化是从量的变化开始的，这些量的变化的另一面就是质的变化，当然也并非任何量的变化就一定引起质的变化。从价值意义上来看，由量变引起质变有三种情况：一是中性的质变，即纯客观的质变，不是有意对人好或对人坏；二是正向的质变。这就是我们常说的飞跃、上升；三是反向质变或称变质。这是下降的变化，由高级向低级的退化。在这三个类型的质变中，人们谈的最多的是正向质变，其他两种很少有人去研究。

第五，质和质量的关系。这是人们经常谈及的问题。通常人们把数量看作量，把质量看作质。这是不正确的，数量和质量的关系不是量和质的关系。数量其实就是名数、自然数；质量的含义很多，从科学的角度看，质量是物体的一个量化指标，是相对于数量而言的。质量是“质的量”，是相应事物对应的等级、程度的标识，因此质量不属于质的范畴，而属于量的范畴。质量实际上是内涵的量，或称等级的量、程度的量。质量与数量的关系是事物的内涵量（规模量）与外延量的关系。内涵量是事物的等级、程度的标志，外延量是事物的存在范围、广度的标志。正确理解数量和质量的关系，有利于加深对质与量、量变与质变的辩证关系的理解。

第六，质的量的范围或区间——度。质、量、度三个概念是密切相关不可分割的。从维持事物性质稳定的角度看，度就是“质所规定的量”，即与质相对应的量。事物是作为过程而存在的，度就是质的运动过程所呈现的状态范围，所以质总是有一个进展的过程，这个过程的上限和下限就是关节点或临界点。在质的进程的区间内可以划分出程度不同的三个阶段：一是轻度。这是质的进程的开始，是质、量、度统一的起始阶段。在这个阶段上的质量统一状态表现为事物发展的萌芽状态或雏形。二是中度。这是质的进程的典型形态。在这个阶段上的质量统一意味着事物已经充分发育，走向成熟，处在最佳最优状态，即最优适度。三是重度。也叫过度或极度。这是质的进程的极端。重度的特点在于它意味着事物开始从成熟走向衰亡，虽然还维持着质量统一状态，但这种统一已经变得极不稳定，开始走向质的边界，一旦突破边界，事物的根本质变就发生了。

第四章讲的是本质及其与质的关系。本质属于系统质，是系统质的核心，也是根本之质。所以必须联系本质来研究质，否则质和本质都讲不清楚。当前多数教科书给出的本质定义是：本质是事物的根本性质，是构成事物的要素之间的内在联系。根本性质就是根本属性，而根本属性是属于共同质的。本质应是共同质的核心或者最根本的东西。无论性质还是根本性质都是质表现出来的属性，是主体对客体的描述，所以性质、属性与质相比不是一个层次的东西。本质不应当是描述性的，而应当是决定性质的东西，即事物存在的根据。因此不能简单地说本质就是根本性质或根本属性。至于说本质是“构成事物诸要素之间的内在联系”，同样欠妥，因为这个“内在联系”就是必然联系，一般是指规律，规律是本质的动态表现，是从动态的角度考察的本质，事物只有一个本质，但事物的规律是很多的，因此严格说来不能认为规律就是本质。

对本质的陈述应当是表达被指称事物的内涵而非外延，也不能是对被指称事物的解释。本质就是事物成为它自身的内在根据，是事物是其所是的活动倾向或根本规定性。“内在根据”就是从因果关系角度说明本质是事物存在发展的内部原因，是事物内部的根本矛盾。如果说质是事物的直接规定或自为规定，那么本质就是事物存在的内在根据。

质与本质都是事物的规定性，但本质是比质更深刻的范畴：质与属性不可分，它可以成为感性认识的对象，而本质则是“根据”，只能通过理性思维来把握；质和本质在规定事物的差别方面具有不同的特点。其一，质是直接的外在规定，表现为外在差别。本质是间接的内在规定，表现为内在差别。质的差别可以是历时式，也可以是并列式。本质的差别具有“同时性”和“相对性”的特点。质和本质呈现于主体的方式有差别，质的具体存在形式是现象、属性，可以直接呈现于主体的感官；而本质不能直接呈现在主体面前，本质不能直接为人所感知。

第五章分析了质的生成及其辩证性。事物的产生和发展与质的生成是同一的。首先，事物作为系统，其组成要素的质和量及其联系方式就直接规定着事物的质，这是质生成的内在机制，因此事物系统质可表示为要素的质与量的函数，它体现着单一性与多面性、稳定性与变动性、显现性与潜匿性的统一。其次，事物之间的联系是质赖以实现和维持的条件，离开联系就无法理解质的存在。对作为主体对象（客体）的事物来说，其质的确定离不开主体的实践。其一，事物的存在状态同人的实践需要相契合，使事物的某些潜在的功能和属性显示出来，被主体确定为系统质的一个部分；其二，在实践中人通过思维把某一时间内事物的相对稳定状态确定为事物系统质的一个方面或要素。其三，质的生成同人们掌握世界的方式直接相关。以不同的方式掌握世界，就会得到不同的质。其四，质的生成过程也是主体与客体在实践中相互作用的过程。

第六章探讨了质和本质的层次性问题。这也是本书的亮点之一。从一般与特殊的关系来看，系统质可以分为特殊质、共同质和根本之质（本质）三个基本层次。特殊质是指事物个体相互区别的特殊规定性，表现为具体事物之间的差异性，是“个别”所具有的某种限定的质。对异类事物来说，特殊质可以是表层的，也可以是深层的；对同类事物来说，它只能是表层的、非本质的。共同质是指事物类的规定性，是事物构成要素的共同点或同一性的集合体，事物所具有的类的特征或属性的总和就是共同质。事物的特殊质与共同质相互联系不可分割，互为存在的前提。本质是质系统中占统治地位的部分，是事物成为它自身的根本规定性，是事物存在和发展的内在根据。事物的根本矛盾及其运动形式决定事物的本质，非根本矛盾及其运动形式决定共同质与特殊质。根据事物的共同矛盾与特殊矛盾，按照属种关系，可以将本质划分为一般本质与特殊本质。一般本质是指深藏于同类事物背后并为该类事物的每一现实个体所具有的共同矛盾和根本规定性，是个体事物可能没有完全表现而又不断趋近的那种规定性，它规定着该类事物的共性和运动趋势。特殊本质就是某事物或现象的最低属的存在根据，它由事物的特殊矛盾构成。特殊本质体现为由种所限定的属，或者说种中之属，即种差。一般本质与特殊本质相互依存、相互规定，使事物从根本上既同于类事物，又别于类事物。

尾声部分是小结，指出了本项研究的价值和意义。从系统观点研究事物的质，有利于深化对唯物辩证法的理解，澄清在有关问题上的误解；有利于人们认识、控制和改善事物的质；有利于人们正确地根据事物的本质，在实践中达到合目的性与合规律性的统一。

第一章

事物："质"的现实形态

哲学教科书和论著普遍使用"事物"范畴，究竟什么是事物？很少有人解释。"质"作为哲学范畴，总是与事物不可分离，质是事物的质，质与事物的存在具有直接同一性。事物失去其质，就会变成他物。事物也总是具有一定质的事物，不具有一定质的事物不存在。所以，不能离开事物来讲质，也不能离开质讲事物。在一定意义上，研究质就是研究事物，事物是质的现实形态，成为研究质的前提和起点，所以必须联系事物来研究质。

应当说事物是一个很重要的哲学范畴，它对于理解物质、质、唯物主义等基本概念具有重要意义。人们说话写文章频繁地使用"事物"概念，似乎这是一个不言自喻的概念或词语，但如果问一下究竟什么是事物？恐怕很少有人能做出解释。翻翻目前的哲学辞典和论著及教科书，令人吃惊的是，对这样一个使用频率极高的概念，却极少有人作出解释。人们处在事物的海洋里，无时无刻不在同它打交道，但却忽略了对它的概念做出明确规定。从行文来看，不同的人在不同场合使用的事物概念含义不尽相同，概念使用的随意性、差异性也说明事物本身及其关系的复杂性。

事物是一个复合词，可分为"事"和"物"。古人云："物有本末，事有始终"（《礼记·大学》）。但人们经常不加区别地使用"事""物""事物"三概念。为使哲学概念明晰清楚，应当区分"事"和"物"。

一、“物”

(一) 关于物的概念

1. 物的本意

什么是物?“百度百科·物”词条的解释是这样的:“本义是指杂色牛,引申指毛色、杂色,这些意义只见于上古。因杂色含有众多的意思,故引申为万事万物。另一意说,物本义指万物,引申指具体的物品,还特指自己以外的人、事、物,多指众人。”物在甲骨文中就已经出现,“牛”为形旁,“勿”为声旁。甲骨文有上下结构和左右结构两种构型。从甲骨文字形来看,左半部分或下半部是头“牛”,右半部或上半部是声旁“勿”字,“牛”是表示“牛”的形象;“勿”表示人以刀屠牛血流溅射的状态。《说文解字》云:“物,万物也。牛为大物,故从牛勿声。”(清·陈昌治刻本卷[牛部]《说文解字》)“物”字最初反映的是“人”和大物“牛”的关系,但这里的“物”还只是感官认识意义上的,严格说来还不是哲学意义上的。“物”字在周初古籍中不多见,春秋时代则大量出现。据统计,《国语》《左传》中出现过百余次,其含义颇为丰富,有一部分是与哲学无关的,但大部分是应该列入哲学范畴的,能够反映春秋时代人们的认识水平。

古人讲“物”大体上有三个方面的含义:

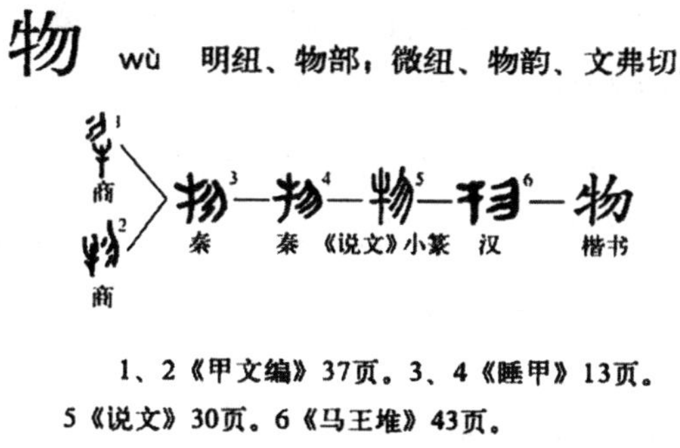

图1 物的字形演变(百度·百科)

一是指自然之物。这是指独立于人的意识之外的东西，可以是人认识和改造的对象。《国语·周语》云：“夫利，百物之所生也，天地之所载也”，“物生而后有象”。《老子·四十二章》：“道生一，一生二，二生三，三生万物。”《荀子·天论》：“大天而思之，孰与物畜而制之！从天而颂之，孰与制天命而用之！望时而待之，孰与应时而使之！因物而多之，孰与骋能而化之！思物而物之，孰与理物而勿失之也！愿于物之所以生，孰与有物之所以成！故错人而思天，则失万物之情。”这里所言物是指人在实践中遇到的自然物，属于自然客体，是基于人与自然关系层面上的客观事物，有较浓厚的哲学色彩。

二是指社会生活中的“物”。如《国语·周语》云，“昭明物则以训之”，“更姓改物以创制天下”，“大物其未可改也”；《诗经·大雅》，“天生燕民有物有则”；《左传·隐公》云，“凡物不足以讲大事”；《墨子·尚贤》云，“上之所以使下者，——物也；下之所以事上者，——术也”，“昔者三代暴王桀纣幽厉之所以失措其国家，倾覆其社稷者，已此故也。何则？皆以明小物而不明大物也。”这里“小物”和“大物”指的是小事理和大事理。

三是指一般存在物。包括自然中的“物”和社会生活中的“物”。《老子·六十二章》：“道者万物之奥。善人之宝，不善人之所保。”这是说“道”是万事万物的主宰，善良的人将它看作完善自己的法宝，不善之人也会用它来保护自己。《管子·内业》云：“万物以生，万物以成，命之曰道。”《易传·序卦传》云：“有天地然后万物生焉，盈天地之间唯万物。”这里的“天地”即为乾坤，有了天地，万物就会产生，充盈天地之间的唯有万物。《荀子·天论》云：“万物各得其和以生，各得其养以成，不见其事而见其功，夫是之谓神。”万物得到大自然各种因素的调和而生长，得到大自然的滋养而成熟，看不到大自然在做事情而只看到成果，这就是“神”。范仲淹《岳阳楼记》中的“不以物喜，不以己悲”，就是不因外物的优劣状况和自己的得失而感到愉悦和沮丧，这里的“物”类似于我们今天所讲的“事物”，既是日常生活中的物，也是哲学意义上的物。

可见"物"在古代哲人那里含义非常宽泛。当然在不同时代也会有不同的相对应的概念，如物与德、物与心、物与天、物与道等，这表明人们对客观世界的认识不断加深。总的说来，"物"在中国古代哲学中是可感知的现象世界，即"万物"。

2. 从物到物质

物的含义非常宽泛，往往在不同的语境中有不同的含义。

（1）常识语境中的物

日常生活中人们所说的物就是自然之物，即感官所及的自然界中的各种东西，这是一种经验实在，包括天然之物和被人的实践所改造的东西。一块石头、一只小鸟、一件衣服等都可以视为自然之物。总之常识语境中的物就是本身所具有的颜色、气味、广延、密度等物理性质的真实存在。在常识范围内物、东西、事物没有严格区分，可视为同义词。

（2）科学语境中的物

在科学视野中，物是事或关系的基础，是一种质料聚集系统。聚集意味着它是由多个因素组成的系统整体，是一种独立性的存在。德国哲学家马丁·海德格尔（Martin Heidegger，1889—1976）从存在者之存在的角度去思考存在者本身。他通过词源学考证，认为德语的"物"（thing）这个词意味着"聚集"，如果生活常识中的物只是人的感官经验所及的各种自然物，那么科学语境中的物则是人的思维从生成意义上把握的结果，揭示出物是由性质、能量以一定的方式构成的系统，或如马克思（Marx，1818—1883）所说的"物质的原始形式"，这是事物"内部所固有的、活生生的、本质的力量，这些力量使物质获得个性"①。这就是说形成了在时空上可以被描述的物质聚集系统，表现为各种实物。马克思的这个思想似乎被现代物理学的发展所证实。现代物理学认为，所谓基本粒子（如质子和中子），都是处于强相互作用的两个较低形态，其地位与重子、介子以及比氢重的原子核基本无区别。既然强相互作用粒子都是动力学结构，这

---

① ［德］马克思，恩格斯．马克思恩格斯全集：第 2 卷［M］．北京：人民出版社，1957：163.

种结构把粒子的存在归因于相互作用，这样粒子就不再是属性或性质的承担者了，因为粒子也只是一个关系系统的连接点而已。德国哲学家海因茨·霍尔茨（1927—2011）认为：“我们从哲学意义上也可以把性质看作是规定者，因为正是它才构成了粒子。另外，性质的变化同时也就是粒子的变化”。他认为，“物理现象中所发现的关系和性质本身也不需要任何固定不变的承担着，性质本身就是客观实在，粒子完全是由其性质构成的”，“正是性质构成了承担者”。① 这是说物作为由性质构成的系统，依赖于性质的存在和认定。可见，科学对于物的考查，侧重于实体的性质、构成成分、结构与功能以及它对于人的价值等方面。基本粒子、分子和物体等都属于自然物质客体的实体；个人、社会组织、团体等属社会物质客体的实体。物质客体的实体和属性是不可分割的两个方面。

（3）哲学语境中的物

哲学上所讲的物通常有三个方面的含义：

一是物质形态。宏观上说就是山川草木虫鱼鸟兽等形形色色的物质形态以及像高楼大厦、飞机、电脑等各种人化自然物。这与常识语境中的自然物类似，但也有不同的内容，如分子、原子、基本粒子、电磁场等就是常识中物不包含的。

二是物自体，又名自在之物，即自行存在或自在的东西。“自在之物”是相对于“为我之物”而言的。如果说“为我之物”是指能够被人所认识和掌握的东西，具有属人性；那么“物自体”就是不能被人认识和掌握的。英国哲学家约翰·洛克（John Locke，1632—1704）就认为物自体作为精神实体和物质实体都是不可认识的。后来康德发挥了这个思想，认为物自体是人无法认识的东西，究竟什么是物自体康德也没有说清楚。现在人们对物自体做了新的解释，赋予了新的含义。例如孙学章认为一切现象之物或纯粹现象都源于物自体，没有物自体就没有世界万物，物自体是产生世界万物的动力，这种动力就是能量。在常识语境中如果把物体所有的

① ［德］H. 霍尔茨. 物质是实体吗［J］. 哲学译丛，1982（4）：34.

物理性质去掉，不考虑感觉因素，这个物体就是物自体。物自体有两类：一类是能量物自体，即引起现象的物自体；另一类是隐在者，即不产生现象的物自体。① 可见物自体是一种没有任何形式和性质的单纯存在物，与能量、物质具有等值性。

三是指与精神、意识相对立的范畴，即主体活动的客观对象，包括自然物，也包括社会的物质关系或生产关系，如马克思的人的发展的三个阶段理论中的第二个阶段就是"以物的依赖关系为基础的人的独立性"的阶段，"物的依赖关系"中"物"的主要商品和经济关系。

"物"在哲学词典里是这样解释的："与意识相对的一切可感知的客观实在的东西，一切主体活动的客观对象。"② 这个定义指明了物是客观实在的具体的东西，即物质的具体存在形式，把物和物质区分开来。这种区分是必要的，因为日常生活中人们提到的物也总是有所指的，都是具体的东西，而不是指物质本身。当然，把物看成是主体活动的客观对象严格说来也有不妥之处。因为并非任何"物"都是主体活动的客观对象，物与客体也是不能等同的。众所周知，客体是主体认识和实践活动的对象，是相对于主体而言的，无主体即无客体，只有进入主体活动范围，并与主体发生联系或成为主体改造的对象的东西才是客体。物作为客观存在的一切现象，只有在一定条件下才成为客体。那些虽然客观存在着，但没有被人认识的物就不是客体。当然，现代人认识不到的东西，将来的人会认识到，正如对古人不是客体的东西，很多已经成为现代人的客体。在潜在意义上或者从可能性上来说，物就是客体。

作为哲学范畴的物质概念就是对各种物进行抽象的结果，从物抽象出物质是人类思维发展的结果，也是人类对客观世界认识深化的表现。恩格斯（Engels，1820—1895）指出："物、物质无非是各种物的总和，而这个

① 孙学章. 本质学——向物自体还原［M］. 北京：中国人民大学出版社，2014：45.

② 冯契. 哲学大辞典：马克思主义哲学卷［Z］. 上海：上海辞书出版社，1990：603.

概念就是从这一总和中抽象出来的。"① 抽象出来的是什么？恩格斯没有作答。列宁（1870—1924）发展了恩格斯的思想，回答了恩格斯未能回答的问题。列宁指出："物质这个概念在认识论上，正如我们已经讲过的，指的只是不依赖于人的意识并且为人的意识所反映的客观实在。"② "实在"就是经过实践证明的客观存在。山川草木虫鱼鸟兽等都是物质的具体存在形式，而"物质"这一概念就是从物质存在的具体形式中概括抽象出来的。物质就好比是水果，物质的具体存在形式就是苹果、梨、香蕉、葡萄、橘子等。在这里"物"就是物质的具体存在形式，是个别，有个性；而物质是一般，无个性。日常生活中人们提到的"物"也总是有所指的，即指称具体的东西，而不是指物质本身。所以，不能把物质的具体形态和物质本身等同起来，正如不能说水果就是苹果一样。

在一般意义上，可以说"物"就是指在空间上可以被描述的客观存在的一切实体性的东西，包括被人认识到的实体性存在和未被认识到的实体性存在，也包括天然的和人造的。正如"360 百科·事物"词条所言："存在的一切是为物。自然环境里，不因人的存在而存在的本身通过认识能用空间概念来描述的一切就是物。物的存在是一切有无和存在包括人出现的基础。"

（二）物与实体

物与实体是两个含义相近的概念。物有广义和狭义之分。广义的物就是客观存在着的一切事物，包括被人认识到的也包括未认识到的。人们通常是在广义上使用"物"这一概念的。狭义的物是相对于"事"而言的，成为"事"的基础，相当于实体。实体（substance）是西方哲学的概念，其英文源于拉丁文 substare，有本质、具体事物、个别主体、现象的支持者等意义。一般说来哲学上所讲的实体是相对于关系而言的，是指能够独立

① ［德］马克思，恩格斯．马克思恩格斯选集：第 3 卷［M］．北京：人民出版社，2012：939.

② ［俄］列宁．列宁选集：第 2 卷［M］．北京：人民出版社，1972：226.

存在的、作为一切属性的基础的东西。可见物与实体相比含义更为宽泛，物包括实体，也包括实体之间的相互关系或由此产生出来的各种属性（事）。

从人类认识史的角度看，实体包括宏观的和微观的，在此基础上，人们又发现了辩证实在和关系实在，标志着对实体认识的深化。

1. 宏观实体论

人类早期只能根据生产、生活经验来思考世界。因此，古代哲学中的实体都是在宏观层次上说的，或者在日常生活的层面上讲的。亚里士多德（公元前 384—公元前 322）的实体观就非常典型。亚里士多德曾对实体做出过比较深入的分析，认为实体是独立存在的东西，是一切属性的承担者，从语言和逻辑上说它处于主词地位，其他表示数量、性质的范畴依附于实体，处于宾词的地位，是对主词的说明。实体的主要特征是：它是"这个"而不是"如此"，实体是独立的，可以分离存在的；亚氏认为实体是一切存在的基础（或称为"万有之有"），一切宾词（属性、动作）的主体以及事物的本质等都以实体的存在为依托。他在《形而上学》中归纳了实体的四种含义：一是指单纯的物体，如土、水、火之类，以及由此类单纯的物体组成的事物和它们的各个部分。它们不作为别的主词的宾词，而别的事物却为它们作宾词；二是作为"存在"原因的事物；三是事物借以成为独立个体而存在的界限或基础（如它毁灭，事物也全毁灭）；四是事物的本质。① 对此亚里士多德又做了两点解释：其一，凡属于最底层再没有别的事物被它所说明了；其二，那些能够分离独立成为一个"这个"，即质料、形式以及作为二者之统一的个体事物。

亚里士多德还从逻辑学、认识论、本体论三个方面规定了实体。认为实体有三个"先在"的特征，即"（1）定义上在先，（2）认识次序上在先，（3）时间上在先。"② 从本体论上说，实体是独立存在的，它不依赖于其他东西。至于其他范畴，如数量、性质、关系都是属于它的。在认识

① 谢庆绵. 西方哲学范畴史［M］. 南昌：江西人民出版社，1987：96.
② 谢庆绵. 西方哲学范畴史［M］. 南昌：江西人民出版社，1987：96.

论上，实体是认识的对象，认识就是要搞清楚"是什么""为什么"。在逻辑上，实体是主词，而其他的词、概念是宾词。一方面，实体是属性的基础或依托，无实体即无属性。亚里士多德认为，正是依靠实体这个范畴，其他的任何一个范畴才会成立。可见，实体是绝对意义上的"有"，属性是相对意义上的"有"或称"有限制意义"上的"有"，实体是作为存在之存在而存在的。另一方面，实体是单一的，而属性是多样的，实体稳定，属性多变。实体本身性质可以不变，但由于实体自身的运动状况的变动，就会产生不同的性质或状态，例如，同一个人可以有时健康，有时生病，但仍是这一个人；实体是变中不变的东西，是生成变化的基础。亚里士多德认为这是实体"最突出的标志"。

亚里士多德在谈到实体和属性的关系时说："实体无相反者，属性则有相反的东西，如性质上的好坏，数量上的多少。实体是不容许有不同程度的。"① 如不能说比别的时候更像苹果或更不像苹果。属性是可以有程度的区别，如颜色深浅、温度高低、体积大小等。

亚里士多德从质料和形式的角度分析实体，认为实体是质料与形式的组合，质料、形式及二者组合的个体在某种意义上都叫实体，严格说来却只有形式，即本质才是实体，形式与质料组成的个体构成第二实体。在《形而上学》第12卷中，他又认为最高的实体是永恒不动的、无生无灭的，是万物运动终极动因，即第一推动者——神。亚里士多德关于实体的观点在日常生活领域是充分有效的，符合经验事实，是人类认识史上的一个台阶。

2. 微观实体论

在亚里士多德谈论宏观实体的同时，也有不少人在思考微观实体。主要是古希腊哲学原子论，代表人物是古希腊哲学家留基波（生活在公元前5世纪）和德谟克利特（约公元前460年—公元前370年）。他们认为原子是组成万物的最小微粒。原子只有大小、形状和位置的差异，这就把原子

---

① 谢庆绵. 西方哲学范畴史［M］. 南昌：江西人民出版社，1987：97.

看成是最基本的实体。近代唯物主义者依据自然科学的物质结构理论，提出物质就是原子，原子是最基本的物质实体，具有质量不变、不可分割性的特点，成为"宇宙之砖"。这是形而上学唯物主义物质观。英国化学家约翰·道尔顿（John Dalton，1766—1844）和意大利化学家阿莫迪欧·阿伏伽德罗（Amedeo Avogadro，1776—1856）提出了原子—分子假说，认为物质由分子构成，分子又是由原子构成的。原子和分子的种类不同，其性质、大小、重量也不相同，但都是处在永恒的运动之中的，这是对原子实体说的发展。

3. 辩证实在论

亚里士多德关于实体的思想在历史上有深远的影响。从他开始形成了西方哲学实体本体论的传统。这一传统把实体理解为先于其他东西而独立存在的、固定不变的作为其他东西的主体、基础、原因和本质。西方中世纪的经院哲学从论证神学的需要出发，利用亚里士多德关于实体思想中的唯心主义成分，贬抑人和自然界，论证上帝是最圆满的实体。近代西方哲学家们基于最新科学成就，在批判经院哲学的同时，提出了各具特色的实体观。法国哲学家、数学家勒内·笛卡尔（René Descartes，1596—1650）认为实体即"能自己存在而其存在并不需要别的事物的一种事物"，他把实体分为三类：自我（心灵）、物体和上帝，其中上帝是主宰者。荷兰哲学家巴鲁赫·德·斯宾诺莎（Baruch de Spinoza，1632—1677）认为实体是万物存在的基础和根源，实体是"自因"，具有唯一性、无限性和永恒性。从莱布尼茨开始，实体本体论开始受到质疑。德国哲学家、数学家戈特弗里德·威廉·莱布尼茨（Gottfried Wilhelm Leibniz，1646—1716）反对用机械论观点来看待实体，认为实体有内在的活力，不是僵死的东西，"能动性是一般实体的本质"，他把实体规定为无限众多的精神性的"单子"，认为每个单子是独立自存的"单纯实体"。德国古典哲学代表黑格尔（G. W. F. Hegel，1770—1831）改造实体这个范畴，认为"绝对理念"才是最高、最丰富的范畴，实体只是绝对理念发展过程中的一个重要阶段，而对实体的认识必须经过一个辩证的中介过程。他提出"实体就是主体"，即是说：

实体是一种独立自存的、能动的精神存在，它能自我产生，能创立自己的对象并且扬弃自己的对象而返回自身，是一种自我发展过程的实体。马克思指出：“把实体了解为主体，了解为内部的过程，了解为绝对的人格。这种了解方式就是黑格尔方法的基本特征。”① 马克思主义哲学扬弃了历史上的实体概念，立足辩证唯物主义，以物质概念取代实体概念，科学论证了物质是世界的本原。

实在就是“存在”，独立于人心之外。在认识论意义上，实在就是“主—客统一体中的可客观化的方面”或者说“客观实在即是‘物质（质料）—实践’统一体中的可客观化方面”。②

马克思恩格斯从人与自然统一的观点出发，指出以往的哲学关于实体概念的形而上学性质。认为号称“当时哲学最高荣誉”的“斯宾诺莎的实体”，“是形而上学地改装的、脱离人的自然”。③ 马克思恩格斯揭示了哲学家想象为“实体”的东西的现实基础，即“每个个人和每一代所遇到的现成的东西：生产力、资金和社会交往形式的总和，是哲学家们想象为‘实体’和‘人的本质’的东西的现实基础。”④ 哲学家们所谓的“实体”无非是经验现实的形而上学思辨的产物。

列宁虽然也使用“实体”概念，但其含义不同于传统的“实体”，不再像水果的内核那样坚硬，而是把实体概念看作认识发展过程的一个阶段性成果。“空洞的教授哲学所描述的任何其他的‘不变性’，任何其他的‘实质’，任何‘绝对的实体’，在马克思恩格斯看来都是不存在的。物的‘实质’或‘实体’也是相对的，它们只表现人对客体的认识的深化。”⑤ 列宁在马克思恩格斯的基础上，进一步批判了形而上学实体观，用“物

---

① ［德］马克思，恩格斯．马克思恩格斯全集：第 2 卷［M］．北京：人民出版社，1957：75.

② 罗嘉昌．从物质实体到关系实在［M］．北京：中国社会科学出版社，1996：340.

③ ［德］马克思，恩格斯．马克思恩格斯全集：第 2 卷［M］．北京：人民出版社，1957：177.

④ ［德］马克思，恩格斯．马克思恩格斯选集：第 1 卷［M］．北京：人民出版社，2012：173.

⑤ ［俄］列宁．列宁选集：第 2 卷［M］．北京：人民出版社，1972：268.

质"或"客观实在"取代了"实体"概念，列宁指出："物质是标志客观实在的哲学范畴，这种客观实在是人通过感知感觉的，它不依赖于我们的感觉而存在，为我们的感觉所复写、摄影、反映。"① 从列宁的物质定义可以看出，物质是实体的观点已经被放弃，取而代之的是"物质就是客观实在"，同时也提出了何谓客观实在的问题，而这个"客观实在"是肯定包括实践在内的，并可以随着实践的发展而改变，人类生活世界的实体都是作为人的对象而存在的，都是实践的产物，于是实践的、辩证的实在论最终取代了形而上学实体本体论。

辩证实在论是对实体本体论的扬弃，它认为不存在不可分割的作为世界基元的实体，世界的本原是物质。物质是独立于人的意识之外并能为人的意识所反映的客观实在。

4. 关系实在论

关系实在论是关于世界万事万物以何种方式存在的学说。"简单地说，关系实在论，是主张关系即实在，实在即关系，关系先于关系者，关系者和关系可随透视方式而相互转化的一种哲学观点和理论。它期望通过'关系'和'实在'的相互诠释达到对存在的辩证理解，而破除形而上学的绝对实体观。"② 这是一种尝试以关系的实在取代绝对实体的思路，同时也尝试通过实在对于关系的依赖性的阐释来消解坚硬的、绝对的形而上学之实体。

关系在常识意义上被理解为实体之间的相互作用情形或状态。"所谓关系无非是说什么与什么的关系，没有了这什么、什么，也就没有了'与'（关系）"。③ 这是从传统"实体"视角，也是日常生活视角对"关系"做出的规定，自亚里士多德以来，人们都是这样理解关系的。但是关系实在论极力消解"实体"这个坚硬的球体，因而它所讲的关系更侧重于现实性和潜在性之间的转化与依存。关系实在论与中国古代的缘起论以及

---

① ［俄］列宁. 列宁选集：第 2 卷［M］. 北京：人民出版社，1972：128.
② 罗嘉昌. 从物质实体到关系实在［M］. 北京：中国社会科学出版社，1996：8.
③ 罗嘉昌. 从物质实体到关系实在［M］. 北京：中国社会科学出版社，1996：340.

《周易》的阴阳论的致思路径是相似的。张东荪（1886—1973）、唐君毅（1909—1978）等人曾提出中国哲学无实体论的思想。罗嘉昌认为“欧洲哲学倾向于在实体中去寻求真实性，而中国哲学则倾向于在关系中去寻求。”① 英国学者李约瑟（Joseph Needham，1900—1995）通过对道家、佛家思想的研究，认为中国哲学思维方式是一种“有机的关系模式”和“相互关联的思维”，他认为“无论如何，中国人的思想总是关注着关系，所以就宁愿避免实体问题”，“在所有的中国思想中，关系（‘连’）或许比实体更为基本”。② 这种以关系即相对相关性为中心的思维方法，对西方哲学从莱布尼茨直到20世纪的怀海特产生了深远的影响。

中国佛教以华严宗为代表的无尽缘起论认为一切都是暂时的，没有永恒不变的自性，不存在任何独立自存的实体或事物，任何事物都依赖其他事物，都在一定的条件、关系（缘）中生成、突现（起）。宇宙本是造化流行、浑灏流转，此刹那显现为此存有者。这种思想与《周易》中阴阳相合化生万物的观点是一致的。无论儒家还是道家主要不是在实体意义上讲阴阳，即使涉及实体，也只是取其象征意义，所以不能把阴阳看作两个实体，而应理解为两种性质相反的事物、状态、功能、作用和力量。阳表示刚健之道，如：天，日，君，父，男，热等；阴表示柔顺之道，地，月，臣，母，女，冷等。老子：“万物负阴而抱阳，冲气以为和。”（《道德经·四十二章》）“一阴一阳之谓道。继之者善也，成之者性也。”（《周易·系辞上》）显然，儒家、道家把阴阳看作世界的根源，就是一种关系实体论。丹麦科学家玻尔（1885—1962）在1937年访问中国时，对中国古代哲学用阴阳来表示对立面的互补性感到震惊，他认为他提出的互补概念与中国古代哲学阴阳和合思想是一致的。他受此启发，选用表示阴阳互补关系的太极图作为自己的家族族徽的中心图案。

现代科学的发展加深了人们对“实体”的认识。在广义相对论中，作为引力场的“源”已不再是“质量”（或实体），而是能量（能—动量张

① 罗嘉昌. 从物质实体到关系实在［M］. 北京：中国社会科学出版社，1996：336.
② 罗嘉昌. 从物质实体到关系实在［M］. 北京：中国社会科学出版社，1996：337.

量）。在微观领域，正电子与电子相遇会发生湮灭，转化为光子的能量，这就表明实物的质量可以完全转化为能量，动摇了传统的“质量是物体本身的属性”的传统观点。正如德国物理学家沃纳·卡尔·海森堡（Werner Karl Heisenberg，1901—1976）所说："能量实际上是构成所有基本粒子、所有原子，从而也是所有万物的实体。"① 海森堡基于两个微观粒子高能碰撞产生新粒子的事实提出当真正不灭的实体即能量获得一定的形式时，就变成了基本粒子。原子及其之下的质子、中子可以视为微观实体或具有微观实体的性质。比质子、中子更小的夸克、正奇子、反奇子的非实体的性质是明显的。粒子越小，就越具有非实体的性质。奇子直径即等于普朗克长度，是 10^{-33} 厘米。物质不断分割下去，体积越来越小，而种类急剧减少，越来越趋同化，达到极限之后就剩下两种，但不会是一种，因为一种物质无论如何不可能构成多种物质，从阴阳的观点来看，阴和阳是相对而言的，二者相互依存，都不能脱离对方而单独存在，更不能化生万物。所以物质是由简单的二元素构成，即正和负或阴与阳，趋向无限小，但绝不会是零。可见，物体无限分割的结局最后归于阴阳或正负两种性质不同的力量，这就是非实体化，是为关系实在。

日本物理学家汤川秀树（1907—1981）在探究已发现的三十多种基本粒子背后的东西时，想到了庄子的一篇寓言："倏"和"忽"在他们的好友"混沌"那里相会，"倏"和"忽"发现"混沌"面部没有七窍器官，于是他们强行在"混沌"的脸上安装了七窍器官形式，结果导致"混沌"死亡。汤川秀树由此受到启发，认定万物最基本的东西是没有固定的形状或形式，是一种无序状态的"混沌"，这也说明越是基本的东西就越是具有非实体性质。德国哲学家 B. 巴芬克认为，现代物理学不再需要康德所说的实体了，"今天的物理学家已经知道，他的原子或电子等等不再被认为是实在的硬块"，"整个关于实体的物质的概念在我们手中消失了"② 这都表明了实体本体论是人类认识世界的一个阶段，这种实体观适合于日常

① 罗嘉昌. 从物质实体到关系实在［M］. 北京：中国社会科学出版社，1996：179.
② 罗嘉昌. 从物质实体到关系实在［M］. 北京：中国社会科学出版社，1996：184.

生活领域。但随着人们对物质世界认识的深入发展，由实体实在论发展到关系实在论就是一个必然的趋势。马克思在《德意志意识形态》中提出了一个著名的命题“实践的唯物主义者即共产主义者。”① 此后就有很多哲学家称马克思主义哲学为“实践唯物主义”，应当说这不是偶然的，这同辩证实在论并不矛盾。实践唯物主义认为现实世界从根本上说不是由坚硬的实体所构成，也并非从来如此，而是实践的产物，是历史的产物，是人们世世代代活动的产物。实践意味着多重关系，既有人与自然的关系，又有人与人的关系。实践活动本身就处在社会关系之中，从某种意义上说，这又何尝不是关系实在呢？当然这并不是说世界的本源就是实践，为此马克思还强调过自然界存在的优先地位。可见，实践唯物主义也支持关系实在论。

二、“事”

“事”这个词在日常生活用语中具有很高的使用频次，人们经常说“事在人为”“多事之秋”“认真做事”“事事如意”等，但如果要问“事”的确切含义是什么？很多人恐怕一时语塞，回答不出来。日常用语中所言之“事”都是具体的，通常是可感知到的，还没有上升到哲学高度。

怎样把“事”提升到哲学高度？首先要做的就是从具体上升到抽象。因此需要对“事”做一番考察。

（一）事的本意

关于“事”的定义。“百度百科·事”条目是这样解释的：“此字本义指治事、从事；引申义指事业、事情；职事；任职、侍奉等；还可指事例、成例。”事与史同源，在甲骨文原本一字，到西周时，事开始从史中分离出来。在中国传统文化中，“事”的含义主要有二：其一，治事，从事，侍奉，也引申为职业，职事。《说文解字》据此整理作“从史之省声”

---

① ［德］马克思，恩格斯. 马克思恩格斯选集：第 1 卷［M］. 北京：人民出版社，2012：155.

是理据重构，其实是手持变形的猎具，引申为从事（狩猎）。《论语·颜渊》：“回虽不敏，请事斯语矣。”就是说“我（颜回）虽然不聪敏，请让我照这些话去做。”《孟子·梁惠王上》：“是故明君制民之产，必使仰足以事父母，俯足以畜妻子。”宋欧阳修《镇阳读书》：“平生事笔砚，自可娱文章。”《史记·樊郦滕灌列传》：“舞阳侯樊哙者，沛人也。以屠狗为事。”其二，指事情，人类生活中的一切活动和所遇到的一切现象，尤其指天子、诸侯的国家大事，如祭祀、盟会、兵戎等，有时也指变故。《谷梁传·隐公十一年》：“天子无事。”此处的“事”指国家大事。汉贾谊《新书·过秦下》：“天下多事，吏不能纪。”这里的“事”指变故。《礼记·大学》：“物有本末，事有终始。”每样东西都有根本有枝末，每件“事”总会有一个过程，有始有终。

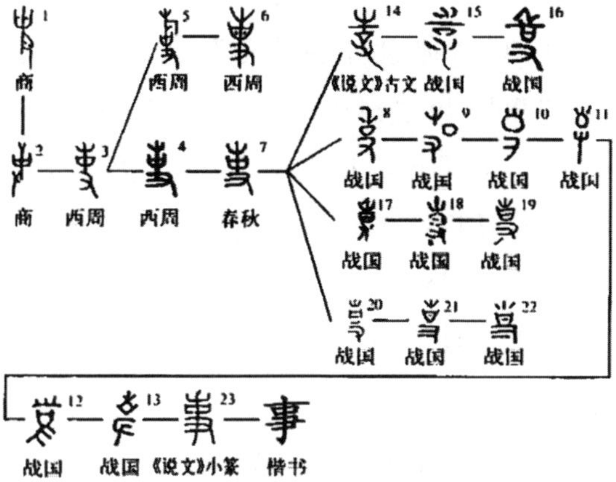

1、2《甲文编》127页。3、4、6《金文编》198～200页。5《类编》62页。7、15、16、20《汉语字形表》115页。8—13、21、22《古文典》106～107页。14、23《说文》65页。17、18、19《战文编》185～186页。

图2 “事”的字形演化图（百度汉语·事）

（二）日常生活中的事

日常生活中所讲的事都是具体的事件或事情。如人的实践活动，自然界的山洪暴发、龙卷风等。社会生活中的事情，如夫妻吵架，各种刑事、民事诉讼，等等。“百度汉语·事”中，事的定义：事是指质量空间分布的随时变化。因为物质是质量空间分布，所以事也可定义为：物质随时间的变化。事包含宇宙中发生的所有事件。事是所有精神事件的统称。宇宙中的事都必须经历时段，所以都是精神事。这个事概念的外延不仅包括人类之事，也包括动物事、植物事、细菌事、病毒事等生命体之事，还包括所有非生命体之事。

这种解释的合理性在于描述了“事”的存在状态，对“事”做了内部和外部性解释。但是其缺陷也是明显的。

第一，说“物质随时间的变化”，这个说法不正确。辩证唯物主义认为，时间空间是运动着的物质的存在形式，时间空间不能脱离物质而单独存在，说物质随时间而变化，就是把时间与物质分割开来了。

第二，说“事是所有精神事件的统称”这种观点是片面的。因为“事”包括客观物质“事”和“精神事”，后者是对前者的反映或记载。当客观物质“事”的发生过程已经过去了，因为时间具有一维性，既往的过程无法再现，那么怎样认识这个既往的过程？这就需要用已经被记录下来的精神物才能够与现实时刻及其质量空间分布状态相比较以显现其变化，如我们今天对辛亥革命这一历史事件的认识，就是通过各种历史文献的记载来最大限度地还原真实发生的辛亥革命，由于文献记载中的辛亥革命与历史上真实发生的辛亥革命总是有差别的，不可能完全被还原，所以研究的工作（还原的工作）就一直在持续。只有在这种特定意义上才可以说“一切事都是精神事”，不能笼统地断定“事”就是“精神事件”，况且在本来的意义上精神事件是在精神或意识中发生的各种关系和变化，如某种新思想的产生，一场学术论争，观点思想的改变等，这无疑是对客观世界存在的各种“事”的反映，无前者即无后者。不能因为宇宙中的事经历了时段就否定了客观实在之“事”。当然从人的认识角度来看，人所知道的“事”也只能是在“人的认识能力所及的范围”，但不能因此而否定客观实在之“事”对人而言的先在性。

第三，阐述中出现逻辑混乱，自相矛盾。一方面说一切事都是精神事，另一方面还承认存在着“动物事、植物事、细菌事、病毒事等生命体之事，还包括所有非生命体之事”，显然这些“事”对人来说具有先在性、共存性，都是不依赖人的意识而存在的客观的东西。

“360 搜索百科 · 事”词条采用了当前较流行的说法：“意志的行为是为事。在人类世界，本身不存在、只因人的存在而存在、可以用时间概念来描述的一切就是事。人们对事的描述加深了人们对物的认识。”“事是意志的描述。世界无意志，世界本无事，自然无意志，自然也无事，人有了意志就有了事。事是伴随着人的产生而产生的，世界没有人，也就没有了事，人没有了意志，事也就没有了原因，人们把与人的行为有关的一切称之为事，事因人的存在而存在，在人类社会才有，一切的事皆离不开人的因素。事本身无谓大小无谓轻重，一切大小轻重之事的情形皆因人本身的思想意识而异。”这些观点是很片面的，带有浓厚的唯意志论色彩。当然，说“用时间概念来描述的一切就是事”，也不是不对，任何东西都可用时间来描述，都是一个运动过程，不能脱离时间而存在。就现实世界而言，的确大部分甚至绝大部分“事”的发生都是与人有关的，是人为的，在一定意义上可以说“世界没有人，也就没有了事，人没有了意志，事也就没有了原因”，但这样说是有条件的，即以承认自然界的先在性为条件，否则就会陷入唯心主义的唯意志论。

“事”的发生是人活动的结果，所谓“谋事在人，成事在天”，一件事的发生固然与人的主观意志的作用有关，但客观物质条件是否具备，是否符合客观规律，则是具有决定性作用的。例如登陆月球对古代人来说有无可能性？不能说没有，但这只是一种抽象的可能性。古代人无论怎样努力进取，如果不具备航天技术，也是永远登不上月球的。至于说“事因人的存在而存在，在人类社会才有”，这个观点在不严格的场合是对的，但也有片面性，即只承认社会领域的事，不承认自然界的事，割裂了自然与社会的关系，最终也会陷入唯心主义。

（三）对事的哲学思考

从一般意义上说，“事”是客观世界发生的各种现象和过程，即物质客体内部诸要素（实体）之间或物质客体之间的相互作用状态或情形。这种相互作用如果发生在某物内容诸要素之间，就表现为该物的内在属性，如铀的放射性、人脑的思维属性等；如果发生在物与物之间则表现为关系属性，如溶质的可溶性、场、时空、信息等都是物的关系属性。某物的关系属性的载体除它自身外还包括相关的其他物。如磁石吸铁的属性既以磁石本身为载体，也以被吸的铁为载体。内在属性与关系属性的区分是相对的，对某物来说是关系属性的东西，从一个包含了相互关系物质客体在内的更大物质系统来看，就变成内在属性，反之亦然。“事”如果仅由两物之间发生，就是单一事，其实质是矛盾模型。如果由若干物共同作用和联系而发生则为复合事，“事”的具体性、复杂性构成了矛盾存在形态的复杂性。任何现象归根到底都是物质客体的内在属性和关系属性的具体表现。

具体说来，“事”作为物质客体内部诸要素（实体）之间或物质客体之间的相互作用状态或情形，可分为三类：

一是自然存在的实体之间自发地发生的相互作用。如宇宙中的黑洞吞噬了一颗恒星，山洪暴发，风雨雷电，某个生态系统的崩溃，狂风把树木连根拔起，一只老虎吃掉了一只羊等都是在人的意识之外自然而然地发生的“事”，是无人参与的“纯自然之事”，这类“事”的发生同人的意志和行为是无关的，但它可以在人的注视下发生，也可以不在人的视野之内发生。

二是由于人的活动而发生的物与物之间的相互作用，包括人与人之间、团体组织之间、人与物之间的相互作用，等等，这类事的发生离不开人的意志和行为，可称为“人为之事”。现实世界中的大部分“事”的发生是依赖于人的意志和行为的，属“人为之事”。如西安事变、改革开放、修建大坝、建造摩天大楼、兴建工厂、生产汽车或电脑、发动战争、培养人才等等都是人为的，没有人的意志和行为就不会发生这些“事”，但是不能因此而否定“纯自然之事”的存在。从这个意义上说“事”就是指人的感性活动，主客体之间的相互作用状态或情形。有学者指出：“在开放性思维中，一种‘事’的观念得到了确定，思维本身也是一种‘事’，‘事’是思维的唯一内容，事是思维与实体的统一体”① 马克思曾批评费尔巴哈，“他从来没有把感性世界理解为构成这一世界的个人的全部活生生的感性活动。”② 这里所说的“人的感性的活动”就是狭义的“事”。“从前的一切唯物主义（包括费尔巴哈的唯物主义）的主要缺点是：对对象、现实、感性，只是从客体的或者直观的形式去理解，而不是把它们当做感性的人的活动，当作实践去理解，不是从主体方面去理解。”③ 马克思指出了旧唯物主义的缺陷是仅仅从纯客观的一面来理解“事”，而没有看到“事”作为人的实践活动的一面。

当然我们强调“自然之事”对人类的先在性的意义在于坚持唯物主义一元论原则，至于发生在人类之外的与人类毫无关系的纯自然之事，对人类来说也是无意义的，如宇宙中某个恒星的行星上发生了火山喷发导致行星地表被重塑，或者某个恒星被黑洞吞噬等现象，由于这类现象对人类没有丝毫的影响，在这个意义上可以说它对人类就是不存在的。正如马克思在《1844年经济学哲学手稿》中所说“抽象的、孤立的、与人分离的自然界，对人来说也是无”，④ 这里的“无”并不是不存在，而是说对人无意义。马克思恩格斯在《德意志意识形态》中在批判费尔巴哈直观唯物主义时指出：“先于人类历史而存在的那个自然界，不是费尔巴哈生活于其

① 胡国祥. 事：关于思维与存在的新概念［J］. 华中师范大学学报（人文社会科学版），1998（6）：68.

② ［德］马克思，恩格斯. 马克思恩格斯选集：第1卷［M］. 北京：人民出版社，2012：157-158.

③ ［德］马克思，恩格斯. 马克思恩格斯选集：第1卷［M］. 北京：人民出版社，2012：133.

④ ［德］马克思，恩格斯. 马克思恩格斯全集：第42卷［M］. 北京：人民出版社，1979：178 .

中的自然界。”① 可见马克思并不是不承认自然界对人的先在性。

三是“物质媒体记载中的事”，包括纯自然媒体记载的“事”和人为媒体记载的“事”即“精神事”。前者如恐龙化石、地质岩石的状态、冰川的形态等记载了远古时期环境的变化信息；后者如各种出土文物记载的历史信息，各种文献记载的历史信息。上述“百度百科”和“360 百科”对“事”的解释虽然具有合理性，但不够完善。因为这种观点没有看到或者不承认人的意志之外的“纯自然之事”，认为没有人的意志和行为就没有“事”，“事”的存在依赖于人的意志，这必将导致主观唯心主义。

（四）事与事实

与“事”相联系的另一个概念是“事实”。事实即事之实。从认识论的角度看，事实就是“已经被正确认识到的客观事物、事件、现象、关系、属性、本质及规律性的总称”② 事实与事都是客观存在，但二者不可等同。事实与主体的认定有关，是相对于主体而言，也是主体活动状态，没有主体就没有事实。客观存在的事物、现象、关系等只有被人的感觉和思维如实反映，才成为事实；而那些在人的视野之外，未进入人的视野的客观存在，不能称为事实。

事实可分为经验事实和理论事实，前者是人们感觉到的客观存在，如我手里有一部手机，并且我正在使用这部手机，这是直接感受到的客观存在；然而现在我把手机放入提包，这样我就感觉不到手机的存在了，它在我的视野中消失了，但是我坚定地相信我的提包里有手机，认为“提包里有一部手机”是一个事实，这就是理论事实。这类事实源于人们对世界的一种稳定性或相对静止的理念，即相信现实世界的大部分物体是稳定的，即使没有被观察到，仍然保持存在。

事实与客体非常接近，客体都应当是事实，但有些东西，如鬼神、幻

---

① ［德］马克思，恩格斯. 马克思恩格斯选集：第 1 卷［M］. 北京：人民出版社，2012：157.

② 冯契. 哲学大辞典·马克思主义哲学卷［Z］. 上海：上海辞书出版社，1990：546.

想等本身并不存在，不能称为事实。事的范围要比事实宽泛，既包括自然界、人类社会的各种现象，又包括思想领域的各种事情，既有被人认识到的，也有未被认识到的，而“事实”仅仅指被人认识到了的客观存在。

三、“事物”

（一）事与物的关系

以上分别考察了“物”和“事”，现在综合起来谈一下“事物”的问题。其实上述“物”和“事”本身通常被看作“事物”。“事物”是最基本、最一般和最抽象的概念，它的内涵最小而外延最大，只能用来阐述来源、组成内容、形式和特征的方法对其加以描述，不能用“属加种差”的方法对其进行定义。人们在使用“事”这个词的时候，通常与“物”联系在一起使用。“事”“物”和“事物”这三个词也往往看成是同义词，这在日常生活范围内未尝不可，但在哲学层面上就不妥当了。

“物”和“事”都是人对客观存在的描述，但描述的角度不同。“物”是从静态的角度考察的，侧重于空间存在的描述，着眼于实体；而“事”是从动态的角度考察的，则侧重于时间存在的描述，着眼于关系。在这个意义上不能单独用“物”或“事”取代“事物”的概念。

从日常生活的角度看，区分“物”与“事”的根据是物质客体的实体与属性的区别，“物”侧重于静态的存在，属于实体；“事”则侧重于实体间动态的相互作用关系，呈现为性质和动态平衡，即属性，因而物与事的关系可以用实体和属性的关系来描述。实体是属性的基础和根源，属性是实体的功能作用的表现，没有脱离实体的属性和关系，也没有无属性和关系的实体。事只能发生在物之间，物也只能依靠事组成和体现，离开事的物或离开物的事都是不存在的。没有物与物之间的相互作用也就没有事，这就表明事本身就是物质和运动的统一。

从人们对宏观世界的认识的过程来看，“事”是外在，是现象；“物”（实体）是现象的“支撑者”。人们首先认识的是事物的某些属性和关系

(现象)，只有认识发展到一定阶段，才能揭示出这些属性和关系的根源或物质承担者即实体。一旦人们认识了这种物质实体，人们便以这种实体知识为指导，进一步揭示物质客体的属性直至其本质和规律。如对于白磷的认识，先是认识到它的一些属性（如“鬼火”现象），后来才认识到这是白磷的自燃，而白磷的自燃又取决于白磷的原子结构的特点。对于放射性元素的认识也是从关系属性深入到实体。事实上，人最先接触的往往是“事”，即各种现象，然后对现象进行一番研究，最后认识到产生这种现象的实体，这就把认识过程往前推进了一步。

当所反映的只是“物”或“事”时，就不能使用“事物”一词，以免影响对实体和属性的认识。正如商品交换过程中人们不断地将商品划分为价值和使用价值一样，人类对事物的认识过程也是不断地将“事物”划分为实体和属性关系两个方面。在“事”与“物”的关系上，有人认为“物”只是“事的一种，是一种事”，“事比物更广泛”，① 这种观点显然割裂了实体与属性、“物”与“事”的内在联系，否定了实体是关系和属性的基础与根源，这是本末倒置。因为“事”的存在以实体（物）之间的相互作用为前提，没有“物”就没有“事”，如两个人打架就是一个事件，当这两个人没有互相殴打的时候，就不会有打架这件事的发生。所以只有把“物”和“事”统一起来，才是“事物完满的‘定义’”。

人们通常以“事”释“物”，而不是相反。荀子说：“故万物虽众，有时而欲遍举之，故谓之物，物也者，大共名也。”（《荀子·正名》）其实，“物”只是一个总的名称，它的含义是包罗万象的，有实体也有属性和关系。

(二)“事物”的概念

1. 历史上人们对事物的理解

历代哲学都在探讨物质和精神的关系。唯物主义主张世界本原是物

① 胡国祥. 事：关于思维与存在的新概念［J］. 华中师范大学学报（人文社会科学版），1998（6）：70.

质。怎样解释"物质"？这需要一个先行范畴来解释，物质的存在需要一个主词，这个主词是什么？只能是作为人的认识对象的"事物"。汉语"事物"相当于英文的"thing"。中国古典哲学所讲的"物""万物"一般可以理解为"事物"，既包括具体的东西，如器物、物体等，也可以指抽象的东西，如老子讲的，"道之为物，惟恍惟惚。惚兮恍兮，其中有象。恍兮惚兮，其中有物"。(《老子·二十一章》) 道作为存在物，完全是恍恍惚惚的。恍惚之中有形象，恍惚之中有实在。《庄子·天下》："常宽容于物，不削于人，可谓至极。"对事物时常宽恕容忍，不与别人计较，可谓到极致了。《尹文子·大道上》云："形以定名，名以定事，事以检名，察其所以然，则形名之与事物，无所隐其理矣。"这是说根据事物的形状来对事物命名，以事物的名称来归类事物，依据事物的种类来检验事物名称，搞清楚了事物的形状与名称的关系，那么事物的形名关系与事物之间的道理，就昭然若揭。在《周易》中事物展现的就是一个以阴阳为推动力的、从简单到复杂的演变过程。"阴"与"阳"就是事物的本原表示。唐代韩愈《送高闲上人序》："天地事物之变，可喜可愕。"尹文子和韩愈所说的事物就是指客观存在的一切物体和现象。

可以说黑格尔（G. W. F. Hegel，1770—1831）是最早在哲学上明确给出"事物"定义的哲学家。他说："物（Das Ding）或事物就是根据与实存这两个范畴由对立发展而建立起来的统一的全体。就它反映他物这一方面而言，物具有差别在自身内，因此它是个有规定性的具体的物"，① "物作为这种全体，就是矛盾"。② 黑格尔在《精神现象学》中对事物做了一些说明和解释。他说："第一，事物是无差别的被动的共性，是诸多特质之机械的集合（仅仅用了'之'来联系），或者亦可说是物质（或物质成分）之集合在一起；第二，事物同样是单纯的否定性，是单一，是对相反

① ［德］黑格尔. 小逻辑［M］. 贺麟，译. 北京：商务印书馆，1980：268.
② ［德］黑格尔. 小逻辑［M］. 贺麟，译. 北京：商务印书馆，1980：273.

的特质之排斥；第三，事物即是诸多特质自身。”① 黑格尔认为事物就是一个具有多方面性质的、充满矛盾的集合体。列宁强调了“事物是在人的意识之外而且不依赖于人的意识而存在的。”② 存在主义代表人物让·保罗·萨特（1905—1980）认为“事物，先于一切比较，先于一些构造，它是那个不是意识而又面对意识在场的东西。”③ 萨特的意思是说事物就是意识的对象。可见，历史上哲学家们往往从静态的角度考察事物，倾向于把事物看作是性质的集合体，正如当代学者罗嘉昌所说“具有一定结构的性质系统，也就是我们通常所说的物或事物。”④ 这就是说事物就是性质的集合体，相当于实体。因此“事物”相当于具体的物质形态，也可以理解为实践的客体或对象。

2. 事物与矛盾

有一个比较流行的观点就是认为“事物就是矛盾”，分析事物就是分析矛盾，如果从静态的观点来看这种观点是不妥的。指出事物即矛盾是不够的，因为这并未揭示出事物的全部内涵和规定性。事物包含矛盾，但矛盾只是事物的一种固有属性，而非事物的全部，矛盾与事物不能等同。这一定义指明事物实存的必然性，但又将矛盾与事物等同起来了。矛盾作为一种关系也可以看作事物的一类，如生产关系、公共关系、人际关系等，但绝不可以当作事物的唯一类别，否定实体中物的存在。

如果从动态的观点来看，说“事物就是矛盾”命题具有合理性。

其一，这一命题强调的重点是矛盾和事物之间的同一性，然而，事物和矛盾之所以具有同一性，就是因为它们有差别，这种差别已经作为前提被包含在这一命题本身之中。如果事物和矛盾没有差别，指出它们的同一

---

① ［德］黑格尔. 精神现象学［M］. 贺麟，王玖兴，译. 北京：商务印书馆，1997：77.

② ［俄］列宁. 哲学笔记［M］. 北京：人民出版社，1974：326.

③ ［法］让·保罗·萨特. 存在与虚无［M］. 陈宣良，等译. 北京：生活·读书·新知三联书店，1997：235.

④ 罗嘉昌. 从物质实体到关系实在［M］. 北京：中国社会科学出版社，1996：185-186.

还有什么意义呢？指出"事物就是矛盾"，并非就是说二者是没有内在差别的绝对等同、僵死的同一。

其二，"事物就是矛盾"是在承认矛盾普遍存在的意义上提出的，只要我们承认处处有矛盾、时时有矛盾，就应该承认"矛盾就是事物"或"事物就是矛盾"。从事物的存在来说，任何事物都是多样性的统一，事物实际上就是包含多种规定的"统一物"，它是有内在差异的，"差异就是矛盾"。无论从哪个角度看，事物都是包含矛盾的，矛盾就是事物，或事物就是矛盾。黑格尔说过"一切事物自身都是矛盾的"①，这是矛盾存在于一切事物发展过程的始终的简要表述。

其三，事物和矛盾在外延上是完全相同的，它们之间不存在范围大小之分。这就是说，"事物"作为一个大概念，它包括自然和社会，而且也包括思维，因而它和"矛盾"概念的适用范围相同。事实上，哪里有矛盾，哪里就有事物。

3. 如何界定事物的内涵

《现代汉语词典》对事物的释义是"客观存在的一切物体和现象"。物体即物质系统或实物，现象是事物存在的外部形态和联系，是认识活动的直接对象物。认为事物包括实体和关系这种解释仍是表层的和描述性的，并未揭示事物的深层规定。在日常生活中，人们还经常用"东西"来解释事物，甚至把事物说成是现实存在着的一切东西。何谓东西？"东西"含义非常宽泛，通过"360 百科 · 东西"词条搜索可以找到"东西"的解释，认为"东西"包括各种具体的或抽象的物、事、人等等。② 这样一来，上述关于"事物"的定义就变成了"事物是指存在着的事物"，这是

---

① ［俄］列宁．哲学笔记［M］．北京：人民出版社，1974：144.

② 传说理学家朱熹，一天在路上碰见他的朋友盛温如提着篮子上街。朱熹问："你上哪儿?"盛温如回答说："上街买东西。"朱熹又问："难道不能买南北?"盛温如回答说："当然不能。"接着，他根据五行：金、木、水、火、土，与东、西、南、北、中相配的道理解释说："东方属木，西方属金，凡属金木类，篮子装得了；南方属火，北方属水，水火之类篮子是装不得的，所以只能买'东西'，不能买'南北'。"

循环定义，无意义。

从一般意义上说，事物是一个标志物质之实存性的哲学范畴，是自成单位的客观存在，是物质世界的单元或细胞，包括实体和关系。这里的“物质”指的是独立与人的意识之外并能为人的意识所反映的客观实在，不管是自然界的还是人类社会和精神世界的内容都标志着物质的实存性，所以事物是世界一般内容的呈现形式，是世界在人类面前的元初存在和表现形式。即是说，凡是标志物质客观实在性的那些相对独立的客观存在（包括自然、社会和思维领域的）都是事物，它们作为物质世界的单元和细胞而存在。

事物包含着丰富多彩的内容和形式规定，如时间、空间、数量、结构、价值等。时间是事物存在持续的过程和过程之间的顺序关系，任何事物的存在都有一个持续的过程，这个过程长短不一。事物运动也是有阶段性的，各阶段之间是有特定顺序的。空间是事物存在的规模绵延的程度，表现为体积大小、尺寸长短、上下左右前后的位置关系，如物体是事物的具体存在和表现形式之一，物体不能脱离空间而单独存在，任何一个物体总是存在于一定的空间之中，并有一定的空间位置。数量是事物量的规定，任何事物或认识对象都具有数词表述和界定的内容和形式规定，完全脱离数量规定的事物或认识对象是没有的。结构是组成事物的各要素之间的结合方式或排列组合形式。任何事物都是由若干要素所组成，这些要素不是杂乱无章地随意组合的，而是有一定的结构方式。如果结构改变了或丧失了，该事物可能就不再是该事物而变成了另一事物。价值是事物存在的意义，是每个事物普遍具有的作用和影响人类生产发展的性质和能力。如在生物界，每种生物都有其生态位，即它在维护生态系统存在和发展中的特定作用，所谓“天生我才必有用”。人类之所以不辞劳苦地通过实践进行认识事物，不断地从混沌自然中把各种事物发现、界定、彰显和产生出来，这是因为事物具有作用和影响人类生产发展的性质和能力，因为事物对人类的生存发展具有意义和价值。

事物可分为自然事物（如日月星辰、物体、生物体等）和社会事物

(阶级、政党、企业等)、精神事物如各种主义、宗教、文艺等，或者存在于人的头脑中，或者成为出版物的内容。精神总是作为物质的派生物而存在的，有一定的物质载体。

"事物"有广义和狭义之分。广义的事物如上所述，就是指自成单位的客观存在，是物质世界的单元或细胞，它标志着物质的实存性。这种实存性包括在人类面前呈现的作为客体的实践对象（实体和关系），也包括没有进入人类视野的潜在的物质现象。如宇宙中存在的人类尚未认识到的东西。狭义的事物可以这样理解："事物是事情和物体组成的统一整体，是世界的组成部分和组成元素，是世界的载体和表现形式，是人类通过认识实践活动，从认识对象中、从虚无或混沌中发现、界定、彰显出来的对立统一体或矛盾体。"（全球百科·事物）这里的"事情"是指事物的实际情形，包括人类所作所为及自然界的一切现象或活动以及处事的道理、人情世故等。"物体"是指可以为主体直接感知的自然界客观存在的一切有形体的物质，一般分为气态、液态和固态。物体是具有宏观形状、宏观体积的物质，声音、热量、电流、电磁场，只能称为物质的东西，不能称为物体，因为它们没有宏观形状和宏观体积，不符合物体的定义。一块石头、一棵树、一件铁器，是物体（当然也是物质），因为它们都有宏观形状和宏观体积，符合物体的定义。但是，组成石头、树木和铁器的分子或原子，就只能称为物质，不能称为物体，因为它们没有宏观形状和宏观体积，不符合物体的定义。日常生活中所讲的"事物"和哲学上所讲的事物都是狭义的事物，即主体认识和实践的对象，包括实体、过程和现象，即已经被人类知道了的对象，就是被人言说、陈述或描绘的对象。对特定的主体而言，他的世界就是他所面对的事物，他的事物观就是他的世界观的基础，每一个事物都是处在普遍联系之中的对立统一体。

（三）事物和物质

"事物"和"物质"既有区别又有联系。物质作为万事万物的共性，就是客观实在，而"事物"就是这种客观实在的具体表现形式或形态。物质是内容，事物是形式；物质是抽象的，事物是具体的，它标志着物质的实存性。世界是物质的，但正如不存在抽象的水果一样，物质不能以抽象的形式存在，而是表现为各种物质形态，这些物质形态的具体存在形式或状态就是事物。从认识论的角度来看，作为认识对象的事物，既可以是自然界的，也可以是人社会领域的，还可以是精神领域的存在，而物质只是单纯的客观存在，即唯一特性是客观实在，它本身并不能成为认识的对象，能够成为认识对象的是物质的具体存在形态，或称物质运动的具体形式。就现实世界而言，主要包括自然界、人类社会和思维三大领域。从直观的观点来看，我们通常说世界是由万事万物构成，这里的“万”不是特指而是泛指，表达“无限多”的意思。物质世界是由事物构成的，没有事物就没有物质；物质的客观实在性就是通过事物表现出来的，或者说物质只能通过事物而存在，物质只是各种事物的共同属性。恩格斯指出：“物、物质无非是各种物的总和，而这个概念就是从这一总和中抽象出来的，运动本身无非是一切感官可感知的运动形式的总和；‘物质’和‘运动’这样的词无非是简称，我们就用这种简称把感官可感知的许多不同的事物依照其共同的属性概括起来。”① 物质是一般，事物是个别。

物质的存在表现为物质形态，其承担者就是事物。物质形态首先是自然物质形态，包括实物和场，它的具体存在形式是自然界的各种事物。实物是指具有静止质量的由基本粒子组成的物体，是物质世界的组成单元，它体现了物质客体的实体与属性的统一；场即相互作用场，如引力场、电磁场等。实物之间的相互作用可以通过场实现，场本身具有能量、动量和质量，并在一定条件下能与实物相互转化，如正负电子对湮灭而转化为两个光子（电磁场）。量子场论认为，基本粒子都可以看作相应场的最小单位（量子）。

其次是社会物质形态，包括生产力、生产关系、经济制度等以及以此为基础的各种社会现象。列宁指出：“应当把人的全部实践……包括到事

---

① ［德］马克思，恩格斯. 马克思恩格斯选集：第 3 卷［M］. 北京：人民出版社，2012：939.

物完满的‘定义’中去。"① 实践使越来越多的自然事物成为客体，同时也不断生成着社会事物。作为人脑属性的思维过程本身及其结果以某种物质载体表现出来，就成为精神事物或精神客体。精神活动过程和精神产品归根到底是对自然物质形态和社会物质形态的反映，它是标志物质之存在性的东西，是物质形态及其属性的具体存在形式。

事物的基本特征有哪些呢？

首先是具体存在性。没有的、不存在的东西就不是事物，物质和事物都是客观存在的，但物质只是一种最抽象的客观存在或称客观实在性，具有最小的内涵和最大的外延，物质的存在通过事物来呈现，物质是一般，事物是个别，一般存在于个别之中，通过个别来表现。所以事物的存在总是具体的。当然，时空、能量、信息、运动、思维等也是实际存在的，但它们只是事物的存在方式本身或事物的属性，而不是事物本身。事物的具体存在性既包括现在的，也包括曾经存在过的，还包括现有事物在发展中表现为必然性的东西。对主体来说，事物的具体存在性表现为客体性，客体总是具体的和历史的。事物的存在都同一定的时间、地点和条件相联系，不存在抽象的事物。事物的历史性表现为事物的变动性发展性，由此我们抽象出"运动是物质的根本属性"的命题。

其次是系统性。唯物辩证法不承认有非系统的事物（绝对的堆积物）。一盘散沙、胡乱堆积起来的物体就它们内部要素缺少某种特定联系而言，可以近似地看作堆积物，但即使如此，物体之间并非没有任何相互作用，因而它不是绝对的堆积物。当然如果一个物质客体根本就没有组成部分，不可分，没有内部关系可言，就不是系统，不是事物。非系统的概念正如绝对刚体、理想气体一样，是科学抽象的产物。事物都是以系统的方式存在，离开系统，事物的存在就是不可理解的。从系统的观点看，任何系统都是由要素构成的，而要素本身也是一个较小的系统。任何事物也都是一个系统，个体事物之间或者是相互包容或者是相互对立或排斥的关系。例

---

① ［俄］列宁．列宁选集：第4卷［M］．北京：人民出版社，1972：453.

如个别事物和一般事物、种事物和属事物的关系也是相互包容的关系。生命体和非生命体的关系是相互对立或排斥的关系。大事物和小事物是相互包容的。小事物存在于大事物之中，是作为大事物的组成部分而存在的，而大事物也是作为元素存在于更大的事物之中。任何一个事物都包含两个或多个组成部分或组成元素，都是相对独立存在的包含更小事物的系统。

最后，事物具有约定俗成的名称。从主客体关系来说，事物作为主体的对象肯定是被主体所把握的，因而事物不能没有名称，名称意味着事物的相对独立性和完整性，名称是人类通过约定俗成的方式赋予事物的语言概念形式。荀子认为“名”是通过“推”，通过约之以命、约定俗成产生的，提出名实相符是命名的基本原则，“知异实者之异名也，故使异实者莫不异名也，不可乱也，犹使异实者莫不同名也。故万物虽众，有时而欲遍举之，故谓之物；物也者，大共名也。推而共之，共则有共，至于无共然后止。……名无固宜，约之以命，约定俗成谓之宜，异于约则谓之不宜。名无固实，约之以命实，约定俗成，谓之实名。名有固善，径易而不拂，谓之善名。”（《荀子·正名》）大意是说：知道实质不同的事物要用不同的名称，所以使实质不同的事物无不具有不同的名称，这是不可错乱的，就像使实质相同的事物无不具有相同的名称一样。万物虽然众多，有时候却要把它们全面地举出来，所以把它们叫作“物”。“物”这个名称，是个最大的共用名称。依此推求而给事物制定共用的名称，那么共用的名称之中又有共用的名称，直到不再有共用的名称，然后才终止。……名称并没有本来就合宜的，而是人们相约命名的，约定俗成了就可以说它是合宜的，和约定的名称不同就叫作不合宜。名称并没有固有的表示对象，而是人们相约给实际事物命名的，约定俗成了就把它称为某一实际事物的名称。名称有本来就起得好的，直接平易而不违背事理，就叫作好的名称。荀子阐明了事物的名实关系，言说和界定了大共名、大别名、实名、善名。事物的名称表现为词语，这些词语都直接对应着一个存在于人类大脑中的关于某一种类认识对象的映像或观念，都间接对应着一组存在于现实世界之中的事情或物体。因此名称具有概括性，代表着一类事物的总称。

每个动词、形容词、数词和量词表述和界定的对象也是一个或一组真实的事物。

四、"事物"与唯物主义之"物"

(一) 唯物主义之物就是事物

"唯物主义"一词，英文 materalism，俄文 матеиапизм，都是从拉丁文 materia（物质）这个词根来的，亦可译为"物质主义"。汉语的"唯"有"只有""唯一""以……为根本"之意，因此唯物主义就是以"物"为根本的哲学。这个"物"到底是指什么呢？人们通常认为唯物主义的"物"就是物质，但这种看法并不科学。

事实上，唯物主义的"物"在不同的唯物主义形态中有不尽相同的内容。对古代朴素唯物主义来说，"物"就是某种原初事物，如水、气、火、木、金、土、原子等。清人戴震称颜元唯物主义学说为"事物之学"，说它主张"以事物为归"。对近代形而上学唯物主义来说，"物"就是作为物质结构的"最小微粒"即原子。上述两种唯物主义的"物"都未超出自然事物的范围。

对辩证唯物主义来说，"物"就是事物，辩证唯物主义就是辩证的唯"事物"主义，这里的"事物"是广义的，或者说辩证唯物主义是在承认客观物质世界优先存在的前提下，从狭义上理解事物，把事物看作主体的对象——客体，这恰恰是辩证唯物主义高于旧唯物主义的地方，因为旧唯物主义不懂得也无法理解现实世界是人类实践活动的产物。恩格斯在批判杜林从原则出发的唯心主义观点时指出："不是自然界和人类去适应原则，而是原则只有在符合自然界和历史的情况下才是正确的。这是对事物的唯一的唯物主义的观点。"① 列宁说："唯物主义的理论，即思想反映对象的

---

① ［德］马克思，恩格斯．马克思恩格斯选集：第 3 卷［M］．北京：人民出版社，2012：410.

理论。”① “对象”显然指客观存在的事物，因此唯物主义的“物”只能是事物。但辩证唯物主义的“物”绝不限于自然事物，还包括社会领域和思维领域的事物，这是它同旧唯物主义的原则区别。

（二）事物的类型

如上所述，事物包括自然事物、社会事物和精神事物，无论是哪一类事物都具有名称、包含丰富的内容和形式规定、处在普遍联系之中，也并非是从来就有的先天永恒存在，而是人类实践活动的产物。

自然事物是人类在实践中通过感官和科学仪器（感官的延长）从混沌自然中发现、界定、彰显和产生出来的，如自然界的山川草木虫鱼鸟兽等，自然事物又分为天然自然物和人化自然物，前者只是被人发现或认识了的自然物，后者是人通过实践活动改造过的或制造出来的自然物。月球、原始森林、冰川、各种野生动物等都属于天然自然物；而道路、果园农田、楼房建筑、机器设备、服装家电等都属于人化自然物。

社会事物是指各种社会现象，是社会生活的具体内容和形式，是人们从社会生活中发现、界定、彰显和产生出来的，如社会的经济政治制度、社会关系、社会群体、风俗习惯、历史事件，革命或改革活动、工农业生产等。没有各种学科认识活动就没有分门别类的事物。自然事物是物质存在的最基本的形式，对自然事物的看法就是自然观，唯物主义与唯心主义的对立突出地表现在自然观上。社会事物以自然事物为根基，但毕竟是有别于自然界的一大类事物。在对社会事物的认识上存在着历史唯物主义和历史唯心主义的对立。彻底的唯物主义不仅表现在自然观上，也表现在社会历史观上，如果像德国哲学家费尔巴哈（Feverbach，1804—1872）那样只表现在自然观上，那只是半截子唯物主义。

人类的精神生活、思维领域也是一大类事物。黑格尔曾把事物分为两类，“自然事物和精神事物”，当然精神事物是作为物质的派生物而存在

① ［俄］列宁. 唯物主义和经验批判主义［M］. 北京：人民出版社，1960：99.

的，但它一经产生就具有客体性，研究精神事物就是对思维进行再“思维”，这不但不是唯心主义，而恰恰是唯物主义的要求。精神事物包括思维活动及其成果。列宁在评价黑格尔《逻辑学》这部关于思维科学的著作时说：“在黑格尔这部最唯心的著作中，唯心主义最少，唯物主义最多。‘矛盾’，然而是事实!”① 原因就在于黑格尔如实地研究了思维，揭示了思维运动自身的规律。因此，只有用唯物主义的态度和辩证的观点对待自然界、社会和思维领域的事物，才是彻底的唯物主义。辩证唯物主义正是基于对这三大领域事物的研究，才抽象出科学的“物质”范畴，克服了旧唯物主义的直观性和形而上学性，从而真正科学地解决了哲学的基本问题。通常我们说辩证唯物主义揭示了自然、社会和思维的普遍本质和规律，也就包含了辩证唯物主义是对这三大领域中所有事物的正确反映之意。

① ［德］黑格尔．逻辑学：上卷［M］．杨一之，译．北京：商务印书馆，1974：出版说明 4.

第二章

质与事物

质与事物是不可分割的，质总是事物的质，事物也必定是具有质的规定性。在对“事物”做了初步考察之后，就要追问“事物缘何为事物”即展开对“质”的探索，本章的探讨就从最简单的常识性问题——质与事物的关系入手。

一、历史上人们对“质”的理解

（一）中国传统文化中的质的观念

在汉字中“质”是会意字。从贝，所声。自西周金文始“质”字形经过一系列的演化至中华人民共和国成立就变成了现在的“质”字，如下图。

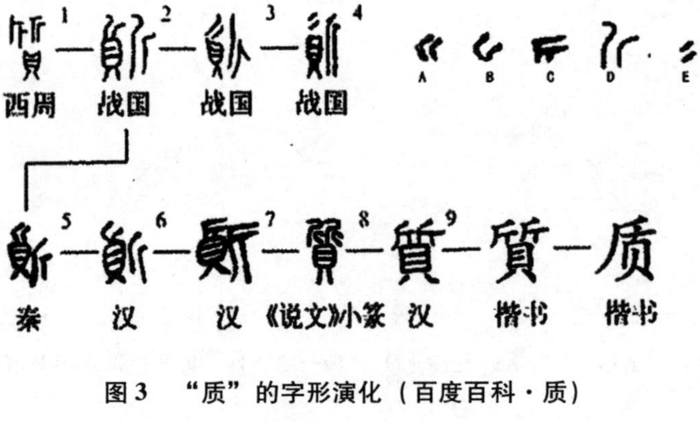

图 3 “质”的字形演化（百度百科·质）

“质”在中国传统文化中的含义非常丰富，在此择其要者而述之。

其一，指抵押，这也是质的本意，就是以财物或人作保证。《说文》：“质，以物相赘。”“敖”义为“抬高”“抬升”，“贝”指“价值”。“敖”与“贝”联合起来表示“价值提升”。转义：在特殊条件下以价值低下的有用物品换取高额金钱。朱骏声《说文通训定声》：“以钱受物曰赘，以物受钱曰质。”用钱换东西叫作赘（买），用物品换钱叫作质（卖）。《左传·隐公三年》：“故周郑交质：王子狐为质于郑，郑公子忽为质于周。”

其二，指本质，实体，物体的质地。如《荀子·劝学》：“其质非不美也。”范缜《神灭论》：“形者神之质。”形体是精神的物质实体。柳宗元《捕蛇者说》：“永州之野产异蛇，黑质而白章（花纹）。”这里的“质”是质地、底色。

其三，指朴实，缺乏文采，与“文”相对。《论语·雍也》：“质胜文则野，文胜质则史。文质彬彬，然后君子。”朴实多于文采，就未免粗野；文采多于朴实，又未免虚浮。文采和朴实，配合适当，这才是个君子。《韩非子·解老》：“夫君子取情而去貌，好质而恶饰。”丈夫把情感放在首位，去除表面，看重女人的情感，喜欢本质而厌恶修饰。

其四，指事物的根本、特性、本性。《论语·卫灵公》：“君子义以为质，礼以行之。”君子把义作为本，依照礼来实行。《礼记·乐记》：“中正无邪，礼之质也。”此处的“质”是素质、本质、人的禀赋。欧阳修《秋声赋》：“奈何以非金石之质，欲与草木而争荣。”为何却要以并非金石的肌体，去像草木那样争一时的荣盛呢。

其五，指箭靶，对象，目标。《荀子·劝学》：“是故质的张，而弓矢至焉。”只要箭靶张设而弓箭就会射来。《庄子·徐无鬼》：“自夫子之死也，吾无以为质矣，吾无与言之矣。”综上所述，在中国传统文化中，“质”一般不是作为哲学范畴来使用的。

其六，从事物生成的角度来看，五行说、元气说涉及了事物的“质”的基础和构成机制问题。

早在西周初年，中国人便提出万物由“金、木、水、火、土”五种元素组成，这就是“五行说”。这五种原初物质都有自己特殊的质，它们之间通过相互作用，就能转化成万物，化生万物的过程就是“质”的变化。自战国时期的管仲至东汉时期的王充，元气说不断完善起来，形成了“元气自然论”，认为天地间万物都是由元气自然而然地构成的，夫妻之间也是由于元气的运行而繁衍出子孙后代。北宋张载和清代王夫之继承了元气是万物本原，元气运行导致万物生灭的思想，提出并论证了元气的运行机理。认为元气的运行是由阴阳两种气（乾坤）推动的结果。从质和量的关系来看，元气作为万事万物的始基都是一样的，在质上相同，事物的区别来源于元气的状况或量的差别。

（二）西方哲人对质的认识

在历史上，人们面对各种事物，必然要提出“是什么”和“有多大”的问题。前者涉及质或性质问题，后者涉及量的问题。西方哲人很早就有“一”和“多”的争论，这实际上是质和量的问题。伊奥尼亚各派都把某种具有特定性质的感性存在物看作万物的始基，如泰勒斯（约公元前624—公元前547）把水当作万物的本原，毕达哥拉斯（约公元前6世纪）把“数”作为万物的始基，赫拉克利特（约公元前544—公元前483）认为世界是一团燃烧的活火。在确立了世界的本原之后，就要用这个本原或始基来解释世界的生成。在这个问题上古希腊哲学中的“原子”论和“种子”说分别走向了两个极端。“种子”说是以“质”来解释“质”，认为事物有多少种性质就分别具有相应的“种子”，而“种子”就是质的“微型分化”。如古希腊哲学家阿那克萨戈拉（约公元前500—公元前428）认为，构成万物的细小微粒是种子。事物的可感性质就取决于种子的性质，事物有多少种性质与构成它的种子的种类是直接对应的；数目众多的一类种子构成事物的一种性质或一个部分。在他看来头发是由头发的种子、血是由血的种子、金子是由金子的种子构成的。每一可感事物的各个不同部分都分别由与它同质的种子构成。后来的“燃素”说、“热质”说就是在“种子”说影响下而产生的。原子论把事物的性质差别归结为组成事物的原子的量的差别。如德谟克利特（约公元前460—公元前370年）认为原子在数量上是无限的，在形式上是多样的，原子在本质上是相同的，它们没有“内部形态”。一切物体的不同，都是由于构成它们的原子在数量、形状和排列上的不同造成的。可见原子论强调的是“量”，原子的数量、形状、排列方式决定了事物的千差万别。

在西方哲学史上，亚里士多德（约公元前384—公元前322）也曾探讨过“质”的问题。他说：“现在所称‘是’的事物，其本意是‘这个’，其别义则指量，又指质。”“事物之怎是宁依于质，不系于量，质出于事物之决定性，量出于事物之未定性。”① 亚里士多德还利用他的“质”“量”理论分析社会现象：“每个城邦都是由质和量组成的。所谓质，我的意思是指自由、财富、教育和良好的出身。所谓量，是指人数上的优势。质可以存在于构成国家的各个阶级中的一个阶级里面，而量则存在于另一个阶级里面。例如出身微贱者人数可能多于出身高贵者，或穷人多于富人，但是他们在量方面所占优势的程度，可能不及他们在质方面所占劣势的程度，因此，必定有一种量和质的比较。”② 亚里士多德关于“质”和“量”的观点在哲学史上具有重要意义。其一，亚氏认为性质和数量都是实体的规定，不能脱离实体而单独存在。其二，明确了质和量的意义，质意味着事物是什么，不是什么，量是事物组成部分的多少，包括内涵的量和外延的量。其三，对“性质”和“数量”的不同特点进行了分析。性质是指事物的习性，即持续地具有某种属性、状况、能力、影响等，性质的特点在于容许有不同的程度。数量的特点首先是分离的，或者是连续的，数量最显著的标志是可以用等于和不等于来加以断言。其四，他提出了事物的运动包括量变和质变。他把运动分为六种：产生、毁灭、增加、减少、变更以及地点改变。增加和减少属于量变，其他是性质的变化。③ 亚里士多德明确提出质决定事物的存在，质是事物之所以成为事物自身的规定性，这

① 冯契. 哲学大辞典：马克思主义哲学卷［Z］. 上海：上海辞书出版社，1990：598.
② 北京大学哲学系外国哲学史教研室. 古希腊罗马哲学［M］. 北京：商务印书馆，1961：332.
③ 谢庆绵. 西方哲学范畴史［M］. 南昌：江西人民出版社，1987：83-84.

一观点影响深远。

17世纪英国哲学家洛克把物体的性质分为两类，即“第一性的质”和“第二性的质”，前者是指物体的体积、广袤、形象、可动性等，这是物体本身所固有的；后者是指颜色、声音、滋味等，它们并非物体所固有。第一性的质是客观的，第二性的质是主观的。黑格尔在《小逻辑》中提出：“质是与存在同一的直接规定性”，“某物之所以是某物，乃由于质，如失掉其质，便会停止其为某物。”① 这一思想是深刻的，但也过于笼统，并未指出“质”的确切内涵，并且他把“质”视为“绝对观念”外化的一个环节。黑格尔在此用了“直接规定性”，而不是“根本规定性”，不是偶然的，而是为了把质与本质区分开来。回答“什么是质”就是描述主体面对的对象是什么，仅此而已，不需要揭示事物存在的根据，因为这是本质要回答的问题。

（三）教科书中质的概念

一般说来，某个学科的教科书的观点就是该学科的主流的观点，也是绝大多数人所能接受的观点。那么，质与事物的关系问题在哲学教科书中是怎样论述的呢，最常见的说法是：“事物总是具有一定质的事物，不具有一定质的事物是根本不存在的”，“质又总是一定事物的质，脱离一定事物的质也是根本不存在的。”这个说法肯定了质与事物不能等同，因为如果质就是事物，则谈不上“具有”和“脱离”的关系。对杯子来说，只有在确定了杯子与其质不能画等号的前提下，才可以说杯子是具有一定质的杯子，或者说脱离特定杯子的质是不存在的。但在同一本教材中又有一种非常流行的观点：“特定的质就是特定的事物存在本身。”② 这无疑是承认了质与事物完全等同，是同一个东西。按照这种观点，杯子与其质就是同一个东西。顺理成章就会得到下列说法：杯子是具有一定杯子的杯子，脱离一定杯子的杯子是根本不存在的，这是无意义的重复。可见在质与事物

① ［德］黑格尔．小逻辑［M］．贺麟，译．北京：商务印书馆，1980：202.

② 李秀林，王于，李淮春．辩证唯物主义和历史唯物主义原理［M］．北京：中国人民大学出版社，1995：169-170.

的关系上确有自相矛盾之嫌。再如在质是单一的还是多样的问题上也有许多不协调之处。“一物多质”论认为“事物具有许多质的规定性，只有通过对客体所具有的多质进行系统性研究，才能得到合理的解释”。① “一物一质”论认为“事物的质是单一的。就是说，一个事物只有一种质”。② 可见在质是多样的还是单一的问题上分歧颇大。除以上列举的两个方面以外，诸如此类的问题还有不少。为什么在质与事物的关系上会有如此不同的理解？著者认为这主要是质的理论中的某个关键点上存在偏差。既然质是事物的质，研究质也是为了区别和认识事物，质的一切问题都与事物分不开，因此要搞清楚质的问题，就必须牢牢抓住“事物”这个质的现实形态，“事物”的概念实际上是质理论中的一个关键点，也是质理论的逻辑起点。

二、怎样界定“事物”的“质”

（一）质的含义

1. 应当从事物的系统性整体性出发定义事物的质

从系统的观点来看，任何事物都是自成或互成系统的有机整体。对于什么是系统，系统论的创始人美国生物学家贝塔朗菲（Ludwig von Bertalanffy，1901—1972）是这样解释的：“系统是处于一定相互联系中的与环境发生关系的各组成成分的总体。”③ “系统”一词在英语中是“system”，源于古希腊文“systema”，原意为由部分组成的整体、集合。现在所讲的“系统”一般是指由两个以上相互联系相互作用的要素所组成的、具有一定结构和功能的有机整体。

系统思想古已有之。如中国古代的阴阳五行学说就是把自然界看成是由金、木、水、火、土五种要素相互联系构成的整体，这五种要素之间相

---

① 冯契．哲学大辞典：马克思主义哲学卷［Z］．上海：上海辞书出版社，1990：599.
② 姜云．论质［J］．海南师院学报（社会科学版），1998（2）：34.
③ 王雨田．控制论信息论系统科学与哲学［M］．北京：中国人民大学出版社，1986：404.

生相克。古希腊哲学家赫拉克利特（公元前544—公元前483）认为世界是包括一切的整体。亚里士多德（公元前384—公元前322）认识到整体由部分构成，但又不等于部分之和。黑格尔具有丰富的系统思想，他提出“世界是过程的集合体”的思想，受到恩格斯的称赞。马克思恩格斯多次论及自然界的整体性和系统性。恩格斯曾指出：“一个伟大的基本思想，即认为世界不是既成事物的集合体，而是过程的集合体。”① 这里的“集合体”，就是系统。“过程”就是系统中各个组成部分的相互作用和整体的发展变化。系统和要素不可分，没有系统，就无所谓要素；没有要素也就没有系统。

系统的存在具有整体性、等级秩序性和动态平衡性或稳定性。

整体性是系统最基本的特征。亚里士多德曾说：整体大于各个部分之和。相当于日常生活中我们常说的“1加1大于2”。一方面，部分的简单相加不等于整体。而部分的关系总和才表现为整体的性质。如活的人体是由细胞及其组织所构成，但是细胞及其组织的简单堆积并不就是一个活的人体。另一方面，整体大于各孤立的部分（要素）的总和。如一台电脑的整体功能大于它的各个孤立的零部件的功能的加和。系统整体的特性和功能，原则上既不能归结为组成它的要素的特性和功能，也不能从有关组成部分中推导出来，即是说系统整体的功能是各组成要素在孤立状态时所没有的，这种整体的功能特性来自系统整体结构和运动方式。

系统的等级秩序性，就是系统的结构性、层次性的问题。结构是在某个系统范围内要素联系的内部形式，结构不能完全归结为构造，它包含着要素之间的相互作用、活动以及信息交换。结构不仅反映空间特性，也反映时间特性。系统的各要素通过结构才能建立起一个整体系统。结构越是合理，各要素就越能更好地彼此协调配合，相得益彰，每个要素的作用就越能充分发挥，系统的整体功能就愈加接近最优化。层次性是系统结构的等级，系统作为整体是由要素构成的，这些要素本身又是一个较低层次的

① ［德］马克思，恩格斯．马克思恩格斯选集：第4卷［M］．北京：人民出版社，2012：250.

系统（子系统），而子系统也是由更低层次的要素所构成，甚至以此类推，以至无穷。

动态平衡性，是指系统的稳定性，这是系统的结构和功能在涨落作用下的恒定性，包括稳定、渐进稳定和不稳定三种情况。由于事物运动的绝对性和静止的相对性，所以稳定是相对的，不稳定是绝对的，系统的稳定性是动态的，通过适应性表现出来。为了维持稳定，保持质的稳态，系统具有随环境的变化而改变其结构和功能的能力。一定环境中的系统总是具有一定的抗干扰的能力。如果系统中某些要素发生异常，系统参数发生偏离，只要在系统的所能容许的域限之内，系统就会启动纠偏机制，消除不稳定因素，维持事物的质保持稳定。如受损生态系统自我恢复、人体受伤后的自动修复过程就是自组织系统的自稳定能力作用的典型事例。

对“质”的理解应同事物的系统性、整体性联系在一起，应当从“事物”中抽象出“质”的概念。界定“事物”的“质”必须从“事物”的概念出发，如前所述，事物作为自成单位的客观存在，这种相对独立性的根据就是事物成为它自身的规定性。失去这种规定性，就谈不上事物的产生和存在，这种规定性就是质，这是从事物的概念中合乎逻辑地引出了质的概念。如一部手机就是一个事物，手机之所以是手机就在于它是可以随手携带的移动信息终端或移动通信工具，这就是手机成为手机自身的规定性，即手机的“质”，一旦失去这种“质”，手机就不称其为手机了。

2. 质表示事物相对独立的直接规定性

质与事物的存在是直接同一的，每一事物都具有相对独立性，这就意味着这一事物是独特的，不同于他事物。另一方面，由于事物联系的普遍性，事物的独立性也不是绝对的，而是依赖于其环境（周围其他事物）才得以存在的，没有同其他事物的相互作用，该事物就不会是这个样子。目前学界关于质的定义也都涉及了事物相对独立的规定性。

哲学界对质的解释最有代表性的说法是：“质是由事物的内在特殊矛

盾决定的，是一事物区别于他事物的内在规定性。"① 近年出版的哲学教材对质的表述稍有变化："质就是一事物成为它自身并区别于他事物的内部所固有的规定性。"②前一种说法仅仅把质理解为特殊性、区别性，只承认特殊层面上的质，忽视了一般层面上的质，后一种说法强调了"事物成为它自身的规定性"，在一定程度上涉及事物的共同质或一般质，有助于纠正前一种观点的缺失，但仍有不妥之处，即它把"成为它自身的规定性"同"区别于他事物"的规定性并列起来了，这同前一种观点并无实质性区别。也有哲学教材在质的定义上仍采用了第一种观点，只是把"内在规定性"中的"内在"改为"内部"。③ 最新出版的《马克思主义基本原理》教材又把"内部"改为"内在"④，回到了先前的说法，这种改动没有引起含义的变化。

当然，把事物的"质"看作是一种"规定性"也不能说错，但实在是太笼统太空洞了，并且单纯用"规定性"来定义"质"也有同义语的反复之嫌，应当把这种"规定性"的实质内容指出来。"规定性"应当是决定一事物之所以为该事物及其区别于他事物的根据，这里的"规定性"就是事物作为系统的质，体现着一般与个别的统一。正如高懿德先生所指出的："人们一般地把'质'界定为一事物成为它自身并区别于他事物的内部所固有的规定性。这种界定看到了质对事物的规定作用，但没有把握到质本身——即事物系统的活动强倾向性，而仅仅以质对事物的规定性作用之表现界定质，这不仅本末倒置，而且不具有确定性和唯一性。另一方面，它把质仅仅界定为一事物区别于他事物的规定性，而没有看到事物的质的规定性并不仅仅表现在与他物的区别上，同样也表现在与他物的一致性上。须知，质并不仅仅是造成事物之间区别的东西，而是造成事物成为

① 中国大百科全书·哲学［Z］. 北京：中国大百科全书出版社，1987：1181.

② 李秀林，王于，李淮春. 辩证唯物主义和历史唯物主义原理［M］. 北京：中国人民大学出版社，1995：169.

③ 教育部社会科学研究与思想政治工作司. 马克思主义哲学原理［M］. 北京：高等教育出版社，2003：62.

④ 本书编写组. 马克思主义基本原理［M］. 北京：高等教育出版社，2021：38.

自身的东西，而这种事物自身本身就包含着与他物的同质性内容，即共同的质，只是这种共同的质被其特有之质个性化了而已。”①

事物之间既有区别又有联系（共同点），这都取决于质的规定性。所谓“区别”表示的是个性。这种个性具有可描述性，通过人的感官就可以把握；而联系或共同点主要是通过思维来认识。如一个苹果和一块石头，它们的区别是可以直接感知的，表明二者的个性特征（属性、性质、质）不同，之所以如此是因为苹果和石头的分子层面上的构成质料及结构方式不同。当然苹果和石头也有共同点，这种共同点主要取决于二者原子层次上构成质料的结构和数量的相似性。所以事物的质首先就是事物成为它自身的规定性及结构功能关系。

3. 质表示事物的整体功能状态和形式

哲学概念应是高度抽象和丰富具体的统一，质的概念需要补充。界定事物的质应当有两个前提。

第一，要有既定的层次，明确在什么层次上界定质，如从生物层次定义不同的细菌，则它们作为微生物都有质的差别；但如果从化学元素层次上定义它们，就会发现它们都是碳（C）、氮（N）、氧（O）、氢（H）等元素组合而成的，作为微生物的质的差别就不存在了。可见如果考察层次不确定，事物的质也就无法确定。同样，一对孪生兄弟从生理层次上看，作为血肉之躯的差别可以忽略不计；但从社会层次上看他们一个是科学家，一个是艺术家，或者一个政治家，一个普通群众，或者一个资本家，一个工人，在这里可以看到他们的社会身份和地位有质的差别。

第二，被定义质的事物必须是处在相对稳定状态的单一整体或相对独立的单元。这一点取决于事物的系统性。当人们认识一个事物时，就已经把它同别的事物“剥离”出来了，这种“剥离”也就是“间隔”，它可以是更大系统的一个要素或某一维度或侧面，也可以是客观上原本就是相对独立的系统。例如，在海边寻找一枚扇贝，就是将扇贝从其环境中“剥

① 高懿德. 物道主义形而上下学［M］. 北京：北京燕山出版社，2016：221.

离"出来。之所以能"剥离"，就是因为扇贝与环境中的其他事物相比是一个特殊的相对独立的系统。即使是沙滩中的一粒沙子，也有其独特之处，没有两粒完全相同的沙子。如果被定义的对象不是稳定的，也没有什么间隔，就无所谓事物的整体性，又怎么能去界定它的质呢？

从上述两个前提可以看出，"质"所要回答的主要是事物作为特定层次和维度上的整体存在是什么。因此质就是事物所具有的相对独立的整体功能状态，是事物成为它自身的直接规定性。它侧重于表征事物整体单一存在的规定性，是作为系统整体的事物实体结构所决定的存续态势和功能状态。同一事物，观察角度不同就有不同的质，这是质的多样性。一个事物的质到底是什么，取决于这个事物和主体的关系。事物作为系统由若干要素组成，这些要素相互联系以某种方式相结合，形成一种整体功能，体现着自我构成、自我完善，不断演化的活动倾向，这就形成了事物存在的质态，即质本身。

列宁说过："质是规定性，自为的规定性。"① 所谓"自为的规定性"就是强调"质"的系统整体性，事物作为系统的整体功能及活动倾向。正如学界个别学者所说：质是事物成为它自身，既异于他物又同于类事物的直接规定性，是结构与功能、共性与个性的统一。② 这里的事物当然是被上述两个前提限定的，即作为整体单一存在的特定层次或维度上的事物。质是事物所具有的相对独立的功能状态，此定义是对上述两个定义的扬弃。一方面，它指明了质是事物成为它自身的规定性，划定了异类事物的界限；另一方面它扩充了质的内容，把"规定性"具体化为结构与功能(属性)、共性与个性的统一。在上述扇贝的例子中，毫无疑问扇贝是一个生命体，有特定的生理结构和功能，不同于其他生物，但这个扇贝又是唯一的，不同于其他扇贝，即是说，它有个性又有共性，是二者的统一。

汉语的"质"有一种含义是作为箭矢运动目标的靶子。由此引申，"质"作为一种规定性就是一种方向性或倾向性之规定，从而本身就是一

① [俄] 列宁. 哲学笔记 [M]. 北京：人民出版社，1974：118.

② 陈炳枢. 哲学"质"的定义新探 [J]. 宁夏社会科学，1994 (1)：50-51.

种活动方向性或倾向性。所以“质”在这里意味着，它是由某一目标而确立的活动倾向性，这种活动倾向性就体现为事物的系统功能，例如手机的多种属性综合为手机的系统功能或活动倾向性。

这样理解“质”，在表述方式上去掉了“内在”二字和“事物内在的特殊矛盾”之类的说明。“内在”被广泛使用，然而用它来表述质则是蛇足。事物的质不仅仅是内在的，还有外在的。人们对质的认识并不一定都非得深入事物的内部才能达到。在有些情况下，人们通过感性直观，借助于感觉就可以认识某些质，从质上区别事物，如人用眼看一下，就能区别老人和小孩、扇贝和瓦砾。可见，质的外在规定实际上表现为个性特征，可以通过感官直接把握。

关于对质的认识，教科书中普遍流行的说法是：“认识事物的质，就是要把握事物的本质属性。”① 这话当然不错，但人们对质的认识往往只是为了“正确区分事物，分清不同事物之间的界限”，不一定非要认识事物的本质属性不可。三岁儿童就知道水和火不是一回事，智障者也知道苹果与石头质的不同，难道这就能说明他们已经把握了事物“内在”的什么联系或本质属性了吗？人如果不能直接迅速地感知、把握事物的质，分清它们的界限，就连一天也不能生活。既然教科书中普遍把水在三种不同温度状态下的外部表现当作三种质态，那就不应该坚持事物的质仅仅是一种“内在”的规定性。“特殊矛盾”一词在哲学上也用得很滥，用它来表述质也不恰当。如谷堆和秃子的质是由什么特殊矛盾构成的？水的三态又是由什么特殊矛盾决定的？在这里不是否认它们内部存在矛盾，而只是说这类现象很难用特殊矛盾去解释。

（二）质与事物可以等同吗

1. 质是事物的功能属性

质的概念由事物的概念引出，这表明质与事物不可分。质在事物在，

---

① 教育部社会科学研究与思想政治工作司. 马克思主义哲学原理［M］. 北京：高等教育出版社，2003：62.

质亡事物亡，或者说，质与事物的存在是直接同一的。这些说法是哲学界的共识。但是仔细考察起来，这种“直接同一”也只是就“共存亡”这一点而言的，并不意味着质与事物完全等同，并且这里所讲的质是系统质。这正如恒星与光能的关系一样，光能在恒星就在，光能亡则恒星亡，彼此不可分割。但必须指出，光能与恒星毕竟是两个不同的东西，不能混为一谈。

“事物具有质”这一命题本身就包含着质与事物有区别之意。如一辆汽车具有交通工具的“质”，但交通工具只是汽车的根本属性而已，除此之外，汽车还有其他多种属性，比如汽车作为一个人身份和社会地位的象征或标识。汽车还有一些更具体的属性，如播放音乐或视频的功能，空调功能等属性。手机也同样如此，除了移动电话的质，还有很多其他方面的质，拍照、摄像、导航、指南针、收音机、上网、支付、购物、理财、即时通信（微信、QQ）等等，越来越多。在这里，每一种属性都是一种功能、一种“质”。在这些功能中，丧失一项或若干项，只要不是根本性的功能属性的丧失，那么手机的质仍旧会保持着。就事物作为系统整体来说，它的质就构成了事物的整体功能，所谓“质与事物的存在具有直接同一性”就是在这个意义上讲的。

从日常生活的角度来看，事物是实体与属性的统一，质属于属性范畴。事物是客观存在的“实体”或如马克思所说的“物质的原始形式”，这是事物质是实体的性质规定，事物是质赖以存在的载体，质是属性的集合体。例如一只老虎，就其为事物而言，它是动物个体；但就其质而言，它是大型猫科动物，具有多方面的属性，二者所指显然有区别。就一部手机来说，其壳体、处理器（CPU）、电池、主板、摄像头等硬件系统是手机功能的基础，决定着手机功能的有无及功能的大小强弱，如马克思所言的“物质的原始形式”，即实体，而“质”就是实体属性的集合，是事物的整体功能状态。实体决定属性，实体变了，属性也会发生大小、强弱、有无的变化。

就范畴外延而言，质的规定只是事物的一种规定性，除此之外，事物还具有量的规定性，是质与量的统一。这就是说，事物的外延大于质的外延。例如现在手机功能（质）大同小异，这个“异”就体现在量的方面，有的手机处理器功能强大一些，有的弱一些；有的手机内存大，有的较小；有的屏幕分辨率高些，有的低些，这都是量的差别。质与事物的区别是否还有其他方面需进一步探讨，但质与事物绝不完全等同。说手机是移动电话还勉强可以，但如果说拍照、支付、上网、微信、导航、音视频播放器就是手机本身显然是不妥的，因此，质是事物的功能属性，不是事物本身。思维是人的质的规定性，是人的功能属性，但思维不是人本身。因此认为“特定的质就是特定的事物存在本身”的观点显然是经不起推敲的。因为特定的质只是事物所具有的“众多的质”中的一种，只是事物的一种属性，它不能等同于事物的整体性存在，只有整个质系统才能与事物直接同一。“特定的质就是特定的事物存在本身”的说法之错误在于对事物本身的概念理解不正确不到位，最终混淆了事物与质的概念。

2. 质与事物的关系类似于属性与物自体的关系

从哲学角度看，质是属性的总体，事物是属性的载体（实体）。性质、属性和质三个概念有许多相通之处，在日常语言中可以通用，但它们之间也有细微的差别。性质侧重于事物之间的区别，强调要划清此事物与彼事物的界限。属性侧重于性状、质态的基础、承载者。质则侧重于从整体上把握事物（实体），给事物作出总体定性。按照传统观点，事物作为实体是属性的基础，实体决定属性，无实体即无属性。这种观点在生活世界是正确的，大家都能接受。但这种观点在哲学上则很难经得起推敲。例如一块 500 克的金砖，我们发现它有很多物理化学属性。象征富贵的黄色；拿在手里沉甸甸的，很有分量；质地均匀，富有延展性；是电和热的良导体；很难被氧化；具有货币的属性，等等。黄金的这些属性的承担者是这块黄金本身吗？如果说是黄金本身，那么如果根本就没有这些属性，或者把这些属性逐一去掉，这块金属还是黄金吗？这块金属是否是黄金是取决于这些属性吗？这显然是自相矛盾。如果说黄金的这些属性的承担者是金原子，也同样会遇到类似的问题。因此在日常生活中看似寻常的、理所当然的问题，往往在哲学上很难讲通。

现代科学也越来越支持物质非实体化，实体与属性的界限越来越模糊。再举一例做进一步的阐述，设想桌面上一个苹果，这个苹果的性质、属性有很多。外形是圆的，颜色是红的，有一定的重量、硬度，散发着芳香气味，等等。如果我们分别把苹果的这些性质、属性去掉，最后会剩下什么？有人会说这些属性去掉之后就会剩下一个这些属性的承载者——苹果实体，或苹果本身，用德国哲学家康德（Immanuel Kant，1724—1804）的话说就是“物自体”，它不会因属性的丧失而消失。坚持苹果自身的独立存在，就是坚持了唯物主义。传统观点认为，总会有一种恒定的东西，支撑着那些附着在上面的属性，就像苹果自身支撑着苹果的那些属性一样。这种恒定的东西作为属性的载体，本身是独立存在的，不依属性为转移，这在常识中当然是合理的。但如果要问：支撑苹果诸多属性的苹果本身或苹果实体是什么？恐怕就会瞠目结舌了。正如列宁所说：“如果我们问什么是自在之物，那么这个问题本身就已经不知不觉地包含着不可能回答的成分了。”①实际上苹果本身与脱离一切属性的物自体一样，是一种空洞的抽象，由于它没有任何规定性，所以无法对它进行描述，因而它不可能存在于现实世界，只能作为苹果的理念存在于柏拉图（Platon，公元前427—公元前347）的理念世界之中，基于这一点，黑格尔才称“物自体”就是“无”。

实体与属性的关系类似于“物质”和“物质的”之间的关系。“物质的”是指各种物质形态。“物质”是从“物质的”存在形态抽象出来的共性，即客观实在性（物质本身）。“物质本身”只能存在于无限多样的物质形态之中，离开了物质形态，就没有物质本身。换句话说物质本身并非是恒定不变的一切物质特性或属性的“承载者”，或“最高实体”。可见实体概念只是标志着认识过程的一个阶段而已。

现代西方哲学中有些人，如英国哲学家罗素（Bertrand Russell，1872—

① ［俄］列宁. 哲学笔记［M］. 北京：人民出版社，1974：110.

1970）等试图通过语言分析来消解传统哲学的“实体”概念，重新解读实体与属性的关系。罗素认为，从主语和谓语的角度看，实体被视为主语，属性被视为谓语。有些专有名词只能用作主语，不能用作谓语，这样的词是实体。作为主语的实体就像墙上的钉子那样，悬挂着很多谓语（属性）。这些属性可以变化，可以消失，但作为主语的实体是不变的，永远保持着自身的同一性。因此，人们认定实体永恒存在，不随属性的变化而改变。①罗素举例说“这是红的”是一个简单陈述，在这里人们通常把“这”视为是主语，成为属性“红”所依赖的实体，这是不正确的。因为人们所感知到的只是属性（红）和属性（红）之间的关系，并没有感知到作为实体的“这”。“这是红的”实际上就是“红色与……同在”，这样一来，性质或属性的实体就不是神秘的主语“这”，而是一系列的“同在的”“红的”性质所组成的结构。既然专有名词也是由性质构成的，即性质的承担者不过是句子语法形式的影子，那么实体或物也就是“性质束”，“物质”乃是“把种种事件集合起来的一种方便的方式”。②

（三）质的几种惯常用法

必须指出，由于事物及其联系的复杂性，人们通常在以下几种意义上使用“质”概念。

第一，包括本质在内的整个质系统。如说一物一质，质具有单一性，量变质变规律，质与事物有直接同一性，等等，都是指的整个质系统。

第二，指质系统的某个侧面或组成要素（属性）和维度。质系统有多少层次、多少种存在方式、多少种维度和侧面，就有多少种质。如说人有社会的质、生理的质，质的变动性与稳定性、显现性与潜匿性，认识事物的质是认识事物的起点，等等。

第三，指本质或本质属性。如讲社会主义与资本主义有质的区别，有些事物如基本粒子等，其质与本质是同一的，在描述此类事物时，质、本

① ［英］罗素. 西方哲学史：下卷［M］. 马元德，译. 北京：商务印书馆，1981：118.
② ［英］罗素. 西方哲学史：下卷［M］. 马元德，译. 北京：商务印书馆，1981：393.

质、本质属性都是通用的。再如杯子的本质属性就是饮器，这也可以说就是它的质。

第四，指质系统中本质之外的其他层次上的质，包括共同质与特殊质。如说非根本的质，三岁儿童认识到的苹果与石头的不同质，一个人一个相，等等就是针对此种情况而言的。可见，在讨论问题时如果不是在同一个层次、同一种意义上使用质概念，就会引起一些混乱。

三、质与属性

（一）属性的含义

对质的界定离不开属性这一概念，对属性及其与质的关系的理解直接关系到对质的理解。世界上每个事物都是独一无二的，其质系统作为一个整体当然具有单一性（唯一性），世界上没有两个完全相同的人，没有两片完全相同的树叶，每个事物都是唯一的。但这也只是对事物进行总体考察的结果，并不是说事物是不可分析的。如果从事物的组成部分和层次来分析，就会发现事物是一分为多的，事物作为系统是由若干要素构成的，每个要素都有各自的功能属性，当然每个要素也是一个系统，也是由更低一级的要素构成的。既然事物可以一分为多，那么，体现这个多的，正是事物的属性。属性是指事物本身所固有的性质，即组成事物的各个部分和层次所具有的规定性或功能。属性是客观的普遍的。就动物来说，在空间结构上有多个子系统，它们都具有各自的规定性即属性。如消化系统具有与外界交换物质能量的属性，骨骼系统具有运动的属性，生殖系统具有延续后代的属性。

属性赖以产生的根据就是事物的局部矛盾或个性矛盾，由于事物矛盾的复杂性，决定了事物属性的多样性，这诸多属性一般是以潜匿的方式存在，只有在同外界事物相互作用时才显现出来。如物质的酸碱性就是在同其他物质的作用中表现出来的。一个动物的战斗力大小主要是通过同其他的动物的斗争中体现出来的。当然，事物的功能属性也能以“显在”的方式存在，如一支军队的战斗力大小，我们可以从其人数、武器装备、训练方式、作战部署等方面判断出来。

（二）质与属性的联系

质与属性既有联系又有区别。就其联系来说，质系统是由多种属性构成的，是属性的集合体，每个属性都是质的一部分、一个方面或要素。不很严格地说，事物的某个属性就是事物某方面的质，如说液态是水的质，能思维是人区别于动物的质，等等。但质作为系统整体的功能状态也不是属性的简单相加，而是各种属性的有机统一。如动物的许多属性如运动、反应等，就是动物的质赖以形成的基础，动物的质就是这许多属性的统一。质作为诸多属性的有机整体实质上是这些属性结合起来之后所产生的新属性。所以具有共同质的事物可以有许多不同的属性，具有相同属性的事物未必就是具有共同质的事物。前者如玻璃杯子和铝杯子在同酸碱相作用时就表现出不同属性。后者如人与狗在生理上有许多相同的属性，但它们毕竟是不同质的事物。

（三）质与属性的区别

质与属性的区别主要有两点：

一是产生的基础不同，属性是由事物的局部矛盾或个性矛盾决定的，而质是由事物总体的共性矛盾所决定。如有些人会吹口哨，有些人不会吹。有些人耳朵会动，但多数人耳朵不会动。有些人唱歌唱得很好，有些人不会唱歌，等等。这些属性显然不是取决于人体的共性矛盾和生理结构，而是取决于人体的局部矛盾或个性矛盾。

二是对事物的作用不同。质与事物是直接同一的，事物要凭借其质规定自身并与别的事物相区别，所以质在事物在，质亡事物亡。这里所言“质”是事物系统整体的质，如人的自由自觉活动、创新能力等。属性同事物的整体没有直接同一的关系，个别属性的丧失并不影响事物的存在。一匹马具有多种属性，即使丧失了其中某个或几个属性，如丧失生殖属性或视觉属性，仍不失为一匹马。黑格尔说过：“特质与质却不可混淆。”这里的“特质”实指属性，是事物相比较时呈现的性质。“某物所以为某物，只是由于其‘质’，反之，‘物’之所以是实存，诚然只是由于其特质，但它的实存却绝不与此一特定的特质或彼一特定的特质有不可分离的关系，因此，即或失掉了某一特质却并不失掉其所以是某物的存在。”①

（四）对属性与质的关系的误读

现在哲学教材和论著在论述质概念时大都顺便解释一下属性与质的关系。比较有代表性的说法是：“质是内在的，是通过事物的属性表现出来的，事物的属性中有本质属性也有非本质属性。”②“属性就是一事物与他事物在相互联系中表现出来的质”。③ 这种把属性看作质的外部表现的说法实为不妥。

其一，从人类认识秩序看，不宜用质规定属性。因为质和属性都有不同层次，在相同层次上，质与属性是整体与部分的关系。人类最初仅有感性认识，后来经过反复实践，才逐渐领悟到有些感性上不同的东西可以相互替代，而有些外观上相似的东西又不可互相替代，由此形成了事物的相同与差异的观念，这表明认识了事物的某些属性，但不能说就有了该类事物质的观念。如人们认识了电脑的某些属性（播放音视频、文字处理、图像处理），不等于说就把握了电脑的质，而当人们比较全面地把握了电脑的功能属性之后，才会通过综合形成电脑的质的概念。可见人类认识属性在先，形成质的观念在后。哲学教材不先交代属性而是在讲质之后通过质来定义属性，有悖于逻辑与历史相统一的原则。

其二，属性是质的表现。质与属性的关系不同于本质与现象之间的那种内在根据和外在表现的关系，也同实体与属性的那种承担者与依附者的关系不同。它是一种总体和方面、集合与要素之间的关系。人们在认识个

① ［德］黑格尔．小逻辑［M］．贺麟，译．北京：商务印书馆，1980：269.

② 教育部社会科学研究与思想政治工作司．马克思主义哲学原理［M］．北京：高等教育出版社，2003：62.

③ 李秀林，王于，李淮春．辩证唯物主义和历史唯物主义原理［M］．北京：中国人民大学出版社，1995：170.

体事物属性的基础上，把握一组足以将此类中所有个体、分子联系和认同起来又把它同另类事物区别开来的属性，就算把握了它的质。如上述的认识电脑的案例，电脑的质实际上是电脑的各种功能属性的综合体，当然只有进一步找出这些属性的根源才能算认清了它的质。可见本质与属性的关系才是内在与外在，被表现者和表现者之间的关系。如果把属性和质也看作是表现者和被表现者，外在和内在的关系，就混同了质（现象）和本质，这在认识论上是讲不通的。因为认识质也只是认识的起点，发现事物的本质才是完成了认识的阶段性任务。

第三章

质与量

讨论质的问题，不能脱离对量的考察，因为与质相对应的是量，质是相对于量而言的，没有脱离量而单独存在的质。如果“量”说不清楚，那么“质”的内涵就得不到阐明。量不是外在于“质”的东西，而是“质”的“量”，是质的呈现形态，不存在无质的量和无量的质。现实中质与量本来就是不可分离的。本章联系“量”来研究“质”，并对教科书以及相关论著甚至日常生活中涉及的质和量的问题做出辨析，提出自己的看法。

一、量是质的程度和等级

（一）历史上哲学家对量的认识

1. 西方哲学家对量的认识

最早提出“量”的概念的是古希腊的哲学家毕达哥拉斯，他认为“数目的元素就是万物的元素”，“从一产生出二，二是从属于一的不定的质料”，“从完满的一与不定的二中产生出各种数目；从数产生出点；从点产生出线，从线产生出面，从面产生出体，从体产生出感觉所及的一切形体，产生出四种元素：水、火、土、气。这四种元素以各种不同的方式互相转化，于是创造出有生命的、精神的、球形的世界。”① 毕达哥拉斯把

① 北京大学哲学系外国哲学史教研室. 西方哲学原著选读：上册［M］. 北京：商务印书馆，1981：20.

“数”与“物”分开，这样“数”就成为独立实体。在他看来世界万物都由数产生，从无质的纯量的数产生出具有质的万物，这当然是唯心主义观点，但毕竟是把量（数）上升到了哲学层面。早于毕达哥拉斯的米利都学派虽然也提到量的问题，但不是把量单独作为一个范畴来分析的，而是从量变引起质变的角度来阐发的，如阿那克西美尼用空气的浓厚化（量的增加）和稀薄化（量的减少）说明万物的产生，这同毕达哥拉斯有明显的不同。

亚里士多德第一次把量和质作为哲学范畴提出来，他认为任何事物都有质和量两种规定。质就是实体，量就是数量、大小、多少。“现在所称‘是’的事物，其本意是指‘这个’，其别义则指量。”① 亚里士多德还提出质决定事物的存在，量不决定事物的存在：“事物之怎是宁依于质，不系于量，质出于事物之决定性，量则出于事物之未决定性。”② 质是稳定的，量是变动不居的。

英国哲学家霍布斯（Thomas Hobbes，1588—1679）对“量”这一范畴做了论述，提出物体“有三个向量，线（或长）、面、体。三个向量中的任何一个如果加以规定了，也就是说如果它的界限明白了，一般就称为量。因为所谓量，人人都了解就是这个词所指的东西，也就是用来答复‘这有多少’这个问题的答案。”“所以‘量’只能这样下定义：一个确定的向量，或者一个由界限的位置或某种比较划定其界限的向量。”③ 可以看出霍布斯由于片面强调量，以至于把事物质的差别仅仅归结为形状、大小这种单纯量的差别。笛卡尔和霍布斯一样，认为物体之间只有量的差别，否认质的差别。他用力学规律解释一切，把宇宙看作一架机器，甚至认为

---

① ［古希腊］亚里士多德. 形而上学［M］. 吴寿彭，译. 北京：商务印书馆，1981：131.

② ［古希腊］亚里士多德. 形而上学［M］. 吴寿彭，译. 北京：商务印书馆，1981：131.

③ 北京大学哲学系外国哲学史教研室. 十六—十八世纪西欧各国哲学［M］. 北京：商务印书馆，1975：89.

动物是一架精密的机器。他说：“物质的本性仅仅在于它是一个广延的东西。”①广延就在于长宽高的连续的量里面，“可以在这个连续量中列举出许多不同的部分，并且把各种大小、形状、位置和运动加给这些部分中间的每一个，最后我可以为这些运动中间的每一个规定下各种长度的时间。”② 在他看来物体只有量的差异，没有质的不同，只有量变而没有质变。

法国哲学家拉美特里（La Mettrie，1709—1751）为了论证这种观点，提出了著名的“人是机器”的理论，他说：“难道人不就是一台机器？比最完善的动物再多几个齿轮，再多几条弹簧，脑子和心脏的距离成比例地更接近一些，因此所接受的血液更充足一些，于是那个理性就产生了。”③拉美特里还进一步从构成角度论证了人和动物没有质的差别，只有量的不同：“人并不是用什么更贵重的料子捏出来的，自然只用了一种同样的面粉团子，他只是以不同的方式变化了这些面粉团子的酵料而已。”④ 这是说人和动物都是上帝用面粉团子捏出来的，区别只是所用的“酵料”不同而已，这就是把人和动物之间的差别归结为量的差别，不过这种论证也有自相矛盾之嫌，因为上帝在捏造人和动物的时候在面粉团子中添加了不同质的“酵料”，这就或多或少地承认了人和动物也有质的差别。

18世纪法国唯物主义哲学家狄德罗（Diderot，1713—1784）发挥了拉美特里的观点，进一步把事物之间的差别归结为量的差别。他说：“一切动物都是或多或少的人，一切矿物都是或多或少的植物，一切植物都是或多或少的动物。在自然之中，根本没有严格的分别……任何东西，都是或

① 北京大学哲学系外国哲学史教研室. 西方哲学原著选读：上册［M］. 北京：商务印书馆，1981：381.

② 北京大学哲学系外国哲学史教研室. 西方哲学原著选读：上册［M］. 北京：商务印书馆，1981：380.

③ 北京大学哲学系外国哲学史教研室. 西方哲学原著选读：下册［M］. 北京：商务印书馆，1981：122.

④ 北京大学哲学系外国哲学史教研室. 西方哲学原著选读：下册［M］. 北京：商务印书馆，1981：117.

多或少的某个东西，或多或少的土，或多或少的水，或多或少的气，或多或少的火，或多或少的这一界或那一界的东西。”①狄德罗认为一切事物都由土、水、气、火四种元素构成，此物不同于彼物就是因为这四种元素在量的方面的配合比例不同而已。在这里不难看出狄德罗的论述没有摆脱自相矛盾的影子，因为组成万物的土、水、气、火四种元素毕竟在质上是不同的，而且这种不同是不能用量的差别来解释的。可以说在 17、18 世纪，把事物之间质的差别归结为量的差别的观点在形而上学唯物主义者中是比较流行的、普遍的观点。所以恩格斯指出：“这种认为物质只在量上可以规定而在质上从一开始就相同的观点，‘无非是’18 世纪法国唯物主义的‘观点’。”②

德国古典哲学的代表人物康德批判继承了亚里士多德关于质和量的思想，提出了“十二范畴”论。他把这十二个范畴分为四组，每组三个范畴。其中第一组是“量的范畴”，包括统一、多数、总体三个范畴；第二组是“质的范畴”，包括实在、否定、限制三个范畴。③ 接下来康德对此做了进一步的阐发，认为“量的范畴”的原理是“直观公理”，“质的范畴”的原理是“知觉的预定”。所谓“直观的公理”，其“原理是：一切直观都是延扩的量。”这里讲的“延扩的量”是指由部分到全体的量的扩展。所谓“知觉预定”，其“原理是：在所有现象中，作为感觉对象的实在，都具有强弱的量，即度。”④ 康德认为，知觉的内容是外界物质的存在或实在，而这个实在必然具有“量”的强弱，因为存在物必有时间和空间，尽管存在物的量可以无限小，但绝不会等于零，所以实在总会有强弱的量。康德的范畴论是先量后质，先有直观形式后有知觉内容，带有浓厚

① 北京大学哲学系外国哲学史教研室. 十八世纪法国哲学 [M]. 北京：商务印书馆，1963：386-387.

② [德] 马克思，恩格斯. 马克思恩格斯选集：第 3 卷 [M]. 北京：人民出版社，2012：951.

③ 北京大学哲学系外国哲学史教研室. 西方哲学原著选读：下册 [M]. 北京：商务印书馆，1981：289.

④ 李泽厚. 批判哲学的批判——康德述评 [M]. 北京：人民出版社，1984：131.

的先验论色彩，但毕竟较之他的前辈更加深入地探索了质和量。

黑格尔对量和质做了空前深入的探索，取得了丰硕的成果，在哲学史上产生了深远的影响。黑格尔首次系统地论述了量变质变规律。在《逻辑学》中，黑格尔论述范畴“量”的篇幅就有二百页之多，可见他对这一范畴的重视程度。黑格尔是联系质来分析量的。“质首先就具有与存在相同一的性质”，“量的性质便与存在相外在，量之多少并不影响存在。譬如，一所房子，仍然是一所房子，无论大一点或小一点。同样，红色仍然是红色，无论深一点或浅一点”，“一切事物都是有量的，但量的大小并不影响它们的存在。不过这种‘不影响’同时也是有限度的，通过更加增多或更加减少，就会超出此种限度，从而那些事物就会停止为那些事物。”① 黑格尔对“量”的范畴的推演是从未规定的“量”（纯量）到具有排他的规定性的量（定量），体现在“量的比例”上的“以数规定数”，这意味着以另一定量来规定某一定量的“质”，这就从量的规定又返回到了质的规定，形成一个有质的量，即“度”。黑格尔所言“纯量”是指还未界定的量，如时间、空间。这种量的规定不再是与存在同一的，对存在而言无足轻重。黑格尔把量分为连续的量和分离的量。黑格尔认为“就量在它的直接自身联系中来说，便是连续的量；就量所包含的一的另一规定来说，便是分离的量。但连续的量也同样是分离的，因为它只是多的连续；而分离的量也同样是连续的，因为它的连续性就是作为许多一的统一或统一的‘一’”。② 这里的“定量”是指“量中的定在”即分离的量或“限量”，而限量分离成许多特别的量，每一限量自成一单位，所以限量就是有数的规定的量。“这种特定的量所形成的单位仍然是多。于是定量便被规定为数。”③

黑格尔关于量的思想极为丰富和系统，为后人进一步探索奠定了基础。马克思、恩格斯、列宁、毛泽东等经典作家扬弃了黑格尔关于量和质

① ［德］黑格尔．小逻辑［M］．贺麟，译．北京：商务印书馆，1980：188.
② ［德］黑格尔．小逻辑［M］．贺麟，译．北京：商务印书馆，1980：221.
③ ［德］黑格尔．小逻辑［M］．贺麟，译．北京：商务印书馆，1980：223.

的思想，深刻阐明了量变与质变的辩证关系，使之成为马克思主义哲学的重要组成部分。

2. 中国古典哲学对量的认识

量与质一样是西方传统哲学的概念，这些概念基本上不在中国古典哲学的视野中，不为历史上的中国哲学家所关注，因此我们就很难在中国古典哲学中找到作为哲学概念的质和量。但这并不意味着中国古典哲学中就绝对无人提及这方面的问题。

中国古代有些哲学家从动态过程视角谈到了量的问题。认为事物运动的过程只是一个“量”的过程，否认量变会引起质变。如北宋哲学家邵雍（1011—1077）认为宇宙是由一个神秘的“数”构成，天地万物都是由这个“数”派生出来的。其过程是这样的：“一分为二，二分为四”，以至“十分为百，百分为千，千分为万……”（《观物外篇》上）天地万物的变化只是“数”的增减而已，没有质的变化。从这种观点出发，那就是“夫古今者，在天地之间犹旦暮也，以今观今，则谓之今矣；以后观今，则今亦谓古矣。”（《观物内篇》五）从这种观点出发，他认为历史也是没有质的改变和发展的，古今并无不同。明代唯物论者王廷相（1474—1544）也是只承认量的变化，不承认质的变化（突变）。他把事物的变化归结为“渐变”，而不承认“骤变”。他根据观察到的自然界的万物生长、寒暑交替，说明这是“渐变”的结果。他说：“变有要乎？春不见其生日长，秋不见其杀而日枯，渐之义也，至矣哉。”（《慎言·御民篇》）“四时寒暑，其机由日之进退，气不得而去焉，日南至而寒甚，北至而暑甚，所积既深，不可骤变也。”（《慎言·乾运篇》）

3. 量的含义之我见

当代哲学教科书一般这样来解释量：“量和质一样，都是事物所固有的一种规定性，它是事物的规模、程度、速度，以及它的构成成分在空间上的排列组合等等可以用数量表示的规定性。”① 这个定义的突出问题是没

① 李秀林，王于，李淮春. 辩证唯物主义和历史唯物主义原理［M］. 北京：中国人民大学出版社，1995：170.

有体现哲学概念的严整性和简洁性，在概念中列举项目后加上“等等”，无法列举完毕就说明对这个问题说不清楚、道不明白，这就给所定义的概念带上了一种随意性和不严谨的色彩。量作为一哲学概念，可以这样来定义：量就是标志事物存在状态和变化程度的规定性。存在状态是从静态考察的，是指事物规模、体量的大小，包括时间上的久暂、空间上的广延大小以及组成要素的结构状态。例如一棵树，它的存在状态的量就包括树的高度、树干直径、树冠大小及结构特点、树龄长短等。变化程度的量是从动态角度考察的，指的是事物运动速度、时间、空间上的变动情况、变动幅度大小。仍以树为例，其变动程度的量包括树的生长速度，周围环境在多大程度上影响树的生长发育；季节、空间如何影响树的生命运动。当然，任何量的规定必须是在同一种质的前提下才能存在，离开这一点来谈量是无意义的。马克思指出：“不同物的量只有化为同单位后，才能在量上互相比较。不同物的量只有作为同一单位的表现，才是同名称的，因而是可通约的。”① 只有在质上相同的事物，才可以进行量的比较。

（二）量的辩证性

物质世界的辩证运动规律是客观辩证法，反映到人们的头脑中就是主观辩证法，或称思维的辩证运动规律。思维辩证法表现为一系列的概念和范畴，质和量也是辩证统一的关系，并且不管质还是量都各自具有辩证性，这是由客观世界的辩证本性所决定的。就量这个范畴来看，它既有绝对性又有相对性，是绝对和相对的统一。在这里需要联系质的规定性来说明量的辩证性。

1. 量的层次性

事物总是具有高低不同的层次，人对事物量的认识也是具有层次性的。从认识的角度来看，量可以分为不同的层次。

第一层次的量是名数。这种量与事物直接相关，也叫数量，如 5 只羊，

---

① ［德］马克思，恩格斯. 马克思恩格斯全集：第 23 卷［M］. 北京：人民出版社，1972：63.

3块石头，2棵树。数是量的标志，数是符号，本身不具有量。数只有与量的单位相结合，才会有大小之分。所以，名数=名（事物）+数，在这里，每一个数都与特定的事物相联系，即与事物的质相联系，离开事物本身，这样的量在现实中不存在，这就是名数，它表达的是事物在量上的多少，是量的最初级的形式。

第二个层次的量就是无名数，即直接脱离具体事物的量，这是在抽象意义上讲量的多少。远古时期人们结绳记事，这表明人们有可能撇开具体的事物去抽象地研究量的关系，于是就出现了12345等这样的无名数，这都是从自然事物中抽象出来的，也叫自然数。随着实践的发展，人们对量的认识不断深入，在自然数的基础上逐渐形成了整数、有理数、无理数、实数、复数等，成为数学研究的重要内容。

第三层次的量是常数，表示常量的数。常量就是在某一过程中，数值固定不变的量。例如匀速直线运动中的速度，地球上的重力加速度，圆周率π的值等都是常量。在质能关系式（$E=MC^2$，其中E是能量，M是质量，C是光速）中，光速也是一个常量。可见常数主要涉及两个被考察的对象之间的关系。

第四层次的量是变数或数量关系。变数是相对于常数而言的，是表示变量的数，在函数或方程中就是可变的数，借指事物的一组矛盾中某些会发生变化的矛盾方面。从数学发展过程来看，到了17世纪人们对行星、单摆和机械运动以及抛物体的运动的研究，面对的不是静止的数量，而是一些变动的量，这就促使人们去探寻新的数学工具来解决问题。从17世纪开始数学研究的对象就由先前的名数、无名数和常数扩大到数的运算，各种运算反映了各种数量的不同关系，这些运算离不开运算对象，及客观事物之间的数量关系。虽然运算本身不等于客观事物本身，但也反映了人们对量的认识进入了更深的一个层次。当然，变数也不可能是事物量的最终层次。随着人们认识能力的不断提高，还会认识到更多层次的量。

就目前人们对量的认识来看主要是这四个层次。这些层次之间都是递进关系，标志着人们对事物量的认识的不断深入。

名数和无名数都表示数量的多少，但二者表明了人们对量的抽象程度不同。名数是具体的，无名数是抽象的，它和具体事物不直接相关，但并不等于无名数就完全脱离了事物，相反它是对具体事物量的更深层次的反映。归根结底无名数还是以具体事物为基础的，没有具体事物及其数量关系的存在，就不可能有无名数概念的产生。有论者认为：“名数和数虽然都表示量的多少，是量的表现形式，但是，它们在本质上又有区别。前者与事物的质相联系，而后者却脱离了事物的质。”① 认为无名数和质相脱离是讲不通的。无名数虽然不像名数那样直接关联事物，但绝不是同事物毫不相干，它是对事物量的抽象的反映，也是更深刻的反映。正如事物的本质与事物的现象似乎无直接关系，但是谁也不否认本质和现象是不可分割的一样。至于常数也同样没有脱离事物本身。在认识论层次上，常数比无名数抽象程度更高，它侧重于反映事物之间的相互关系的恒定的量。在质能关系式（$E=MC^2$）中，C 是光速（30 万千米每秒），正是由于这个常数，才客观地设定了质量转化为能量的恒定的量。如果没有物体的质量（M），那么能量（E）也就没有了。所以常数也是不能脱离客观事物本身的。与常数相比，变数是更深层次的量，是人们对事物之间的数量关系的反映和认识，它的抽象程度更高。从表面上看，它和具体事物的关系更加远离，但是绝不可以说变数是纯粹的想象的产物。没有事物之间复杂的数量关系，就不会有变数的产生。所以变数的客观基础就是事物之间的数量关系。这一点可以从微积分、函数、解析几何等变数实际应用中得到说明。

2. 量的相对性

量既是绝对的也是相对的，量的绝对性是指量的客观性。绝对性意味着没有比较对象，即无条件性。事物是客观存在的，不以人的意志为转移，与之相适应，量也是客观的、绝对的，也是复杂多样的。任何事物都有量的规定，量本身是事物固有的，这是量的绝对性。一个人有身高、体

① 林夏水．论量的层次性［J］．哲学研究，1992（2）：41．

重、年龄等量的规定，一台电脑有许多量的指标：中央处理器（CPU）的核心数、主频、内存大小、硬盘容量等。这些量的规定都是无条件的，因而是绝对的。但另一方面，现实中任何具体事物的量也都是有条件的，因而具有相对性。量的相对性就是指量的条件性，事物量的规定随事物所处条件的不同而变化。为什么同年龄同性别的人在身高、体重、肺活量等生理指标方面都有差别，在能力方面的差别就更大了，这都离不开特定的条件。一个刚出生的婴儿，在不同环境、不同生活条件下长大成人，其量的规定是有差别的，此乃条件使然。可见事物量的规定是受具体环境和条件影响的，表明量也具有相对性。主要有以下几种情况。

（1）同质不同量

量的相对性首先表现为同质不同量。虽然量是事物本身所固有的，但量的规定和事物的存在没有直接同一性，一定范围内量的变化不会影响事物性质的稳定。如作为一本书可以是 700 页，也可以是 300 页或 200 页，这并不影响它作为书这种性质的存在。在这里需要说明的是，虽然是同质不同量，但这种量的变化对于事物的质来说是不是没有任何意义呢？2 斤香蕉和 12 斤香蕉在质上是相同的，只有量的差别，但如果在特定的条件下或场景中，两者的差别不仅仅是在量的方面，其他方面的差别也显示出来了。2 斤香蕉作为礼物拜访客人就太少了，拿不出手，而接受者也很尴尬很难堪，认为这是对他的不尊重，所以 2 斤香蕉通常是不作为礼物送人的。但如果是 12 斤香蕉，拿在手里有分量，沉甸甸的，作为礼物拜访客人就很好了，接受者也乐意，这 12 斤香蕉就可以作为礼物存在了，而先前提到的 2 斤香蕉也只是作为香蕉而存在，基本不具备礼物的性质，不能作为礼品送客人，这是由量的差别造成的。

同质不同量对单个事物的整体来说也会发生量之外的一些变化。在事物的质不变的条件下，这种“不同的量”对同质的事物会产生多方面的影响。一个人在身高 1.5 米、体重 70 公斤的情况下，找工作、参军、报考体育专业等可能会受到很多限制。但如果他长到 1.8 米，体重 80 公斤，那么受到的限制就会少些。如果他的体重飙升到 150 公斤，那么他受到的限制又增加了。因为过度肥胖造成身体臃肿，高血压、高血脂等非健康因素增加了，活动不便了，有些工作就不能胜任了，尽管人还是那个人，自然意义上的质没有发生变化，只是某些量的指标变了，这对于他的生存和发展造成了不利影响。当然，即使其他条件不变，仅仅是年龄大的原因，也会影响他的就业。这就说明事物的量受客观条件的制约，因而具有相对性。一个事物各方面量的规定，并不是一成不变的，而是随着事物本身的变化、相关条件的变化而变化，这种变化对于事物的性质会发生一定的影响。

（2）量的标准取决于主体的实践需要

如前所述，事物本身的量的规定是客观的，为事物本身所固有，这表明了量的绝对性。但是对主体而言，怎样认识事物某个方面或层次上的量呢？这就需要为事物的量确立一个标准。物体有大小、轻重，运动有快慢，颜色有深浅，人的个头有高低，年龄有大小，这都是事物量的规定性及其表现。

除此之外，人们也可以根据实践需要来规定量的标准，这是量的相对性的突出表现。如在法律问题上，是否承担刑事责任对年龄有严格要求，不同年龄所负的责任是不同的，一般来说，各国的立法者大都将未成年人分为两类：一是儿童，被认为完全缺乏刑事责任能力，不能被惩罚，只能接受保护、帮助和教育的措施，不受未成年人刑法或成年刑法的约束。二是受有关处理未成年人罪犯的法律调节的儿童和年轻人，他们通常得到减轻的刑事责任处罚。例如荷兰政府将年轻人分为四个类别：一是12岁以下的儿童，被认为不具有刑事责任能力；二是12~16岁的未成年人，被认为有一定的刑事责任能力，适用于未成年人刑法，接受审判；三是16~18岁的未成年人。他们中的大多数受未成年人刑法调节，但在例外的情况下需要接受成年刑法的调节；四是18~21岁的年轻成年人，他们将从适用的法律制度中享受优惠。可见荷兰政府在执法过程中，根据年轻人的特点和犯罪的严重性程度，对年轻的罪犯，法官既能适用未成年人刑法，也能适用成年人刑法，哪怕是仅相差一天，判决结果也会有很大的不同，在这里，作为年龄的量对于刑事责任的质来说是有重大影响的，但这种法律责任年龄的量的标准却是一种人为的规定，而不是与生俱来的。

根据实践需要而人为地规定量的标准是一件非常普遍的事情，被人们接受和认可。例如，对人来说究竟什么年龄算是老年人，这个量的标准也是不统一的，与特定时期的历史条件有关。在半个世纪前的中国，特别是农村，50 多岁就被认为是老年人了。而现在由于平均寿命大大延长，50 岁还只是壮年，60 岁也不算老人，就外貌特征上来说也是如此。单纯从外貌上看，现在 50～60 岁的人和半个世纪前的同龄人相比，的确是年轻多了，所以延迟退休是大势所趋。因为老年人的年龄标准发生了很大的变化。在 2020 年春抗击新冠肺炎的战役中，73 岁的李兰娟院士、84 岁的钟南山院士奋斗在抗疫第一线，全国人民无不为之感动，这表明在平均寿命大大延长的条件下，老年人的体力和精神力量仍比较充分，可以有新的作为，谱写新的人生篇章，实现人生的新价值。

再如对学业成绩等级的考核评定需要确立一个量的标准，这个标准也是一个人为的规定，不同地方不同学校也不尽相同。对学生的某一学科的考核成绩评价或某单位职工的绩效考核，我们可以规定优秀、良好、及格、不及格的比例，或者这四个等级各占 25%，或者优秀占 5%，不及格占 15%，这是没有固定标准的，也没有对错之分，都是人为的规定，只能说哪个更合理些。在评定学生成绩时，如果绝大多数考得不好，大多数是 60 分左右，那么 70 分以上就算是优秀了；当然如果绝大多数学生都是 90 分以上，那么就可以规定 98 分以上才算是优秀等级，而 70 分以下就算不及格。现在驾照考试科目一就规定 90 分以上才算及格，90 分以下算不及格，还得重考，这都是合理的，因为如果考核标准过低，造成驾驶员技术不过硬，会影响交通安全。这些量的标准都是人为的规定，而不是事物本身固有的，这都表明了事物量的相对性。

（三）量的类型

事物总是作为系统而存在，而这个系统总是有一定的规模，有一定的发展程度，系统的存在状态与系统的结构直接相关。如一台电脑必定有一定的体积（规模），有一定的技术指标或参数，标志着电脑的性能高低程度，这些量的规定都同电脑的结构分不开。因此，量相应地也就有三个类型：规模量、程度量和结构量；就量的现实存在状态来说，量又可以划分为离散的量与连续的量。

1. 规模量（空间量、时间量）

规模量是事物存在的规模大小和过程长短的量度。黑格尔说过：“一般而言，空间是纯粹的量。”① 在《小逻辑》中他又说：“如果我们认实在为无关轻重的空间充实或时间充实，则纯空间和时间等等，也都可以当作量的例子。”② 黑格尔在这里讲的时间空间就是属于规模量。事物特别是物体的存在要占有一定的空间位置，表现为一定的体积，这是空间的广延性、伸张性。时间是历史意义上的规模，事物的存在总是要经历一个产生、发展和衰亡的过程，这个过程或长或短，无疑是一种量的规定。爱因斯坦的相对论提出了四维矢量理论，认为“能量和动量结合成一个量，即‘能量—动量矢量’”③ 这是说现实事物所具有的量，是由“空间分量”和“时间分量”所构成。从实践角度看，人们在生产、生活实践中切身感受到事物有空间大小、规模大小，生老病死、物换星移、四季更替、空间时间都是可以度量的，所以时间空间本质上都是量的规定。

关于规模量的特点虽然学术界已有个别学者涉及（例如姜云《论量》），较深入地探讨了量的特点，提出了一些有价值的观点，为进一步的研究奠定了基础，但现在看来有些论述并不充分，仍有进一步研究的必要。依据前人的论述，结合著者的思考，认为规模量的特点主要有三：

第一，规模量具有外延性。这是指规模量内部包含着一系列彼此分立的单位量，事物规模量的整体就是由这许多的单位量的总和所构成。如 10 斤酒就是包含了 10 个彼此分立的 1 斤酒。100 元钱就包含了 100 个彼此分

① ［德］黑格尔. 自然哲学［M］. 梁志学，等译. 北京：商务印书馆，1980：40.
② ［德］黑格尔. 小逻辑［M］. 贺麟，译. 北京：商务印书馆，1980：218.
③ 中国大百科全书 · 哲学卷：第 2 册［Z］. 北京：中国大百科全书出版社，1987：1001.

立的1元钱。规模量在内可以分割，在外可以相加。100元钱对内可以分割自身，分成100个1元，或10个10元；对外也可以相加，与另外的100元构成200元，形成一笔更大的款项。无论是100元还是被分割成的1元或10元在质上是不变的，都是钱，都有货币的功能。可见规模量的分割和相加必须是在保持事物的质稳定的前提下才能成立。如果因为分割而导致事物质的变化，该事物不再是原来的事物，这种分割就失去意义或不能成立。如一个100公斤重的人，就不能说这个人包含了2个50公斤重的人，或者说包含了10个10公斤重的人。同样一个2米高的人也不能说他包含了2个1米高的人。因为如果做出这样的分割，人就变成了一堆血肉，人就不称其为人了，失去了作为人的质。从时间的角度来说也同样如此。事物作为过程而存在是有长有短的。在抽象意义上，可以说10小时就是由10个分立的1小时构成，或者说是由5个2小时构成。

第二，规模量是事物的横向维度或矢量，即横向伸张量。学界曾有人提出："物质的本质规定了量的属性在两个向度上拥有其确定的特征"，"时间空间都属于物质的量的规定性，是物质的量的两个向度，即时间是物质的纵向量度"，"空间是物质的横向量度"①。规模量既然是横向伸张量，必定是在某个既定的层次上的伸张，既定的层次也就意味着在某种质态范围内或在某种度的范围内。如10斤酒对内可以分割为10个1斤的酒，对外可以与另外的10斤酒构成20斤酒。从10斤到20斤的变化只是同质基础上的横向扩张，并未涉及等级的变化。再如，五年级一班的学生可以是50人也可以是100人，都是规模量的伸缩，无论增还是减，都是在同一个年级进行的，是横向伸缩。

第三，规模量的伸缩不会引起根本质变。这是因为规模量的变化是在同一层次上进行的，是在度的范围内的变化。如一个人的体重的变化：他瘦的时候50公斤，后来长胖了，变成了70公斤，到后来又通过减肥变成了60公斤，这种变化并不影响他作为一个人的存在。虽然规模量的变化不

---

① 罗川山．时空·运动·规律［J］．辽宁师范大学学报（社会科学版），1989（4）：5.

会引起事物的根本质变，但也并非是纯量的变化，并非对事物的质的其他方面没有任何影响。由于事物的量不能脱离质而单独存在并发生增减变化，这种规模量的变化意味着事物作为整体存在的一些状态发生或多或少的变化，同时对于事物之间的关系也会发生一定的影响。按前文事例，一个人的体重由50公斤，长胖到150公斤，虽然还是同一个人，在质上保持不变，但这种体重的飙升会影响到他的生理方面的状况，也会影响到他和别人、他和社会的关系。因为胖成这样肯定会影响这个人的健康状况，使他变得不那么健康了；胖成这样对他的工作和生活也会带来很多负面影响。再如对企业来说，大企业和中小企业就是按其规模来划分的，虽然都是企业，性质相同，但规模量的大小也会对企业产生一些不同的影响，使企业之间发生规模之外的其他方面的变化，从而造成大中小企业的特征差异。因为企业规模扩大到一定的程度，会出现多元化、多样化、多角化运营，使大型企业往往不仅仅是企业，还形成了一些新的社会功能，如企业学校、福利院、文工团、体育代表队、医院、银行、研发机构等原本不属于企业的机构和功能，这是企业办社会。规模小的企业往往是没有这些机构的。

2. 程度量（等级量）

程度量是事物的纵向进展量，表示事物的质的存在发展的深度、等级的规定性，如果说规模量是"广量"，那么程度量就是"深量"。

首先，程度量对内不能分割，对外不能相加。程度量具有内涵属性，它不像规模量那样包含若干彼此分立的单位量，而是一个独立的单位量，是作为一个整体的量。例如温度、硬度、速度、转速、颜色深浅等量的规定。一杯水的温度是90℃，并不是说这里面包含着90个独立的1℃，也不是90个1℃的总和，而是独立的、融为一体的水的温度，表示这杯水热的程度。

当前教科书中对于量的概念是这样解释的："量是事物的规模、程度、速度等可以用数量关系表示的规定性。"① 这个定义如果在不是太严谨的场合是没问题的，可以这么说，但作为一个哲学概念，把速度和程度并列是不妥当的，因为速度本身就是一种表示程度的量。如前所述，在定义中还使用了"等"字，也是不严谨的，作为概念应当是清晰明确的，不能采取模糊表述，否则就会使概念含混不清、捉摸不定。速度属于程度量，对内不可分割，对外不能相加。汽车行驶速度为 120 千米/时，并不是包含了 120 个彼此分立的 1 千米/时，也不是 120 个 1 千米/时的总和，而是所有内容的融合、内涵于 120 千米/时之中，形成一个独立的速度等级。同样两辆以 60 千米/时同向行驶的汽车，也不会出现时速 120 千米/时。就硬度这一量的规定来说，一块硬度较高的金属，也无法将其分割为两块硬度较低的金属；同样，两块硬度较低的金属也不能通过加起来形成一块硬度高 2 倍的金属。可见程度量无法分割自身，它本身也不是单位量相加的产物。

其次，程度量意味着质的纵向进展幅度。事物的发展是从低级到高级的，无论是否发生根本质变，事物的发展总是呈现出纵向进展的程度。就一生物种群来说，个体数量的多少是横向扩张的量或称"广量""规模量"，而该生物种群的进化程度（等级）就是纵向进展量，即程度量，或称"深量"。生物物种进化程度有高低之分，人类社会的发展程度也有高低之分，人造物质产品也有一个从低级到高级的发展完善过程。在中国，21 世纪 20 年代的电脑同 20 世纪 90 年代末的电脑相比在进展程度上就有很大差别，电脑性能提高了很多倍，这都是同一种质的纵向进展程度的差别。不仅电脑是这样，其他人造物如汽车、火车、手机等都有一个从不完善到日臻完善的过程，这就是质的纵向进展。程度量的幅度大小也可以根据人的实践需要做出人为的调整。如汽车和电脑等产品都可以根据人的不同需要生产低配、中配和高配版本，这种量的进展幅度是由人来规定的。

在实践中既要注重"广量"，也要注重"深量"，要从广度上看，也要从深度上把握。看书学习如果只着眼于博览，广泛阅读，而忽视专业和深

---

① 本书编写组. 马克思主义基本原理［M］. 北京：高等教育出版社，2021：38.

度，往往收效不大，甚至一事无成。现实中这种人也不少，看的书多，文理都懂，似乎无所不晓，但一生没什么成就，没有自己的专业特长。当然如果完全不要博览，只求精和专，就会造成视野狭窄，影响创新能力的提高，专业和深度就会失去支撑，也不会有大的成就。

再次，程度量的变化可以引起事物的根本之变。教科书中往往笼统地讲量变到一定程度会引起质变。这里的量变实际上是指程度量的变化，而非规模量的变化。程度量的变化由于是质的纵向进展，每发生一次伸缩变化，都是向质的等级边缘靠近，而一旦突破等级线就意味着进入新的等级范围，原来的质的界限（度）就会被突破，事物的质就会发生根本的变化，于是该事物就变成了他事物。例如，当人们持续给气球充气，这时气球内部的气压就不断增加，这是程度量的变化，当气压达到气球所能承受的最大压力值时，气球爆炸的可能性就很大了。如果继续充气，气球内部气压就会突破既定的极限值，引起气球爆炸，发生根本质变。再如，高校中教师职称主要有助教、讲师、副教授、教授四个等级，分别表示教师教学科研能力的大小、强弱，以及教学科研业绩的大小。教师的教学科研能力（通过业绩大小呈现出来）就是一种纵向进展量，是程度量，它的变化会引起教师职称等级的变化，从低职称晋升为高一级职称，这种晋升职称就是等级跃迁，是职称等级的根本质变。在这个过程中，教师每提高一些能力，每发表一篇论文，每申报成功一个项目，每获得一个奖项，都标志着自身教学科研能力的提高和业绩的累积，从而不断靠近原有职称的度的边缘，一旦突破这个边缘界限，就意味着晋升到高一级的职称。

关于程度量的问题，中国传统哲学中也多有涉及。《易经·系辞下》提出：“善不积，不足以成名；恶不积，不足以灭身。小人以小善为无益，而弗为也；也以小恶为无伤而弗去也，故恶积而不可掩，罪大而不可解。”三国时期的刘备在给儿子的遗书中也说过：“勿以善小而不为，勿以恶小而为之。”撇开善恶的标准不论，在一般意义上，善恶行为的质的规定是不同的，但善恶确实有程度的不同，这是程度量的问题。善达到一定的程度就会成名，就意味着一个人的精神境界达到了很高的等级，这是一般人难以企及的高度。雷锋一辈子行善做好事，无私奉献，虽不是惊天动地，但是随着他的善行的累积，就使他成为时代的楷模而名垂青史。一个人做一件好事并不难，难的是一辈子做好事，但雷锋真的做到了。

另一方面，恶进展到一定程度，就会走向灭身。社会上那些行为恶劣的人，他们为非作歹、丧尽天良、无恶不作，或者搞贪污受贿、权钱交易等，随着这些恶行的累积，他们终将会受到正义的审判，天网恢恢，疏而不漏。正如人们常说的：善有善报，恶有恶报，不是不报，时候未到。因此一个人如果经常做坏事，随着恶行的不断积累，必将身败名裂，没有好下场。所以善虽小，应当做；恶虽小，不要做。小善蕴含着大善，小恶蕴含着大恶。“善不积，不足以成名；恶不积，不足以灭身”，这里的“积”，就是善或恶这种“质”的累积，也是量的程度等级的加深。正如《易传·文言》所讲的，“臣弑其君，子弑其父，非一朝一夕之故，其所由来者渐矣。”“弑君”“弑父”如此暴烈的事件并非偶然，而是有其渐变的过程，是恶行的程度不断加深的结果。汉代政论家贾谊认为社会政治安危事件的突然发生也是经历一个“积渐”的过程，“安者，非一日而安者；危者，非一日而危者，皆以积渐然，不可不察”，“刑罚积则民怨背，礼仪积而民和善”。(《汉书·贾谊传》)民心的向背决定社会政治的安危。

马克思说过：“手推磨产生的是封建主的社会，蒸汽磨产生的是工业资本家的社会。”① 这是说生产力的发展引起了生产关系的性质发生变化。生产力的发展是生产力的程度量的变化，当然也包括生产力规模量的扩展。石器工具的使用产生了原始社会，青铜器的使用产生了奴隶社会，铁器的使用产生了封建社会，蒸汽机的使用产生了资本主义社会。石器工具、青铜器工具、铁器工具、蒸汽机等虽然都是生产工具，在质上是相同的，但在量上它们不是同一级别的，所以它们对应的生产关系就具有不同的质。如果原始人生产的石器工具堆积如山，而不向青铜器过渡，生产关系就不会发生质的变化，因此单纯的量的横向扩展、规模扩大，是不会引

① ［德］马克思，恩格斯. 马克思恩格斯选集：第 1 卷［M］. 北京：人民出版社，2012：222.

起事物质变的。对于这一点黑格尔是有所认识的，他在《逻辑学》中写道：“在实有中量的规定性是双重的，一方面是与质相连，另一方面它可以反复增减，而于质无损。”① 黑格尔这句话虽然肯定了事物量的规定性有与质相连的一面，但没有指明究竟是什么量的变化，也没有说明究竟是什么量的变化“于质无损”。

以上主要分析了规模量和程度量的各自的特点，实际上这两种量也绝不是相互隔离的、毫不相干的，而是共同表征事物的质的两个维度，二者不可分离。规模量总是以一定的程度量（等级）为前提，没有程度（等级），规模量就失去了依托。如一所高校各等级教师职称要保持一定的比例，如果讲师占比太大，副教授占比太低，就需要调整，如何调整呢？当然是扩大副教授这一级别的规模量。另一方面，程度量（等级）的存在也必定依赖于既定的规模，如果没有或极少处在副教授这个等级的教师，那么设立副教授这个级别的职称就没多大意义。所以脱离程度量的规模量和脱离规模量的程度量都是不可想象的。

3. 离散量与连续量

离散量是指分散开来的、不存在中间值的量。离散量的多少就是多少个独立的单位，是数目和单位的统一，表现为数据离散趋势的统计量。如我们经常说这个筐子里有多少个鸡蛋，这个院子里有多少头猪。无论是鸡蛋还是猪，都是一个个独立的、分离的存在，由于它们组成的集合体就是离散量。黑格尔把这种量称为“分离的量”。他说：“分离的量是指构成量的各个单位，即事物可以划分为各个单位的量。可以将空间加以区分，譬如将它分成某种长度，若干尺、若干寸等。这种做法只有在空间潜在的也是分离的这一前提下，才是可能的”。② 黑格尔还把“分离的量”称为“定量”或“限量”，认为量本质上具有排他的规定性，这种具有排他性的量就是定量。

连续量又称模拟量，是指能够自由地分开和结合的量。如我们通常说

---

① ［德］黑格尔. 逻辑学［M］. 杨一之，译. 北京：商务印书馆，1996：363.
② ［德］黑格尔. 小逻辑［M］. 贺麟，译. 北京：商务印书馆，1980：240.

这个桶里有多少水，而不说这个桶里有多少个水，对于水只能说多少而不能说多少个，因为桶里的水不像鸡蛋那样是一个个分离的存在，而是连续变化的存在。水无论怎么分也都是水，当把两个桶里的水倒在一起的时候，仍然具有连续性，看不到接缝的地方。这样一来，“多少个”和“多少”之间就有了明显的不同。能用“多少个”来表示的量就是“离散量”，用“多少”表示的量就是“连续量”。连续的量其实就是那种可以无限分割的量，说得通俗点，就是那种可以揉碎的量，比如：水、面积、体积、空间大小。这种量通常都没有最小单位。而离散的量，比如“人”，作为人这个活生生的个体来说人是离散量，因为把人分割开了那就是死人了，但是作为尸体来说却又是连续的量，因为那是一摊血肉，可以无限分割……

离散量与连续量的区分也不是绝对的，在一定条件下也可以相互转化。一方面，离散量可以转化为连续量。实现这种转化，就要打破离散状态下独立个体单位的界限，使之融为一体。例如要把三个西瓜分给八个人吃，如果直接分配完整的西瓜是无法使每个人都得到一个完整的西瓜的。但如果把这三个西瓜切成小块，就能使八个人都能吃上西瓜。这是把离散量的西瓜，转化成了连续量的西瓜。另一方面，连续量也可以转化为离散量。在实践中经常需要采取某种手段把连续量的东西转化为离散量的东西。一袋面粉是连续量的东西，但我们可以把它做成一定数量的馒头（离散量），供人们食用。黑格尔也谈到“连续的量”“分离的量”的相对性问题。他是从“一”和“多”的关系角度来阐述的。他认为，“就量的在它的直接自身联系来说，或者就量为通过引力所设定的自身同一的规定来说，便是连续的量，就量所包含的‘一’的另一规定来说，便是分离的量。但连续的量也同样是分离的，因为它只是多的连续，而分离的量也同样是连续的，因为它的连续性就是作为许多的‘一’的同一或统一的‘一’”。[①] 他又说，“如果我们假设空间、时间等仅具有连续的量的规定，

---

① ［德］黑格尔. 小逻辑［M］. 贺麟，译. 北京：商务印书馆，1980：220.

它们便可以分割至无穷；如果假设它们不具有分离的量的规定，它们本身便是已经分割了的，都是由不可分割的‘一’（或单位）所构成的。”① 可见黑格尔是从“一”和“多”的关系角度来谈量的连续性和分离性的关系。这是把量的规定本身看作一个矛盾统一体，量的连续性和分离性是相互依存、不可分割的两个方面。

4. 结构的量（序量）

什么是结构？本意是指建筑物承重部分的构造，引申为由组成整体的各部分的搭配和安排。哲学词典的解释是，“物质系统内部各组成要素之间的相互联系与相互作用的方式或秩序”。② 这样说不是不可以，只是单纯就物质系统来讲的，事实上不仅物质系统有结构，精神系统也同样有结构，当然精神系统的结构归根到底是对物质系统结构的反映。从一般意义上说，结构就是事物自身各要素的存在方式及彼此之间相互联系与相互作用的秩序，包括各要素的数量比例、排列次序、结合方式。

事物作为系统其结构可分为空间结构和时间结构。空间结构指组成系统的各要素之间，在相互作用过程中在空间上形成了共时性的稳态结构形态，呈现出三维性，一是各要素之间形成了一定的比例关系，如一个生态系统中各种生物之间的比例关系，社会经济系统中工业、农业、商业、服务业等要有一定的比例关系。二是各要素的性质也是相互协调、相互适应的。对一个生物种群来说，雄性动物、雌性动物，成年个体、未成年个体也是相互协调、相互适应的。太阳系内部各个行星及行星的卫星、人体内部各脏器之间、原子内部原子核与核外电子、原子核内部质子和中子之间都是相互协调、相互适应的。三是在外形上呈现为网络立体交叉状态。如原始森林中不同的树木品种在形态上错落有致，形成不同的斑块，以最大限度地利用阳光。时间结构是指系统的要素相互作用所经历的历时态的变化结构，如植物的生长发育经历一个种子发芽、长叶、开花、结果等各个阶段所组成的全过程，人的一生要经历受精卵、胚胎、婴儿、幼儿、少

① ［德］黑格尔. 小逻辑［M］. 贺麟，译. 北京：商务印书馆，1980：220.

② 冯契. 哲学大辞典：马克思主义哲学卷［Z］. 上海：上海辞书出版社，1990：761.

年、青年、壮年、老年直到死亡这样一些阶段，这都是人的历时态结构。时间结构呈现了事物结构的流动性、可变性和演化性。

结构是量的规定还是质的规定，学术界并无一致意见。如前所述，质是事物成为它自身的规定性，是事物所具有的相对独立的功能状态和形式。质所描述的主要是事物作为单一整体存在是什么的问题，质是“一”的规定，着眼于对象的整体性、单一性。质的规定性是直接呈现的，这种直接呈现的状态同事物的结构不直接相关。从认识的角度来看，某种质态我们可以直接把握，但我们并不能直接地认清事物的结构。如在原始森林，我们看到一个很大的球状物，这是对质态的认识，使我们把它与正方体或长方体区分开来，但我们并不能一下子认清这球状物的内部结构及其演变。因此，结构明显地不属于质，而应属于量，这是结构的量。有学者指出：“结构是比数量关系更高一个层次的量的表现形式，”“结构是对数量关系的扬弃。它否定了数量关系中的数量，即具有多少的数和具有大小的量，而肯定了数量关系中的关系，而且这种关系不是一般的关系，而是具有一定性质的特定的关系。”①

结构量的变化可以引起事物根本的质变。事物系统各要素并不是杂乱无章地堆积在一起的，各要素之间都有特定的排列次序、空间分布、时间分布，并且处在相互作用之中。只有在一定的结构方式之下，各要素才会组成一个系统整体，结构就成为要素与整体之间的“中介”，因而事物的整体功能就取决于组成事物的各要素的特定的结合方式。结合方式变了，就有可能引起事物的质变，使该事物失去原来的质，变成他物。如有机化学中的甲醚（CH_3-O-CH_3）和乙醇（CH_3-CH_2-OH），分子式都是 C_2H_6O，但由于结构的不同，就导致了质的变化。同素异形体也属于这种情况，最常见的像金刚石和石墨，其成分都是碳原子，但由于碳原子的结合方式不同，就形成了两种性质不同的东西，一个奇硬无比，一个松软润滑。即使几个字的排列组合顺序变一下，含义也会大不相同，如“一会再谈”和

① 林夏水．论量的层次性［J］．哲学研究，1992（2）：43.

“再谈一会”，含义是不同的。

当事物的结构发生变化时，各要素的相互作用状态随之发生变化，其中某个要素的作用可能被突显出来，或者得到强化，或者某几个要素的特定结合产生了新的功能，或者另外的一些要素的作用被弱化或被抑制，这种变化会使事物整体功能得到强化或弱化或出现新的功能，这都有可能突破原有度的范围，导致事物发生质变。古人深谙此道，齐威王与田忌赛马的故事就很好地诠释了这个道理。对中药配伍来说也同样如此。各种药材的性质不同，有的寒凉，有的温热，有甘有辛，在一服药中，某种药材多一点或少一点或者多几味少几味都会使药性发生变化，对治疗的效果就大打折扣。

当然结构量的变化也不一定引起事物性质的变化。如果组成事物的各要素之间的结构的变化没有使某主要构成因素强化或弱化，没有突破原有度的范围，这时结构的变化就不会影响事物的质。例如，同年级的一个教学班上课时座位次序的变化，一个学校内部机构和部门的调整，一辆汽车的前置前驱或前置后驱，或者前置四驱等，这些结构的变化并未引起事物质的变化。

二、量是质的存在方式

（一）质以量的形态呈现出来

量总是事物（质）的量，脱离事物（质）的纯粹的量并不存在，事物是主词，量是宾词。小学数学课本上讲的“3+2=5”“7+3=10”，数字后没有作为主词单位，似乎是纯粹的量，这种情况在现实中是不存在的，它只是思维的抽象而已，这是对现实事物量的关系的抽象反映。比如走进一家商店，售货员问：“先生，您买什么东西?”你说：“我不买任何东西，但我只买6或5。”售货员感觉奇怪：“您是要5个或6个什么东西吧，比如5斤鸡蛋或者6瓶饮料?”如果你回答：“我不要鸡蛋或饮料，我要的是5或6这两个数字本身。”显然商店不能满足你的要求，因为5或6是纯粹的量，是脱离了质（事物）的抽象的量，只能在思维中存在，现实中是找不到的。当然在现实感性世界中不存在，并不意味着这种脱离了质的抽象的量就没有意义，这种量及量的关系在数学研究中一直都是重要内容。

离开对量的说明，就不可能真正理解质，可以说质的内涵是由量来确定的。量是质的存在方式。量不是外在于质的东西，而是质本身的一种规定，没有了量，质就成为空洞的抽象，质以量的形态呈现出来。例如张三作为一个人，就具有“人之质”，“人”这种质的规定也是通过量来呈现的。身高、体重、年龄、能力等，如果没有这些量的规定，作为人的质就无法存在了，成为无意义的抽象。黑格尔说过：“量不是别的，只是扬弃了的质。”“这被扬弃了的质……只是中立于任何规定性的存在。存在的这种形态，在我们通常的表象里，就叫作量。”① 黑格尔关于量是质的存在形态的思想是深刻的。辩证唯物主义认为时间空间是运动着的物质的存在形式。时间、空间是对物体量的共性的概括，属于量的范畴。黑格尔说：“一般而言，空间是纯粹的量，这种量不再仅仅是逻辑规定，而是直接的和外在存在的。”② “如果我们认为实在无关轻重的空间充实或时间充实，则纯空间和时间等等，也都可以当作量的例子。”③ 黑格尔的这一思想是值得肯定的。从个性层次上说，具体实物的存在方式就是量。质与事物的存在是直接同一的，因此，量是质的存在方式。

质作为与事物直接同一的存在，绝非空洞的东西，而是有具体内容的现实存在，既是如此，其自身内容就必然要以聚积、延展、持续、等级变化等方式表现出来，否则就是子虚乌有。质的这些存在方式都表征着规模、等级，都同数量有关，也就是通常所谓的“量”。可见量并不是外在于质的，它本身的存在依赖于质，是质的规模和等级（或程度）的标示。即质所能达到的、在与同类事物的比较中显示出来的等级。

质作为现实的存在，其表现出来的方式就是量。量主要是描述事物内

---

① ［德］黑格尔. 小逻辑［M］. 贺麟，译. 北京：商务印书馆，1980：217.
② ［德］黑格尔. 自然哲学［M］. 梁志学，等译. 北京：商务印书馆，1980：40.
③ ［德］黑格尔. 小逻辑［M］. 贺麟，译. 北京：商务印书馆，1980：218.

外关系的存在，表征事物内部结构以及对内对外的规模占据空间的大小、数量多少、等级程度、变化快慢、顺序先后、时空和功能分布的结构等。量决定质、组成质、体现质，量是质的内容。一切非量的规定都是质的规定。如湖泊之所以为湖泊，是因为它自身的规定即被陆地围着的大片积水——非量的规定，湖以此区别于平原、山地、沙漠、峡谷等，湖泊的这一质的规定是现实的存在，然而其自身的内容必然以水体的长度、宽度、深度及时间的久暂和变化的程度等方式表现出来，这些方面都是可以量度的，属于量的范畴。没有这些量，湖泊的质就不存在。

在社会和精神领域的情形也是如此，一个国家因其质的不同而区别于另一个国家，这种质的内容包括社会经济政治制度等，它必然要以疆域大小、人口多少、生产力的发展程度、综合国力等量的方式而存在，否则它的存在就是不可理解的。精神领域的事物（学说、流派等）之间质的差别，都要通过产生时间先后、影响大小、对客体的理解程度等量的方式表现出来。黑格尔《逻辑学》中“存在论”部分先讲质后讲量，就是遵循了量是质的存在方式这一原则。

从现实来看，质与量同时存在，不可分割，在产生时间上无先后之分，但从逻辑次序看应是质先而量后。先有质这个存在，然后才谈得上量这个存在方式。因此，量总是质的量，这样说体现的是“质主量辅”。如一条长河，可以说长是河的长，但反过来说河是长的河，就不太合适了，因为没有体现“质主量辅”的逻辑关系。在讲物质和运动的关系时，总是先讲主体，而后谈主体的运动，不可离开物质空谈运动。质和量的关系也是如此，质是主体，量是其存在方式。

（二）质的稳态的保持

任何事物的存在都不是僵死的，而是体现着稳定性和变动性的统一，即量变和质变的统一。量变体现为静，质变体现为动。辩证法认为运动是绝对的，静止是相对的，从某种意义上说，运动和静止是一回事，取决于你从什么角度去看。坐在房间里不动，是静止，但只是就房间和周围的空间位置来说是静止，如果超出这一参考系，就不能说是静止了，“坐地日行八万里，巡天遥看一千河”。质的存在与事物的存在具有直接同一性，事物本身是动和静的统一、质的存在也必定是动和静的统一，量变和质变的统一。

首先是质的稳定状态下发生的量变。

一是数量的增减。这种变化不影响质的稳定性，但会造成事物存在规模大小的改变。如一个人从少年变成青年，体力、身高、体重等量的指标都增加了。一个成年人的体重也有一定的波动，或增加些或减少些，至于血压、脉搏等更时时刻刻都在变化。这种变化的根本原因在于事物的内部矛盾，当然也会受到外部条件的影响。在社会生活中，有的人为了发财，用于购买彩票的钱越来越多，甚至影响到了基本的生活，坚持几十年，这是量变，但从未中过大奖（质变），这种量变的累积不一定会引起质变。相反，有些人偶尔买一次就中了大奖，生活发生了质的变化，这种“质变”（中大奖）与长年坚持买彩票的量的累积（量变）没有必然的联系。有的文艺青年为了实现作家梦，一直在坚持写小说或散文等文艺作品，坚信量变会引起质变，功夫不负有心人，终有一天会成功，但是后来呢？坚持了很多年，写了上百万字，向百余家刊物和出版社投稿，结果无一家采用，都拒绝发表。虽然付出了很多，最终因缺乏这方面的天赋而不得不以失败告终，可见并非任何量变都能引起质变。很多事并不是通过努力就能成功，所谓“坚持就是胜利”“只要功夫深，铁棒磨成针”的励志宣传可能误导了很多人，你本身没有相应的天赋条件，即使付出再多、再加倍努力也可能与成功无缘。与之相反，有些人天赋条件好，在这个基础上再经过一定的努力就不难取得成功。在外部条件相同的条件下，不是每个人经过努力都会成为李白、杜甫、曹雪芹的。可以说这种量变不是正常的或唯物辩证法所讲的量变，而是一种“无结果”的“量变”，是不引起质变的“量变”，所以有时候认清自己适合做什么更为重要，只有个人努力和自己的天赋条件相一致时才有可能取得成功，在多数情况下，人们并非能够自觉地做到这一点。

二是结构的变化。一种情况是构成事物的要素数量不变，只是这些要素的结合方式、排列组合顺序发生变化，这种变化强化或弱化了事物整体的功能。如一个企业内部各个部门做了调整，结果增强了企业的竞争力，提高了生产效率。另一种情况是事物系统的要素数量增加或减少了，它们的结合方式也有了变化，虽然事物的质没发生变化，仍保持稳定，但是事物的整体功能发生变化了。如一支军队的人数增加或精简了，各兵种之间的配合方式也做了调整，从而提高了军队的战斗力。

其次是单一水平的变化。这种情况与单纯量的变动有相似之处，但考察的角度有差异。上述“单纯量的变动”侧重于考察事物存在规模（时空）的变化，而“单一水平的变化”侧重于事物外部特征的变化，这也是最为常见的情况。如狗这个物种，有各种各样的亚种，这些品种之间在个头、器官形态、毛发的长短等方面差别很大；人也是一样，但就肤色来说就有白种人、黑种人、黄种人等，差别还是较大的。

在社会领域，同样是在质上相同的封建王朝，秦、汉、隋、唐、宋、元、明、清在社会经济、政治、军事、文化等方面都有很大的不同，各具特色。当今资本主义也有很多不同的模式，有英国模式、日本模式、德国模式、美国模式等，都可以看作是单一水平的转化。其作用是为上升或下降提供一个平台。

此外，主体的实践活动也会引起事物单一水平的转化。

其一，由于主体实践对客体的改造，也会使客体发生变化，这种变化也只是外部形态上的变化，并不是质的变化。从物种和质料的关系来看，如布匹被加工成服装，木料被制作成家具，毛线被织成毛衣，这都不是质变，这种变化不是事物自身发生的变化，而是人为的结果，离开人的作用，这种变化不会发生。

其二，这种变化也没有经历一个量的累积过程，即不是由于量变引起的质变。木料被制作成家具，木料是内容（质料），家具是形式，不管是桌子还是椅子或者箱子，都是由木料构成的。

其三，这种变化的发生不具有必然性。泥土做成砖瓦，铁块做成铁棒，木料做成家具，都是带有偶然性的，可以发生，也可以不发生，这种变化没有体现出事物的前进和上升，其变化方向不固定，木料不一定非要做成家具，泥土不一定非要做成砖瓦，这都取决于人的实践需要。

（三）质的稳态的破坏

由于量的变化，最终会破坏质的稳态，打破平衡状态，这就是人们常说的量变引起质变的问题。而质变又通常理解为飞跃，新事物代替旧事物。这样理解不是不对，但实际上质变也并非如此简单，而是有着复杂的内容。大体上可以归结为三种情况。

1. 中性质变

教科书中对“质变”做了这样的解释：“质变是事物性质的根本变化，是事物由一种质态向另一种质态的飞跃，体现了事物发展渐进过程和连续性的中断。”① 这个质变的定义当然是被学术界广泛认可的。定义中的“飞跃”是事物发展过程中从量到质、从一种质态到另一种质态的转变过程，它意味着事物根本性质的变化，恩格斯在《反杜林论》中指出：“从一种运动形式转变到另一种运动形式，总是一种飞跃、一种决定性的转折。”② 恩格斯是从运动形式转化的角度，诠释了什么是质变。

事物中性的质变，是指一事物变为他事物，这种变化是中性的，不依人的好恶为转移，对人来说无论善恶。如水的三态变化，从液态变成气态或固态，在物理意义上是根本性质的变化，这种变化对人没有善恶意义。再如自然界中的地壳变动、沧海桑田、高山为谷、物种变迁；社会领域中的宗教组织生生灭灭，社会生活方式、风俗习惯的兴衰等，对人而言无所谓好坏，都是自然而然的，是与特定的条件变化相适应的。这种质变很难体现出事物由低级到高级、由简单到复杂的发展过程，也很难说是由高级向低级的衰退，既不是发展，也不算倒退，只是单纯地由一种质态向另一种质态的变化。

---

① 本书编写组. 马克思主义基本原理［M］. 北京：高等教育出版社，2021：38.
② ［德］马克思，恩格斯. 马克思恩格斯选集：第 3 卷［M］. 北京：人民出版社，2012：442.

2. 正向质变

这是人们谈论最多的质变，这种质变是真正的“飞跃”，是“向上的质变”，是事物发展序列中的变化，是新事物代替旧事物。可以说这是狭义的质变，很多教科书就是单纯在这个意义上讲质变。种子发芽、婴儿出生、社会革命，新物种取代旧物种，新社会形态取代旧的社会形态，这种向上的质变意味着光明的前途，只涉及与进化论有关的上升和进步，由低级到高级的发展。这里有两种情况：

一是由量变引起的正向质变，这是最普遍存在的情况，也是事物演化的总趋势。对此教科书讲得最充分。生产力的不断发展引起生产关系的变革就是典型例子。代表生产力发展要求的先进阶级的革命力量的不断积聚、发展壮大，最终引起社会革命，用新的生产关系取代旧的生产关系。再如一个中学生努力学习，知识不断积累，能力不断提高，考取了一流大学，然后经过几年努力，又考上了研究生，这都是一种从低级到高级的向上的质变。

二是并非任何正向质变都是由量变引起的。这种情况也比较多见。它的发生具有偶然性、突发性，这是由事物存在的条件变化的偶然性引起的。20世纪70年代“突变”理论的产生，表明人们认识到并非任何质变都是由量变引起的。“突变”概念来源于生物学，其本意是指生物体、病毒或染色体外脱氧核糖核酸（DNA）基因组核苷酸序列的改变。突变是由于DNA复制（特别是减数分裂）出错或DNA损伤（如暴露于辐射或致癌物引起）后错误的修复造成的，受生物学“突变”论启发，人们综合拓扑学、奇点理论和结构稳定性理论，创立更具有普遍意义的“突变”理论，为解释和预测现实中发生的不连续的突然的变化过程，提出了一些数学模型。

在社会生活中也存在大量的突变现象。如绝大多数人辛勤工作，奋斗一生也未取得成功（比如成为富翁或者实现某个梦想），而有的人却能一夜暴富，瞬间获得多数人劳动一辈子都得不到的财富，这就是一种“突变”，这种突变并非是由量的积累而产生的。如因拆迁而暴富，因买彩票瞬间成富翁，因炒房而暴富，等等。为自己的梦想而奋斗，风餐露宿，辛勤工作，这是量的积累过程，但并非每一个这样的人都能实现自己的梦想或目标。真正能实现梦想的只能是少数人，所以并非任何质变都是由量变引起的。朱元璋当上皇帝是他奋斗打拼的结果，也是经过量变实现的，属于正常情况，但《水浒传》中当上皇帝的宋钦宗，当上太尉的高俅，之前并未经过量变的积累过程，没有像朱元璋那样的奋斗史。还有一种情况与上述两种情形略有不同，如有人奋斗了一辈子，但生前潦倒、失意，未被社会认可，但死后扬名，这应该是属于量变引起质变的情况。例如德国哲学家叔本华（1788—1860）生前没有什么名气，虽然发表了一些哲学著作，但未被社会认可，他的代表作《作为意志和表象的世界》出版后无人理睬，这意味着他的思想过于超前，不被当代人所理解。在他去世之后若干年，西方哲学发展出现转折，理性式微，非理性主义兴起，而叔本华的这部著作正好与西方哲学的这种转折相吻合，于是叔本华名声大噪，他的书一时洛阳纸贵。

教科书中只讲质变的发生是由量变引起的，这一点应该强调，因为这是最普遍的情况。但是也不要过于绝对化，世界是复杂的，还应该看到质变、飞跃的发生并非都要有一个漫长的量变的积累过程，由于事物存在条件的复杂性，以及各种因素的相互作用，出现“突变”不是不可能。如生物进化过程中存在基因突变现象，基因突变类型有碱基置换突变、移码突变、缺失突变和插入突变。对人而言基因突变一般是有害的，2021 年英国、印度新冠病毒也曾发生过若干次突变，给人类研发新冠疫苗增加了难度。

在社会生活中能否实现质变、飞跃，功成名就，不仅取决于个人努力（量的积累程度），还取决于社会条件满足的程度，当然也取决于个人的天赋素质和条件。著者读大学期间，爱好长跑运动，想在校运会上取得好成绩，于是拼命地训练。坚信只要长期刻苦训练就一定会跑出好成绩，于是凌晨偷偷地起床来到操场开跑，每次训练都计时，与上一次对比以求得更快的速度，但奇怪的是效果并不理想。晚自习结束后也在操场上苦练，像这样坚持了几个月，有进步但很有限。而我的对手是同宿舍的另一名长跑运动员，几乎不怎么训练，很是懒散，至少我没见过他认真训练过，但是在校运会的长跑项目上、在校越野赛上，他都能轻松夺冠，而坚持认真训练的我却从未拿到名次。后来我不得不承认他的身体素质具有先天的优势，这种优势不是普通人长期训练就能获得的。

3. 反向质变

一般教科书讲质变大多局限于正向质变或“向上的质变”，事实上除此之外也有大量的“向下的质变”，这是不能忽略的，向上向下的质变都要讲。“向下的质变”也叫“变质”或“反向质变”，是指事物由高级运动形式向低级运动形式的转变。是由复杂向简单、由有序向无序的变化。如种子腐烂，食物发霉，进化过程中的退化、返祖，人体某个器官长了恶性肿瘤等都是向下的质变。社会领域中的封建王朝复辟，个别党员干部理想信念丧失、腐化变质、沦为罪犯等向下质变的现象也是经常发生的。

与“正向质变”一样，“反向质变”的发生也取决于事物的矛盾性。矛盾是事物发展变化的动力和源泉。矛盾双方的对立统一体现着两种方向相反的量的消长变化，即正方和反方两种力量此消彼长或此长彼消的变化，如果斗争的结果是正方力量占了主导地位，那么事物就会出现“正向质变”，否则就会出现“反向质变”。在生物进化过程中，对物种个体来说，如果正常基因占据了主导地位，那么物种的性质就保持稳定，呈现出正常的性状；如果退化基因占据了主导地位，物种个体就会呈现出退化的性状，这是反向质变。在社会领域，革命力量与反革命力量在斗争过程中，如果革命力量占据主导地位，便意味着推翻旧社会制度，建立新社会制度，表现为正向质变；反之则意味着社会发展出现暂时倒退，表现为反向质变。

在实践中，人们为了达到自己的目的，对矛盾双方的斗争进行人为干预，使某一方的力量增强，同时抑制另一方的力量，促使事物的质变朝着对人有利的方向进行，从而达到自己的目的。当细菌病毒侵入人体，破坏人的健康，这时人就处在生病状态，人的免疫系统的抵抗力和细菌病毒的破坏力就构成矛盾对立的双方，医护人员通过某种方式（比如给病人吃药或注射药物），来提高人体的抵抗力，同时杀灭或抑制细菌或病毒活力直到最后消灭它们，使人体恢复健康。这是通过人为干预促使正向质变的发生。

有些教科书只承认正向质变，不承认反向质变。"只有质变、飞跃才是事物根本性质的变化，才能使新事物代替旧事物"，① "质变的实质是新事物对旧事物的扬弃"，"通过质变或飞跃，事物的根本性质、结构和功能都具有新的特征，从而实现了由低级到高级的转变和发展"，② 按照这种观点，质变就单纯地指由简单到复杂、由低级到高级的运动，就是单纯地指新事物代替旧事物。这当然是质变，是正向质变，应该作为重点来讲，但也不能把质变仅仅局限于此，这是很片面的观点，否定了质变的丰富内容，这不是按照客观事物的本来面目来如实地认识客观事物。按照某些教科书的逻辑，人的死亡不是质变，人的出生才是质变。因为死亡是下降的、向下的变化；人类的灭亡、地球的毁灭都不归结为质变，因为不是飞跃，不是革命，而是消亡、死寂。既然这不算质变，那又算什么变化呢？是量变吗？很难说清，在理论上陷入困惑。因此，讲质变应当看到有正向和反向或称上升和下降两种方向，这都是需要正确面对的，不可回避。如果只讲光明的前途，只讲上升和进步，而不言失败和死亡，就不是实事求是的态度。我们不回避失败和死亡等反向质变，就是为了正确地面对它们，在实践中学会怎样避免失败和无意义的不必要的死亡。古希腊哲学家柏拉图说过："真正的哲学，是练习死亡。"即是说哲学就是练习着如何面对不可回避的死亡，更重要的是柏拉图不是鼓励死亡，而是要我们练习摆脱身体对我们的控制，使心灵充分运作，就好像身体已经死亡了一样。对任何人来说，谁都不愿意看到灰暗的前途，看到满目疮痍，看到衰败和死亡，但是谁又能回避这些呢？恩格斯在《自然辩证法》中就描绘过宇宙天体的毁灭和再生运动。因此，要面对真实的客观世界，就不能回避反向质变。

---

① 肖前，李秀林，汪永祥. 辩证唯物主义原理［M］. 北京：人民出版社，1991：220.

② 中国大百科全书：哲学卷［Z］. 北京：中国大百科全书出版社，1985：1180.

事实上正向质变和反向质变、上升和下降也不是截然分开的，没有纯粹的上升，也没有纯粹的下降。某个方面的上升往往伴随着其他某个方面的下降。从猿进化到人是一个上升过程，是正向质变，但这个过程也伴随着某些方面的退化和下降，如猿进化到人之后，全身的长毛退化掉了，尾巴退化掉了，在肢体的灵敏度方面也有了退化。猿类生活在树上，肢体动作极为灵敏，能在树枝间跳来跳去，甚至单纯用后肢就可以抓住空中飞鸟，因为它的后肢可以灵活对握，在空中捉鸟就不是不可能，这是人做不到的。进化成人后，猿的后肢由于直立行走的需要形成足弓，无法对握了。社会领域的发展上升也往往伴随着一些方面的下降，如从发展生产力的角度看，奴隶社会代替原始社会无疑是上升、前进，但在道德方面出现礼崩乐坏的局面，不把劳动者当人看，他们被看成是会说话的工具，少数人成为奴隶主，多数人沦为奴隶，社会更加不公平，与原始社会淳朴的民风相比，不能不说是退化了。

（四）量与质的相互转化

质与量同“量变与质变”概念紧密联系在一起。量变与质变相互转化的根基就在于量与质的相互转化。当我们谈到量与质时，是就既定的层次关系来说的，在这种情况下，量就是量，质就是质，不可混淆。但如果不是在既定的层次关系下，量与质就可以相互转化，即量与质的区分也有相对性。在某一层次上为质的差别，在更上一层的宏观层次上属于量的差别；在某个层次上是量的差别，在更下层微观存在中就是质的差异。

1. 质的差别转化为量的差别

从实践的角度看，由于受主客观条件的制约，人们对事物的认识总是局限于一定的层次，在这一既定的层次上谈论质和量的问题，质和量的区分非常明确，毫不含糊。如鸡和狗是性质不同的动物，各有其质各有其量。虽然这种认识是基于动物这一层次而获得的。但随着认识的深入，人们会认识到不管是鸡还是狗都是由细胞构成的，而细胞又是由蛋白体构成，蛋白体又是由碳、氢、氧、氮等元素的原子所构成，单纯从原子这一层次来说，人、鸡和狗的质的差别就不存在了，只剩下原子数量多少和原子之间结构形式的差别，这样，质的差别就转化为量的差别。

同样，人与黑猩猩是有质的区别的，是两种不同的生命体，但在分子层面上人与黑猩猩的区别非常小，在原子层面上的区别就消失了。

可见，在认识事物的过程中，只有在既定的层次上才能确定事物的质和量，离开既定的层次谈论质和量是无意义的。上述实例中，鸡和狗在动物层次上有质的差别，但在原子层次上就没有质的差别而只有量的差别了(原子数量和排列组合方式)。虽然组成生命体的原子（主要是碳、氢、氧、氮）之间有质的差别，但如果从基本粒子的层次来看，原子之间的质的差别也消失了，只剩下质子、中子、电子的数量的差别。

事物的存在是分层次的，层次的变换或者说人们切入对象的视角发生转换，量的差别也就可能转化为质的差别，量转化为质。可以将上述鸡和狗或人和黑猩猩的实例反过来理解，从基本粒子到原子再到蛋白体最后到动物，我们就会看到量的差别如何成了质的差别，量如何就转化成了质，这种情况其实在教科书中讲的很多，就是量变引起质变的情况。一氧化碳（CO）和二氧化碳（CO_2）虽然都是气体但有质的差别，前者有毒，后者无毒。在常温下，氧化二氮即笑气（N_2O）是一种气体，无水硝酸五氧化二氮（N_2O_5）是结晶的固体，它们之间的差别都是因其包含的氧原子的数量不同而造成的。

无论自然界还是社会生活领域，由于量的增减引起量的差别，达到一定程度这种量的差别就会引起质的差别或变化。正如荀子所言："故不积跬步，无以至千里；不积小流，无以成江海。"（《荀子·劝学》）"积土而为山，积水而为海。旦暮积谓之岁"，"故圣人者人之所积也。人积耨耕而为农夫，积斵削而为工匠，积反货而为商贾，积礼义而为君子。是非天性也，积靡使然也"。（《荀子·儒效》）这是说自然界的山、江、海的形成是一个量的积累的过程，人也一样，通过日积月累的修为才能成为圣人、农夫和工匠大师。这个量的积累的过程就是量的差别不断扩大的过程。韩非子发挥了荀子的思想，提出事物的质变，"皆非一日之积也，有渐而以至矣。凡奸者，行久而成积，积成而力多，力多而能杀，故明主蚤绝之”。(《韩非子·外储说右上》)不仅如此，韩非子还认识到量的变化积累突破度的界限时会发生“突变”的情况。“千丈之堤以蝼蚁之穴溃，百尺之室以突隙之烟焚”。(《韩非子·喻老》千丈之堤和百尺之室的毁灭从现象上看都是突变，这种突变是由堤上的蝼蚁之穴的增大和烟囱上的星火蔓延渐变而引起的。

2. 认识量与质相互转化的意义

量和质的相互转化原理表明，宏观层次的质的问题可以转化为微观层次的量的问题来解决。数学是研究量的科学，但从历史和现实来看，数学公式却能解决现实中的许多“质”的问题，即便是“虚数”这种看似纯量的抽象，但在现代工程学中却有广泛的应用。量的问题的解决也可以从质的角度去考虑，在如何增加粮食产量问题上，可以考虑开拓更多的土地，扩大耕种面积，由于耕地的有限性，这种方式一般缺乏可行性，这就需要从质的角度考虑，比如改良品种，引进高产的新品种，改良土壤，增加肥料，都可以达到增产粮食的目的。

如果质不能转化为量，量不能转化为质，则何以理解质变与量变的相互转化和相互包含？关于这个问题，国内学者傅旋原先生曾提出：“任何量变都是较低一个层次质变的积累；一切质变都表现为较高一个层次的量变。”① 例如，人体的衰老到死亡，无疑是一个由量变到质变的过程。在这个过程中，人体新陈代谢不断地减弱及各种功能不断地衰竭。从量变质变的观点来看，人体衰老也是一个量变过程，是一个个细胞衰败坏死而导致人体功能逐渐丧失的量变。这种量变过程达到一定程度，即人体由于坏死的细胞越来越多以至达到无以维持生存的程度，就会发生质变，导致人体由生到死的质变。在这里，人体是整体，属于较高的层次；而细胞是组成人体的因子，属于较低的层次。不难看出，属于较高层次的人体的逐渐衰老这种量变，正是属于较低层次的细胞一个个坏死这种质变的累积。也可以说属于较低层次的细胞的逐渐坏死的这种质变，正是较高层次的人体的

① 傅旋原. 关于否定之否定规律的“层次说”及关于量变质变规律的“层次因子说”[J]. 四川大学学报（哲学社会科学版），1993（3）：31.

逐渐衰老这种量变。而当这个量变过程达到一定程度，引起质的飞跃，便宣告死亡，也就是较高一个层次的质变。这里的“层次”，是指整体与因子之间所形成的层次。

因此，可以说事物整体进行的量变是由组成事物因子的质变所构成。对整体而言是处在量变阶段，但对组成事物的因子而言则是质变过程。没有这种因子的质变的累积过程，就没有事物整体的量变过程。没有人体细胞衰败的累积，就没有人体整体的衰亡过程。当事物因子的质变累积到一定程度，事物整体的量变就转化为整体的质变，导致事物性质的根本变化。当然“整体”和“因子”的区分也是相对的，在一定层次上是整体，但相对于一个更大的系统而言就成了因子，反之亦然。我们甚至可以说，“量变就是质变，质变就是量变，只不过所指的层次不同而已。即：对于较高层次而言的量变，正意味着较低层次的质变；反言之，对较低层次而言的质变，则意味着较高层次的量变。”①

（五）量变和质变的相对性

目前许多教科书和论著讲到量变和质变，往往局限于既定的层次，也就只能说明量变和质变的绝对性、确定性，而没有讲到量与质、量变与质变的相对性。从事物结构的不同层次来看，量变和质变没有绝对的界限，可以说，量变本身也是质变，质变本身也是量变。

1. 量变中的质变

量变中有质变的成分，对事物整体的质产生一定影响。在事物根本性质稳定的条件下，量变不是纯粹的，必然伴随着某些次要的性质、特征、功能的变化。对人而言，现实中的事物可以是单一的对象，但更多的是由多个要素组合成的复合对象，其中每一个要素都有各自的质和量，如果其中的一个要素的量发生变化，引起该要素的质发生或多或少的变化，就会影响该要素的功能，而该要素功能的变化就会影响到其他要素的作用，从

① 傅旋原. 关于否定之否定规律的“层次说”及关于量变质变规律的“层次因子说”[J]. 四川大学学报（哲学社会科学版），1993（3）：31.

而最终影响到事物整体的功能，使事物整体的质发生或多或少的变化。如一台电脑的 CPU 散热器风扇电机出现故障，导致风扇转速降低，散热功能下降，CPU 产生的热量不能及时散出去，造成 CPU 温度飙升过热，使其功能下降，导致电脑运行变慢、卡顿甚至死机、蓝屏。就一个人来说，体重是身体的一个指标，一种规定性。如果体重不断增加，往往会影响到身体的其他非量的变化，即身体机能的变化、健康状况的变化、社会意义等方面的变化。因为过度肥胖会造成行动不便，影响机体的运动机能；过度肥胖还会引起高血压、高血糖、高血脂，使健康状况恶化；过度肥胖还会影响社会生活的参与状况，在求职、交往等方面多少受到限制。可见，一个人由正常体重变为过度肥胖，虽然还是同一个人，在同一个质的层次，但上述分析的各方面的变化显然不仅仅是量的方面，还有一些质的方面。因此量变本身也包含了一些部分的质变。中国传统哲学对这一点的认识是比较深刻的。

北宋政治家王安石（1021—1086）在谈到量变和质变时提出了量变中有部分质变的思想，他说：“有凶，不必凶而凶在其中也，有厉，不必厉而厉在其中也。”（《王临川文集·易泛论》）意为灾祸和不利事件尽管尚未完全爆发，但这些事件的性质变化已经蕴含其中了。王夫之认为，世间万物看起来似乎没有什么变化，昨天是这样，今天还是这样，但并非如此，“荣枯代谢，弥见其新”是事物发展的规律，不过这种变化人们一时觉察不到，“质日代而形如一”，即事物的内在的质不断代谢更新，但外形尚未发生根本质变，这是一种自我更新。“张子（张载）曰：‘日月之形，万古不变’，形者，言其规模仪象也，非谓其质也。质日代而形如一，无恒器而有恒道也。江河之水今犹古也，而非今水即古水，灯烛之光昨犹今也，而非昨火之即今火……人见形而不变而不知其质之已迁”。（《思问录·外篇》）所谓“质日代而形如一”，就是说，表面上看，事物的样子照旧，似乎没有什么变化，但这种稳定渐变中已有质变的因素，当这种质变的因素达到一定程度，必然会发生根本性质的变化，产生新事物。王夫之认为在新物产生之前是“内成”的阶段，其特点是“通而自成”，即事物的量变还未影响到质的稳定；下一个阶段就是“外生”，即新事物的产生之际，“变而生彼”，发生质变，新事物取代旧事物。

2. 量变与质变界限的相对性

这就涉及“部分质变”的问题，部分质变是指总的量变过程中发生的某些特征、功能等方面的非量的变化，包括阶段性的部分质变和局部性的部分质变。

阶段性的部分质变是指在事物发展过程中，由于量的积累使事物的发展呈现出阶段性。如张三从出生到死亡之前经历婴幼儿、少年、青年、壮年和老年阶段，每一个阶段都各有其特点，互相区别，但不管是哪个阶段，张三都是作为一个活的人而存在，保持质的稳定；但谁也不会否认，这每一个阶段的变化都不是纯粹的量变，而是包含了部分质变。因为人从出生到老年是一个复杂的过程，包括人体的新陈代谢和功能的变化。就社会方面来说，这几个阶段上的人的社会地位、角色、身份、形象等已经是质的区别，但作为同一个人整体的质是不变的，所以这些变化也只能是总的量变过程中的“阶段性的部分质变”。

从空间上说，事物的整体的质保持稳定，但由于事物内部某个局部因素同其他因素不具有协同性，正是这个局部因素变化的“量”的积累，最终使这个局部的质发生了变化，这是“局部性的部分质变”。相对于全局而言是量变，就局部本身来说是质变。例如一棵枝繁叶茂的大树，是一个生命体，与非生命物质有质的不同。但如果仔细观察，不难找到这棵大树竟有几个小枝条已经干枯，变成了非生命物质，就局部而言是质变，相对于全局而言是量变。再如近代中国整体的社会性质是半殖民地半封建，但是中国共产党领导革命人民建立了很多块革命根据地，如井冈山革命根据地、山东抗日根据地、陕甘宁边区等。这些革命根据地的性质是什么？它不同于半殖民地半封建，也不同于社会主义，而是新民主主义。局部社会性质变了，但整个中国的社会性质未变，仍然是半殖民地半封建社会。

严格说来“部分质变”这个提法是欠妥当的。因为事物的质变是就整体而言，虽然整体由部分构成，但不是部分的简单相加；同样整体质变也不是“部分质变”相加的结果，整体的质也不能被分解还原为部分的质。提出“部分质变”就是把质变理解为由一个个部分的质变的“加和”所构成，这种理解完全忽略了结构在事物质变过程中的地位，因此“部分质变”是相对于事物结构的不同层次而言的，确切地说不是“部分质变”，而是较低层次的质变。

3. 量变与质变的同一性

同一层次的质变过程与量变过程具有直接同一性。由于质不能脱离量而单独存在，质变过程必定伴随着量的变化。质变就是新质在量上的迅速扩张直至占领全盘的过程。可见，事物的发展变化并非是由量变开始，而是由较低层次的质变开始。如苹果的腐烂，就是新质的扩张过程，每扩展一点也都是质变。从整体来看，质以量的形态存在，质变也是较高层次的量变，当然这个量变就是新质在量上的扩张，这里的“量”是指与新质对应的量，通过这种扩张，完成事物的整体质变。在这里我们可以看到，质变过程和量变过程达到了直接同一。哲学教科书中只讲量变到一定程度引起质变，质变是量变的必然结果，至于为什么会是这样，教材只举例子不做分析，这显然是不够的，应当从理论上讲清为什么量变会引起质变。这是由于较高层次的量变过程就是较低层次的质变过程，这种量变本身就是质变，如果不这样理解，整体的质变怎么会发生呢？

三、质与质量

日常生活中人们经常使用“质量”这一概念，如“百年大计，质量第一”，“既要注意产品数量，又要提高产品质量”，等等。有许多人把这种“质量”和“数量”的关系等同于哲学范畴的质和量。如有教材说“坚持质与量的统一，有助于我们在学习和工作中，既注意抓质量，又不忽视必要的数量。”① 也有论者指出，质和量这对范畴被人们重视的程度不同，

① 张永昌. 马克思主义哲学原理：上卷［M］. 北京：北京师范大学出版社，1992：257.

“专门以‘量’为研究对象的数学经久不衰”，“虽然人们强调‘质’的重要性的议论，时时处处都能听到，但人类的物质生产、精神生产和人本身的生产中对数量的片面追求和对质量的忽视，仍然是个严重问题”。① 仅从质量与数量的关系来看，这些说法都是成立的，但它们把作为哲学范畴的质与质量混同起来了，以为质量属于质的范畴，这是值得商榷的。

（一）质量的含义

从科学的角度看，“质量”属于“量”的范畴，是物体的一个量化指标，通常有以下几种含义。

第一，质量是表示“物体惯性大小的物理量，数值上等于物体所受外力和它所获得的加速度的比值”。② 所以质量又称“惯性质量”。如果外力相同，得到的加速度小，就是惯性大，即质量大。惯性是物体的一种固有属性，即物体保持静止状态或匀速直线运动状态的性质，表现为物体对其运动状态变化的一种阻抗程度，也就是外力改变物体运动状态的难易程度。惯性大小通过质量来度量，如果作用在物体上的外力相同，加速度较小的物体质量大惯性较大，加速度较大的物体质量小惯性较小。可见，质量就是表示物体惯性大小的物理量。

第二，质量表示实物的量的量度，即物体中所含物质的多少，质量的单位是千克，其他常用单位有吨、克、毫克等。这是很简单的事实，一块大石头和一块小石头，哪一个包含的物质多，这是不言而喻的。相对论表明，物体的质量和能量是不可分的，可以用质能关系式来表示。能量（E）＝质量（M）×光速的平方（C^2）。

第三，质量表示物体吸引周围物体及被吸向周围物体能力的物理量，是与惯性质量相对应的物理量。惯性质量是与物体的运动相联系，而引力质量则是显示物体对其他物体吸引力的大小。如果一个物体在某个坐标系中静止，那么在该坐标系中就测不出它的惯性质量，但可以测出它的引力

---

① 闵家胤. 质、质空间和质学原理［J］. 哲学研究，1996（6）：28.

② 中国社会科学院语言研究所词典编辑室. 现代汉语词典［Z］. 北京：商务印书馆，2005：1757.

质量。这两种质量有区别也有一致之处，即二者大小成正比，惯性质量越大，引力质量也就越大。如果选择适当的单位，两者也可以取同一数值，因而统称为质量。物体质量与其速度的关系是：

$$M=\frac{m}{\sqrt{1-\left(\frac{v}{c}\right)^2}}$$

公式：物体质量与其速度的关系（360 图片搜索）

其中 M 为运动中物体的质量，c 为真空中的光速，v 为物体运动速度，m 为物体静止质量（$v=0$ 时），可以看出质量 M 随速度的增加而增加，但通常 v 远小于 c，所以 M 与 m 相差极小，这样物体的质量可以看作常量。

第四，质量表示事物、产品或工作的优劣等级程度。这种用法在日常生活中最为常见。如说产品质量好坏，不能因为追求产品数量而忽视产品质量。这里所说的质量是指事物的内涵量或程度等级量。20 世纪美国著名的质量管理专家朱兰（J. M. Juran，1904—?）博士从顾客的角度出发，提出了产品质量就是产品对用户的适用性，即产品在使用时能成功地满足用户需要的程度。美国质量管理专家菲利浦·克劳士比（Philip B. Crosby，1926—2001）从生产者的角度出发，曾把质量概括为“产品符合规定要求的程度”，适用性恰如其分地表达了质量的内涵。用户对产品的使用要求的满足程度，通过产品的性能、经济特性、服务特性、环境特性和心理特性等方面反映出来。所以，质量是一个综合的概念，它体现着性能、成本、数量、交货期、服务等因素的最佳组合，它并不要求技术特性越高越好，而是要求最适当。

第五，质量是一组固有特性满足要求的程度，这是 ISO9000 系统对质量的解释。从价值角度来看，满足要求的状态就是价值状态，即客体属性满足主体需要的状态，包括两个方面：一是满足主体需要的程度；二是满足主体需要的能力。从经济学的角度说，质量表现产品的优劣程度，价值表示产品对人的效用大小的量度；质量回答的是优劣问题，价值回答的是值多少钱的问题。质和量是呈正相关的，产品质量越是优秀，给主体带来的效用（价值量）就越大，当然该种产品的价值量也就越大，其价格就越高。如用高端音响设备播放音乐，比用低端设备播放音乐效果要好很多，听感也舒服很多。但高端音响设备价格也远高于低端设备，虽然都是音响设备，但它们有高低不同的等级，有质量的优劣。

（二）数量和质量的关系不是量和质的关系

“数量”就是前面讲过的“名数”，表示事物或物体的量的多少，如10辆马车、100斤粮食、1000个口罩等。“质量”是相对于数量（名数）而言的，是质的量，是相应事物对应的等级、程度的标识，因此，“质量”不属于质的范畴，而属于量的范畴。具体地说，质量是内涵的量，或称等级量、程度量。质量与数量的关系不是质与量的关系，而是事物量内部的内涵量（规模量）与外延量的关系。

首先，质量能用数量表示，这正是量的特征。在物理学上，质量是物体所含物质的多少的量；社会生活中广泛使用的质量概念也可用数量表示。如产品可分为一等品、二等品、优质品、次品等。苹果也可以划分为优质品、普通品，这是通过品相和价格体现的。由于质量能用数来表示，因而质量对事物具有量的伸缩性的特征，它不是与事物直接同一的，而是间接同一的。如煤炭有优劣之分，优质煤与劣质煤都是煤，煤的质量对于煤有一定伸缩性，可见同质的事物可以有不同的质量。

其次，质量属内涵量，数量属外延的量。内涵量是事物的等级、程度的标志，外延量是事物的存在范围、广度的标志。不管是论文还是专著，在质上都是科研成果，但是可以按照其内容质量评为一二三等奖，在这里评定的标准就是论文的内涵量。与内涵量对应的是外延量，如一篇论文或一部专著的字数多少，一栋楼的层数多少，一个国家的疆域面积大小等都属于外延的量。

再次，如果把质量排斥在事物的量之外，就难以理解比较复杂的量变、质变过程。恩格斯曾引用法国政治家拿破仑·波拿巴（1769—1821）的话：“两个马穆鲁克兵绝对能打赢三个法国兵；100个法国兵与100个马穆鲁克兵势均力敌；300个法国兵大都能战胜300个马穆鲁克兵，而1000

个法国兵总能打败1500个马穆鲁克兵。”① 马穆鲁克兵善于单个格斗、单兵质量好，但纪律差；法国兵纪律好，团队质量好，但骑术不精，单兵质量差些。恩格斯曾引用此例说明量变引起质变，这里的量既包括数量也包括质量，由于数量和质量的变化，法国军队才由败转胜。在这一过程中，如果不考虑军队的质量，则难以作出解释。质量与数量的关系不同于质和量的关系。在后一种关系中量变会引起质变，在前一种关系中，数量的增减并不引起质量的变化。如某一种型号的电视机，并不会因其大批量生产而必然改变其质量，这是因为质量对于质有一个“界限”或“度”，但数量对于质量则没有这种度。

人们在论述质量关系时常引用毛泽东的一段话：“任何质量都表现为一定的数量，没有数量也就没有质量。我们有许多同志至今不懂得注意事物的数量方面，不懂得注意具体的统计、主要的百分比，不懂得注意决定事物质量的数量界限，一切是胸中无‘数’，结果就不能不犯错误。”② 为了说明这个问题，毛泽东做了进一步的分析，“例如要进行土地改革，对于地主、富农、中农、贫农各占人口多少，各有多少土地，这些数字就必须了解才能据以定出正确的政策。对于何谓富农，何谓富裕中农，有多少剥削收入才算富农，否则就算富裕中农，这也必须找出一个数量的界限。在任何群众运动中，群众积极拥护的有多少，反对的有多少，处于中间状态的有多少，这些都必须有个基本的调查、基本的分析，不可无根据地、主观地决定问题。”③ 这段话中的“数量”只是量中的一个方面，不能以其代替量，“质量”也只是在同质范围内作量的比较，强调质的等级，联系前后文来看“质量”是指农民阶级中划分的量的等级：贫农、中农、富农三个阶层。这显然是指内涵量，依据农民拥有土地的多少以及剥削收入所占的比例而划分不同阶层，因此这段话中的数量与质量的关系不能等同

① ［德］马克思，恩格斯．马克思恩格斯选集：第3卷［M］．北京：人民出版社，2012：507.
② 毛泽东．毛泽东选集：第4卷［M］．北京：人民出版社，1991：1442.
③ 毛泽东．毛泽东选集：第4卷［M］．北京：人民出版社，1991：1444.

于哲学范畴的量与质。

四、质之量的范围或区间——度

（一）怎样理解度

从维持事物性质稳定的角度看，度就是质的量，即质所规定的量，就是与质相对应的量，也是质的范围或有效区间。对这个问题经典作家和当前教科书都有阐述。黑格尔说："尺度是具有质的限度"，"是具有一确定的限有或质之限量"。① 最新版的教科书中也是这样讲的："度是保持事物质的稳定性的数量界限，即事物的限度、幅度和范围。"② 马克思主义哲学专业教材认为"所谓度，就是一定事物保持自己质的量的限度，是和事物的质相统一的限量"，③ 这些定义都包含了度是"质的量"的含义，而量又是质的呈现形态，所以度也就成了质的存在形态，可以说度是一种"量"。什么样的量才是度呢？黑格尔提出度的定义："尺度是有质的定量，尺度最初作为一个直接性的东西，就是定量，是具有特定存在或质的定量。尺度既是质与量的统一，因而也同时是完成了的存在。"④ "尺度是这样一个定量，即它有质的意义，并且作为尺度。"⑤ 黑格尔所谓"尺度"就是指"度"，可见度不是外在于量的另一个东西，而是一种量。这种量受某种特定的质的制约或规定，从而表现为度。如工作时间（8：00—12：00；14：00—18：00）和休息时间虽然都是时间，都是量，但如果和工作或上班这个质联系在一起，就成为区别于休息时间、闲暇时间的特殊时间了，即有了自己的度。工作或上班这种质规定了这段时间的性质：这段时间是用于工作的，不能用于工作之外的事情，意味着不能在这段时间内任意而为。工作时间之外的时间都不是工作时间，属于自由支配时间，可以

---

① ［德］黑格尔. 小逻辑［M］. 贺麟，译. 北京：商务印书馆，1980：243.
② 本书编写组. 马克思主义基本原理［M］. 北京：高等教育出版社，2021：38.
③ 肖前，李秀林，汪永祥. 辩证唯物主义原理［M］. 北京：人民出版社，1991：216.
④ ［德］黑格尔. 小逻辑［M］. 贺麟，译. 北京：商务印书馆，1980：243.
⑤ ［德］黑格尔. 逻辑学：上册［M］. 杨一之，译. 北京：商务印书馆，1980：358.

做你愿意做的事情。所以度和量具有实质上的一致性，从外部形态看，度就表现为一定的量，被质所制约的量就是度。

从质存在的过程来看，度是事物保持自身性质的量的幅度和范围，即保持自身性质稳定的数量界限，是与质相对应的量，即质和量的统一。这是事物的质能容纳的事物的总量，它贯穿于事物的量变过程的始终，是作为一个过程或区间而存在。在这个区间内，量的增减变化不会影响事物的性质，这时质和量始终保持统一状态。但如果超出了这个区间，就会发生性质的变化，质和量的统一体就会破裂。当一个气球吹起来之后，也可以继续对气球充气，这时气球内部气压增加，气球体积进一步变大；当然也可以不再给气球充气而是把气放出一部分，使其内部压力下降，气球体积变小，这都不会影响气球的质。一旦将气球全部放气，或者持续为其充气直至气球爆炸，这都是改变了气球的存在状态，使其不再保持“充满气体的球”的状态。

度作为质和量统一，一方面是质和量不能相互脱离，无质之量或无量之质都是不存在的。另一方面，质和量相互制约。质制约量的活动范围，规定了量的变化幅度的界限。如牛和兔子各自的质规定了它们的个头大小和体重规模。进一步说，质也是以一定的量的活动范围作为条件，在此范围量的变化不影响质的稳定性。黑格尔说：“举凡一切人世间的事物——财富、荣誉、权力，甚至快乐与痛苦——皆有一定的尺度，超出这个尺度，就会招致沉沦与毁灭。即在客观世界里，也有尺度可循。在自然界里，我们首先看到的是许多尺度的存在，其主要内容就是尺度构成的。”① “尺度中出现的质与量的同一，最初只是潜在的，尚未显明地实现出来。这就是说，这两个在尺度中统一起来的范畴，每一个都各要求其独立的效用。因此一方面定在的量的规定可以改变，而不致影响它的质，但同时另一方面这种不影响质的量之增减也有其限度，一超出其限度，就会引起质的改变。”② 例如，水的温度最初是不影响水的液态的质态的，摄氏 4℃的

① ［德］黑格尔. 小逻辑［M］. 贺麟，译. 北京：商务印书馆，1980：235.
② ［德］黑格尔. 小逻辑［M］. 贺麟，译. 北京：商务印书馆，1980：236.

水和摄氏12℃的水都是液态水。如果液态水的温度增加或减少达到一定的限度，液态水就会变成气体或者凝结为固体，发生质态的改变，成为水蒸汽或冰。

（二）质的边界

事物的存在不是僵死的，事物的质也不是一潭死水，而是有一个纵向进展的过程。从这个角度说，度就是对“质的进展过程”的一种描述。任何事物都是作为过程而存在的，质与事物的存在具有直接同一性，质必然也是一个过程，有其进展的阶段性。质作为一个过程，就表现为度。度是质的运动过程呈现的状态。黑格尔也曾从过程的角度论述质。度是黑格尔《逻辑学》第一篇“存在论”中的一个逻辑范畴。他认为在存在（有）的范围内，包含质、量、度这样的正反合三层。在这里，质是对存在的肯定，量是对质的否定，度则体现质与量的统一，代表否定之否定，也是对质的回复。度是对质与量的运动状态的描述。

既然质的存在是一个过程，那么这个过程或进程必定有一个起点和终点（或称上限和下限），度就是起点和终点之间的量，这个起点和终点就是教科书上所讲的度的关节点或临界点，它构成了度的边界，从质的角度看就是质的边界。教科书上讲临界点或关节点的表述不严谨，欠妥当，因为质的边界可以是点，也可以是线，还可以是面。

首先是关节点。这是质的边界的一种形式，是事物在发展中新质取代旧质的转折点。例如在一个标准大气压下，液态水的关节点是摄氏0℃和100℃，各种金属都有各自的溶解点以及超导态的临界点。正如恩格斯在《自然辩证法》中所说：“物理学的所谓常数，大多不外是这样一些关节点的标志，在这些关节点上，运动的量的增加或减少会引起相应物体的状态的质变，所以在这些关节点上，量转化为质。”①。在社会运动中，关节点也普遍存在。就单个学生来说，成绩的及格与不及格（60分以下）是有明

① ［德］马克思，恩格斯. 马克思恩格斯选集：第3卷［M］. 北京：人民出版社，2012：905.

确界限的，这个界限就是关节点或临界点（60 分）。其他方面如法律上的罪与非罪，正当的国际交往和崇洋媚外，民族主义与爱国主义等彼此之间都存在着特定的关节点，在实践中要准确把握。在思维领域，真理与谬误之间也存在关节点。某个真理被过分夸大以致超出了它的适用条件和范围，就会走向反面。列宁说：真理“只要再多走一小步，仿佛是向同一方向迈出的一小步，真理便会变成谬误。”①

其次是关节线。这是事物发展变化过程中旧质转化为新质的交错线、分界线。在自然界，地球上寒带、温带、热带之间，森林、草原之间，水体、陆地之间，高原、山地与平原之间也都有分界线。这些分界线或关节线都是由无数个“点”所构成，但起作用不能由“点”所代替，不能仅仅从关节点来说明。在社会领域，也普遍存在关节线。富人阶层、中等收入阶层和低收入阶层之间肯定是有一条分界线，尽管这个分界线是可变的。每年高考结束后都要根据考生成绩划分出不同类型院校的录取分数线，这个“分数线”本身就是关节线，只有在此线以上才有被录取的资格，这是中学生转变为大学生的关节线。关节线也是底线，这是事物由量变到质变的一个临界值，是不可逾越的“红线”，一旦量变突破底线，就会导致事物的质变。增强底线思维能力就是要划清底线，坚守底线，不踩“红线”，不闯“雷区”，要以积极的态度研判风险，守住底线，防患于未然，牢牢把握发展的主动权。

最后是关节面。这是新旧质之间的分界面。从地球整体来看，地球构造中有不同的圈层。生物圈和地壳之间，地壳、地幔与地核之间有明显的分界面，各圈层之间的界面就是关节面。事物在量变过程中，由于量的不断累积或减少，就会突破质的界限，即超出度的范围，导致事物性质的变化。在这一过程中，量变总会以某种方式突破原来的度的界限，这种突破可以是“关节点”的突破，还可以是“关节线”或“关节面”的突破。这三种情况也是紧密联系的，关节点的突破可以转化为关节面的质变。如

---

① ［俄］列宁．列宁选集：第 4 卷［M］．北京：人民出版社，1972：257.

汽车的轮胎某个地方受损，就会使整个轮胎报废，造成爆胎事故。一张好端端的光盘，如果有一点被划伤，就可能读不出来了，整张光盘报废，光盘失去了整体功能，发生了质的变化。这种质变先是在一个关节点上发生，然后又突破关节面，发生根本质变。无论汽车轮胎还是光盘的报废虽然都是由一个点而引起，但都是在关节面上发生的。如果说单一的一个点发生变化，不涉及面的问题，就不会有根本质变。例如自行车的轮子有很多根辐条，如果只是其中的一根断掉了，其他方面都正常，那么这辆自行车还能正常使用，它的质并没有发生变化。

质的边界并不是质本身，正如山地和平原的分界线并不等于山地或平原一样。质的边界是连接两种质的中介，是不同事物的界限，但不是这些事物本身。质的边界也意味着不同质的事物之间相互过渡或转化的中介。例如可听声波的频率范围是20Hz至20000Hz之间，低于20Hz是次声波，超低频，人听不见，但能感觉到震动；高于20000Hz属于超声波，也是听不见的。所以现在音响产品的性能参数中一般会有一个指标，即频响范围，大多标注20Hz~20000Hz，这样标注就证明了该音响产品性能优越。可听声波本身是一个范围，而不是单纯指20Hz和20000Hz这两个点或边界。

质作为一个区间存在就是度。在这个区间内，事物的质和量处于统一状态，保持着质的稳定，但当量变超出质的边界时，事物就发生质变，旧质被新质所取代，形成新的质量统一体。按照上面的例子，物体振动产生声波，当物体振动频率低于20Hz时，形成的声波是次声波，人听不见；这时逐渐提高振动频率，使之高于20Hz，那么就进入了可听声波的范围。再继续提高振动频率，以致超出20000Hz，就超出了可听声波范围，人同样会听不见这种声波，实现了质的转化。20Hz和20000Hz就是可听声波的下限和上限，这两个边界之间的声波就是可听声的度。黑格尔在谈到质的边界和度的关系时说："一个尺度比率，即一种独立的实在，""它有一个幅度，在这个幅度内，它对于变化仍然是漠不相关的，它的质也不改变。但是，在这种量变中，出现了一个点，在那个点上，质也将改变，定量表明自己在特殊化，以致改变了的量的比率转化为一个尺度，因而转化为一种新质，一个新的某物。”“新的质或新的某物又受自己的同一变化进程支配，如此以至无限。”① 黑格尔所说的“质变点”就是质的边界或关节点，有无数的“质变点”连接起来就构成新旧尺度交替的链条，黑格尔称为“尺度交错线”“质的环节的交错线”或“质量关系的关节线”。在黑格尔那里，“关节点”其实就是事物的边界和极限，度则是贯穿事物整体的规定。

事物的质为什么会有两个边界呢？

首先，任何事物都有矛盾着的两个方面，即主要矛盾方面和次要矛盾方面。其中主要矛盾的主要方面规定了事物的性质。矛盾双方的斗争导致双方力量的消长变化，矛盾双方力量出现不平衡，就会使事物的性质发生相应的变化。矛盾主次两个方面的地位发生转化的那个转折点，就成为事物质变的起点，即通常所说的“关节点”，只要突破这一点，事物质的边界就被打破了。这种矛盾运动是普遍存在的，也就规定了事物质的边界。

其次，质的边界是量变与质变辩证统一的纽带，是旧质转化为新质的关键，也是量变的最高点、质变的起点。质的边界把量变和质变衔接起来，也把两者区分开来。从度的角度看，“度是事物的质所能容纳的事物的总量，它贯穿事物量变过程的始终，是一个过程或区间。而关节点则是一个点，它不仅不是度，而恰好不在度的范围内，是对度的超越或突破。”② 这里的“关节点”属于质的边界的一种情况。度和质的边界（关节点）的关系，是整体和边缘的关系，是对特定质态的事物的总量及其极限边界的关系，有了这样的边界，才能充分体现质和量的统一。

---

① ［德］黑格尔. 逻辑学：上册［M］. 杨一之，译. 北京：商务印书馆，1980：401.
② 孙恒志. 论度［J］. 文史哲，1982（2）：81.

五、质的进程

讲质的进程就是从过程的角度来分析作为质和量的统一体的度。任何事物都有“一度两边”的格局。“一度”意为任何事物都有其度，超出度就转化为他物；“两边”即度的两个边界，或说上限和下限。明确了两个边界，也只是从整体上把握了度的范围，至于度的内部质量统一的具体状况是很不清楚的，这就造成对事物认识的模糊。要精确地认识事物就要对度内部的质量统一状况进行考察，了解质的进程，从而更加精准地认识事物，更好地指导实践。

经典作家自黑格尔到马克思恩格斯甚至当代的学者，都曾或多或少地谈到“质的进程”的问题。

黑格尔在《逻辑学》上卷第三部分就提出了关于度的进程的思想。在“实在尺度”一节，就分析了度的进程。他在分析度由一个概念到另一个概念的演变过程时指出：“要考察尺度所经历的规定的进展，便须将进展的环节这样综合起来。首先，尺度本身就是质与量的直接统一，……从本质上看，尺度就是比率。其次，尺度自身所包含的环节，……它的每个环节本身，总是质与量的统一，由此而来的实在的尺度，产生了一定尺度的比率，它们作为形式的总体，自身是独立的。”① “这些比率是在同一的基质那里出现的：尺度却规定自身，要排斥自身去到别的，仅仅是量的不同比率，……与那些仍然只是量的差异的比率交互更替，它们用这种方式，形成在较多和较少的阶梯上的一条尺度交错线。”② 黑格尔在这里把尺度看作是一个过程，在这其中每一个比率都是独立的，是质和量的统一，是尺度的一个环节。在《小逻辑》（第 109 节）中，黑格尔经常有“尺度（质量统一体）”这样的表述。

马克思恩格斯批判继承了黑格尔的度是一个过程的思想。马克思在论

---

① ［德］黑格尔. 逻辑学：上册［M］. 杨一之，译. 北京：商务印书馆，1980：408.

② ［德］黑格尔. 逻辑学：上册［M］. 杨一之，译. 北京：商务印书馆，1980：400-401.

述货币转化为资本时指出：“不是任何一个货币额或价值额都可以转化为资本，相反地，这种转化的前提是单个货币所有者或商品所有者手中有一定的最低限额的货币或交换价值。”① 只要是在最低限度之内的任何一个货币额，都是和价值这个质相统一的，是包含在度中的一个环节。由此可见，度的存在不是僵死的，而是随着事物的发展变化有着自身的进展过程，即作为一个进程而存在。如富裕、贫穷两种生活状态是有质的区别的，作为一个家庭年收入在什么范围算富裕，在什么范围算贫穷，都有一个下限和上限（关节点或临界点），就是说各有其度。但是这个度的范围不是固定不变的，而是随着社会的发展经常在变动。某个家庭在某年的收入在当时可能属于富裕家庭，但在后来这个收入水平可能就只能属于贫困家庭。一个国家的居民家庭的富裕和贫困的标准是相对的、可变的，国家规定的贫困线也是不断变化的（通常是不断提高）。这也说明富裕和贫穷的度也是有一个进程的。随着事物的发展变化，只要是在度的范围内，质和量的统一就会有不同程度的发展状态，形成多种多样的与质相统一的定量，分别反映了事物质和量统一的特定程度。正如国内学者所言：“随着事物一步步向前发展，度就依次表现为一系列大小不等的与质相统一的定量，反映事物在发展过程中一系列不同的质量统一程度。”②

事物的质与事物的存在是同一的，某物失去其质，就不再是某物，而变成了他物，保持事物性质稳定的区间或范围就是事物的度，即是说，度就是质的规模区间，只要不超出这个区间，事物的性质就是稳定的。从动态的角度看，度作为质的规模区间就是一个过程的存在。既是一个过程，就必定有起点和终点或上限与下限。在起点和终点之间有无数个进展程度不同的阶段，每一个阶段都是质和量的统一，并且分别显示着事物的完善程度或成熟程度。

从认识的角度看，这就是事物的萌芽、生长、开花、结果直到凋谢的

---

① ［德］马克思，恩格斯. 马克思恩格斯全集：第 23 卷［M］. 北京：人民出版社，1972：341.

② 姜云. 论度的进展过程［J］. 哲学研究，1982（2）：13.

过程。一个人从出生到成年再到死亡，资本主义从萌芽、成熟到衰亡，其中的每一个阶段都体现着质和量的统一。在起点到终点这个质的存在区间，有无数个阶段，我们在认识事物时没有必要也不可能对每一个阶段都去考察研究，应当根据实践需要来考察其中的某个或某几个阶段，通常涉及三个阶段。即轻度（起点）、中度（适度）和重度（过度或极度）。这三个阶段各有其特点，对其分别考察具有重要意义。

（一）轻度：质的进程的开始

轻度，是事物质量统一的起始点。在这个阶段上的质量统一状态，就是事物的萌芽状态或雏形。如一只破壳而出的小鸡。一方面，它的质是鸡而不是狗，另一方面，它有作为鸡的量的规定，例如个头大小、体重等。再如高血压和正常血压是两个异质指标，前者是病态血压，后者是健康血压。高血压这种病也有一个动态的进程，在这一进程中始终保持着质和量的统一。这一进程的下限或起点就是高血压与正常血压的分界线，此线以内为正常血压，此线以外就是高血压的起点。通常临床上以舒张压 90 毫米汞柱（mmhg）和收缩压 140 毫米汞柱（mmhg）作为正常血压和高血压的分界线。舒张压低于 90mmhg 为正常，收缩压低于 140mmhg 为正常。这个分界线就是高血压病质的规定的起点，从度的进展角度看，就是进入了高血压病的最初等级或轻度阶段。高血压病质的规定性有一个进展过程。可分为轻度高血压（一级高血压）、中度高血压（二级高血压）和重度高血压（三级高血压）。轻度高血压的舒张压范围是 90~99mmhg，收缩压范围是 140~159mmhg；中度高血压的舒张压范围是 100~109mmhg，收缩压范围是 160~179mmhg；重度高血压的舒张压大于等于 110mmhg，收缩压大于等于 180mmhg。因此诊断高血压病就要把握好高血压病的质量统一进程即高血压的度，以制定有针对性的医疗方案。

在社会领域，事物的质同样有一个进展过程。社会形态也是一个质量统一的过程，这个过程就是社会形态的度，但这个度也有一个进展的过程，这个进展过程就是质与量统一的不同阶段构成的，其中该社会形态质量统一的起始状态就是该社会的轻度状态。14 世纪地中海沿岸的手工业作坊中出现了最初的雇佣劳动关系，即资本主义生产关系萌芽，这是一种新的生产关系，在质上不同于封建生产关系，但其规模（量）还太小，不成熟，所以才称为资本主义生产关系的萌芽。后来逐渐发展为自由竞争资本主义、垄断资本主义。从质的进程角度讲，资本主义生产关系萌芽就是资本主义质量统一过程的起始阶段（轻度）。自由竞争资本主义意味着资本主义走向成熟阶段（中度），而垄断资本主义出现后，社会矛盾进一步暴露和激化，使资本主义进入衰落阶段（重度）。社会主义社会同样是一个质量统一的过程。今天中国特色社会主义已经进入了一个新时代，但仍处于社会主义的初级阶段，与发达的、成熟的社会主义还有较大差距。在法律上罪与非罪有质的差别，罪有轻重程度的不同。一个人犯了罪，对社会造成了危害，按照刑法应当受到刑事处罚，但是量刑的轻重不可整齐划一，要以犯罪的性质和轻重程度而定。如果是轻度犯罪，受到的处罚就较轻，以区别于中度和重度犯罪。认识把握事物的“轻度”在实践上具有重要意义。

在事物质的进程处于“轻度”阶段，表明质变刚刚开始，新质开始形成。如果这种新质的出现对实践主体有积极意义，就要保护它，促进它的发展。如农民种在地里的种子开始萌芽，养鸡场孵化箱内的鸡蛋开始孵出小鸡，桃花凋谢之后桃的胚胎出现了，一个企业刚刚创立，一项新技术初创等等，都是新事物产生的标志。这些新事物的萌发对实践主体有积极意义或者是实践主体努力的结果，所以要对它进行呵护，并促进其发展壮大。当然有些质变对主体没有积极意义或者有害，这时就要阻止这种质变的发生，将它消灭在萌芽状态。高血压、糖尿病、痛风、癌瘤等疾病按照轻重程度，可以划分为轻度、中度和重度，或者一期、二期、三期和晚期。在轻度阶段这些疾病对人体的伤害是轻微的，这时如果积极治疗就比较容易治愈或控制住病情，早发现早治疗，效果要好得多。

中国古典哲学在认识事物方面很重视对“轻度”的把握，要求当事物质的进展处于初始阶段（萌芽）时，就要及时处理，否则就会造成严重后果，这就是“防微杜渐”。“几者，动之微；吉（凶）之先见者也”，“君子见几而作，不俟终日”。（《易传·系辞下》）“几”就是处在质量统一的最初阶段，此时质量统一体刚刚形成，即处在萌芽状态的事物。“见几而作”就是当事物还处在萌芽状态，就要看出它的发展方向和前途，从而采取相应的行动。“不俟终日”就是对处在萌芽状态的事物，要抓紧处置它，一天也不要耽搁。现在很多人在确诊癌症时已经是晚期了，治疗起来非常困难，治愈的机会也大大减少，预后效果不乐观，后悔发现太晚。因此人到了一定的年龄，就要定期查体，而且是有针对性地检查，早发现早治疗，一旦发现恶性肿瘤的蛛丝马迹，就将其消灭在萌芽状态，这样就能取得很好的治疗效果。

《老子·六十三章》中也对质的进展状态作了细致的分析。“图难于其易，为大于其细。天下难事必作于易，天下大事必作于细”。老子这段话的意思是说，在容易之时谋求难事，在细微之处成就大事。天下的难事，必须从容易时做起；天下的大事，必须从细微处着手。告诉我们做大事、难事要从小事、易事做起。习近平总书记曾引用了老子《道德经》的这句名言，阐述实干兴邦思想。习近平总书记强调没有艰辛的努力就没有成功，小事积累起来就成大事，要把小事当作大事干，一步一个脚印往前走。滴水可以穿石，只要坚韧不拔、百折不挠，就一定能够成功。

掌握事物质的“轻度”状态，对于认识利用事物、改造事物具有重要意义。不管是好事还是坏事，只要它处在肇始发轫阶段，处理起来就比较容易。如疾病初发就易于治疗。《老子·六十四章》云：“其安易持，其未兆易谋。其脆易泮，其微易散。为之于未有，治之于未乱。”老子的意思是，事物处于安定的时候容易把持，未出现征兆的事情容易图谋；脆弱的事物容易消解，细微的东西容易失散；所以人们做事情要在它发生以前就处理妥当，治国理政要在祸乱产生以前就早做准备。这都是讲未雨绸缪，掌握主动权，不至于陷入被动。因为事物的生成或毁灭也并非偶然的，而是有一个过程的，紧接着老子又说，“合抱之木，生于毫末；九层之台，起于累土；千里之行，始于足下。”这是教导世人要重视事物的初始阶段的研究。对于有害事物，要“防患于未然”“防微杜渐”，正如《黄帝内经·素问·四气调神大论》所言：“圣人不治已病，治未病；不治已乱，治未乱”，圣人不是在生病之后才去治疗，而是在生病之前就积极预防。强调要把握事物的轻度，处置萌芽状态的事物，也并不意味着在质的进展的中度和重度阶段松懈或消极回避。老子提出“慎终如始，则无败事”。《老子·六十四章》要求人们做事要谨慎小心，始终如一，善始善终，才不会功败垂成。

（二）中度：质的进程的典型状态

1. 中度的含义

在质的进展过程中，质和量虽然始终保持统一，但事物的成熟程度、典型程度是有等级差别的，表现在现象上就是事物生命周期的萌芽、成熟和衰败的阶段。这种质的进程中的质量统一的最佳或成熟状态，就是事物的典型状态——中度。如瓜农在采摘西瓜时不能过早（欠熟），也不能过晚（过熟），必须适时采摘，这样西瓜熟得恰到好处，口感最佳。一个人的生命周期也有一个“鼎盛年”时段，即人的体力和智力处于最佳状态的时段。在人的生命历程中，这个人始终是这个人，保持其质的稳定。但由于人体内部的矛盾运动，人的质量统一状态就有了差别。婴幼儿时期只是人生的起始阶段，生活不能自理或不能完全自理，体力和智力发展也是非常幼稚，需要监护人。到了青少年阶段，体力和智力的发展处在准成熟阶段，但还未完全摆脱稚气，所以监护人不能完全离场。到了青壮年阶段（古希腊时期所谓的鼎盛年），不仅能完全自立，而且体能心智到了顶峰，处于高度成熟状态，体形发育达到典型和完美，这是人体质量统一的最佳状态，从度的进展程度来看就是“中度”，所以叫“中年人”。随着人体内部矛盾及外部矛盾的作用，质与量的统一状态会有进一步的变化，盛极而衰，偏离人之质的中点而向边界靠近，变成“中老年人”，从度的角度看，就是逐渐走向“重度”或“过度”，意味着质量统一的最佳状态已经过去。

在质的区间内，质与量的统一状态有无数个等级，其中每一个等级之下，事物功能大小的发挥是不相同的，在一定条件下，总会有一种质量统一状态或等级对于事物功能的发挥是最优的，如上述所言人的青壮年阶段，质和量的这种结合状态是最优最佳的。从度的角度看，就是最优适度或中度。现实中最优适度是普遍存在的。对于一个生态系统来说，各个组分应占相应的比例关系，不能太多或太少，必须是恰到好处，才能维持这个生态系统的稳定，这里就有一个最优适度的问题。人生病了需要服药，服用的剂量要适度。如果服用的剂量太少，就起不到治病的作用；服用的剂量过多，反而会损害人的健康。货车运货也有一个最优运输效率的问题。货车装载货物的多少都对应着货车运输效能的发挥程度。装货太少，运输效率低下；装得太多，超载，不仅运输速度上不去，还会有安全隐患，甚至造成车辆损害，对提高运输效率十分不利。

在社会经济管理中把握最优适度也十分重要，马克思在《资本论》中分析了这个问题。马克思认为社会生产可分为两大部类，生产资料生产和消费资料生产，它们之间可以有不同的比例关系，在一定限度内这些比例关系的变化可以暂时不影响两大部类的生产的正常进行。但是在这些比例关系中，存在一种最优的比例关系（最优适度）。只有在这种最优的比例关系下，两大部类的生产才能持续健康地进行下去，马克思研究了这种最优的比例关系。社会再生产要顺利进行下去，就要使社会总产品在价值上得到补偿，在实物上得到替换。这就要求社会生产的两大部类之间保持一定的比例关系。生产资料的生产既要满足两个部类对耗费掉的生产资料的补偿，也要满足两大部类为扩大再生产而追加生产资料的需要；消费资料的生产既要满足两大部类原有资本家和工人对消费资料的需求，也要满足两大部类为扩大再生产而追加的新工人对消费资料的需求，这个比例既是总量上的比例，也是结构上的比例。总之，从自然界到人类社会，广泛存在最优适度的问题。现在数学中的优选法，工业中的最优选择理论、最优化原理等就是基于最优适度提出来的。

2. 儒家的最优适度思想

最优适度思想可以追溯到古代。儒家的“中庸”思想就是最优适度的最初表达。中庸有两种含义：一是作为一种理想的、不偏不倚的道德标准。孔子说：“中庸之为德也，其至矣乎！民鲜久矣。”（《论语·雍也》）

中庸的基本原则是“允执其中”，要求把握适度，保持事物的平衡，使人的言行合乎既定的道德标准。孔子认为“中庸”作为最高的道德标准，“过”和“不及”都不符合中庸之道。二是作为达到“和合”的路径。和合，就词义本身而言，“和”，指和谐、和平、祥和；“合”是结合、合作、融合。中国古典哲学以“和谐”为美，在均衡与非均衡、无序与有序、稳定与不稳定之间选择一个适当的中间状态，即“毋过毋不及”的“执两用中”。“和合”是实现“和谐”的途径，“和谐”是“和合”的理想实现，也是人类古往今来孜孜以求的自然、社会、人际、身心、文明中诸多元素之间的理想状态。中国传统文化的最优适度意识，在人与自然关系上表现为“天人合一”，这是人与自然的和谐；在人际关系上表现为“中庸”，即人与人、人与社会关系的和谐。这种“贵和”“持中”的和谐意识，有利于处理现代社会各种矛盾，以保持社会的稳定。

中庸成为达到和谐的路径。孔子认为坚持中庸之道，“执两用中”，就可以达到尽善尽美的状态。孔子在评论音乐时说：“《关雎》，乐而不淫，哀而不伤。”（《论语·八佾》）此处的“淫”是过分、过了头的意思，是说《关雎》表达了快乐的情感，但适可而止，没有放纵，表达了哀愁却不痛苦，这是最美好、舒服的一种感觉。快乐而不放纵，哀伤而怀有希望，这是最“适中”的音乐，走的是中道，体现了尽善尽美的和谐精神。与此同时，孔子对郑国的音乐表示排斥和不满：“放郑声，远佞人。郑声淫，佞人殆。”（《论语·卫灵公》）要远离郑国的乐曲，疏远能言善辩、心术不正的人，郑国音乐淫靡不正派，佞人太危险。孔子认为，郑国的音乐过分渲染了快乐的情绪，没有体现适度或中道原则，这样的音乐就会引导人们走上淫乱之途，因此他提出“放郑声”“远佞人”。就社会状况而言，古人认为最理想的状态是“和合”，这是通过“中庸”而达到的。子思《中庸》云：“喜怒哀乐之未发谓之中，发而皆中节，谓之和。中也者，天下之大本也；和也者，天下之达道也。致中和，天地位焉，万物育焉。”郑玄在《中庸·题解》中对“中庸”做了解释：“名曰中庸者，以其记中和之为用也。”可见，中庸是达到“和合”的路径或手段。

3. 西方哲学中的最优适度思想

西方哲学史上的“中庸”思想，表达的就是一种最优适度思想。古希腊哲学中也讲“中庸”。毕达哥拉斯提出“美是一种和谐”，并认为这种和谐是通过“中庸”而达到的，“一切事物以中庸为最好”。为践行中庸之道，他要求节制，反对奢华，这就形成了西方中庸思想的范式：欲取和谐，必取中庸；欲取中庸，必须节制。亚里士多德继承了毕达哥拉斯的思想，把中庸看作是一种美德。他在《尼各马可伦理学》中说：“我们在谈起某些艺术的好作品时，常说它们不能增减任何东西，意思就是说过多或不足都会破坏艺术作品的优点，而执中则保存了这优点。”① 亚里士多德认为艺术作品作为质与量的统一也必须是一种适度，只有在这个程度上才是最完美的。他还把“美德”看作是一种适中。“美德就是涉及激情和行动的，在其中过多乃是一种失败的形式，不足也是这样，而中间则受称赞，是一种成功的形式；受称赞和成功，都是美德的特性。因此，美德是一种适中，因为如我们所看到的，它乃是以居间者为目的的”。② 美德的质的规定涉及“激情和行动”，而“激情和行动”也存在一个量的问题，太多或太少都不合适、不和谐，都称不上是“美德”，所以美德是一种适中。人的行为无论是过度或不及，都足以败坏人的德性，唯有适度才能造就德性。适度是过度与不及的“居间者”，所以亚里士多德又称适度为“中道”。

从适度思想出发，亚里士多德认为“中等阶级统治的国家最好”，他认为“任何国家中，总有三种成分，一个阶级十分富有，另一个十分贫穷，第三个居于中间。既然已经认为居中适度是最好的，所以很显然，拥有适度的财产是最好的，因为在那种生活状态中，人们最容易遵循合理的

① 北京大学哲学系外国哲学史教研室. 西方哲学原著选读：上册［M］. 北京：商务印书馆，1981：155.

② 北京大学哲学系外国哲学史教研室. 西方哲学原著选读：上册［M］. 北京：商务印书馆，1981：156.

原则"。[①] 亚里士多德认为"中等阶级"是国家的希望,"这个阶级乃是一个国家中最安稳的公民阶级,因为他们不像穷人那样觊觎邻人的东西,别人也不觊觎他们的东西,像穷人觊觎富人的东西那样。既然他们不谋害别人,本身又不遭别人谋害,所以他们很安全地过活"。[②] 由此亚里士多德主张由中产阶级来执政。在经济上,亚氏反对社会上贫富过于悬殊,提出压制富人,扶持贫困者,扩大中产阶级队伍。由此可见,无论儒家还是古希腊哲学中的"中庸思想",都是强调要把握一个"最优适度"原则。

黑格尔在他的《逻辑学》中也阐述过最优适度思想。他以化学反应为例,提出了"选择的亲和性"。这里的"亲和性"是指两种物质的化合特性,他说:"自为之有的独立性,却表现于亲和性之相互排除,一种亲和性比其他亲和性占优势,"两种物质的原子结合生成新的物质,这种新的物质的质量统一状态有程度上的差别,也有稳定性高低的不同,其中必有一种最优的结合方式,这取决于"比其他亲和性占优势"的那种亲和性。所以黑格尔说:"一种酸是否比另一种酸对一种碱有更密切的亲和性,即所谓选择的亲和性,就造成了它与另一种酸的主要区别。"[③] 这是说一系列物质与另一种物质化合会产生出不同等级或程度的同质化合物,其中必有一种最稳定的结合,即"选择的亲和性",它当然比其他亲和性占优势,这里讲的也是度的最佳状态即适度或中度的问题。

4. 质的中度与最优适度的关系

中度与最优适度既有联系又有区别。从联系的一面来说,最优适度是"中度"的理想状态、最佳状态。"中度"中的起始状态和极端状态都不是适中状态,因为这两种状态下的质量统一都算不上最优适度。从区别的一面来说,并非任何中度都包含一个最优适度,如高血压病和糖尿病都是危

---

① 北京大学哲学系外国哲学史教研室. 西方哲学原著选读:上册[M]. 北京:商务印书馆,1981:157.

② 北京大学哲学系外国哲学史教研室. 西方哲学原著选读:上册[M]. 北京:商务印书馆,1981:158.

③ [德]黑格尔. 逻辑学:上册[M]. 杨一之,译. 北京:商务印书馆,1980:390.

害身体健康的，按它的进展程度或严重程度，可分为轻度、中度和重度。这里的中度就表明病情比较严重了，身体已经受到了一定的损害，根本不存在所谓的“适中”“适度”的问题，不管进展到何种程度，都对健康造成了危害。就人的行为来说，也并非一切行为都有适度可循，那本身即是恶的行为就没有什么适度可言。像无耻、恶意、嫉妒等情感，以及奸淫、盗窃、抢劫、谋杀等行为难道还能说其中有“适度”存在吗？亚里士多德说：“要想在不义、卑怯、淫佚的行为中发现一种中道、一种过度与不足，也是同等荒谬的，因为，循这条路走去，就会有一种过度的适中，一种不足的适中，一种过度的过度和一种不足的不足了。”① 当然，如果一种本身就是德性的行为，如见义勇为、无私奉献、团结友爱、遵纪守法、热爱祖国等行为，我们也很难说存在不及、适中或过度。

适中或最优适度本身也具有相对性。

首先，最优适度可以是一个点，也可以是一个范围。作为一个点，就是平衡点。如空调在夏天使用的经济能耗点，通常设定为26℃，在高速公路上有许多汽车的经济时速为100千米每小时，鸡蛋孵出小鸡的最佳温度是21℃，等等。更多的情况是最优适度是一个范围，这可以说是度中之度。如人的理想身高、理想体重、理想血压，一二三产业的产值在一个国家的国民生产总值中的占比等也都是一个范围。《韩非子·解老》云：“溺者多饮之即死，渴者则少饮之即生。”人必须饮水，但饮水的多少是有一个量的要求的，超过一定的限度，就会引起生或死这种不同性质的变化。韩非子认为“视强则目不明，听楚则耳不聪，思虑过度则智识乱”。（《韩非子·解老》）如果人的眼睛被强光刺激，就会出现一过性失明，人的耳朵在巨大的噪声中就会失聪，思虑过度就会导致神志不清，这就是要求把握好适度。人的视觉听觉接受外界刺激的信号强度有一个最佳区域，刺激信号过强或过弱都不利于人的感官功能的发挥。人的头脑在某一个时段比较清醒，效率比较高，但这种状态只能保持一段时间，如果长时间得不到

① 北京大学哲学系外国哲学史教研室. 西方哲学原著选读：上册［M］. 北京：商务印书馆，1981：156-157.

休息，人的思维效率就会下降，变得神志不清，所以要保持清醒的头脑和思维的高效率，就要处理好工作和休息的关系，把握最优适度范围。

其次，最优适度也是无止境的，只是相对而言的最优，没有绝对的最优。正如一句广告词所言：没有最好，只有更好。比如什么样的电脑是最好的？什么样的手机是最好的？什么东西最好吃？什么样的 HIFI 音响产品是最优的？这些肯定都是无解的问题。就音响来说，发烧友们追求的是“高保真”的音响效果。应该说音响器材越高档，就越能在更大程度上还原现场音乐，“保真”的程度就越高。但音响设备是通过声音信号源、功放机、音箱来放音的，每个环节都有不同程度的失真，所以再好的音响器材也不可能百分之百地还原现场音乐。既然如此，我们在选择某些“最优”项目时，不要求全责备，金无足赤、人无完人、没有绝对的最优。中央电视台节目主持人白岩松说，他是个音响发烧友，他拥有一套价值七八万元的音响设备，这当然是很高端的音响了，但他总感到美中不足。他说如果高音再改善那么一点点，低音再下潜那么一点点，那就需要成倍的投资去换取那 0.001%的音质提升，他深谙此道，所以坚守底线不为所动。认识最优适度的相对性，可以更好地指导我们的实践。比如在购买汽车、手机、电脑、房子等商品时，要从自己的需要和经济条件出发来进行选择，不要盲目追求高端，适合自己的就是最好的。即便是经济条件允许，盲目追求“高大上”，也是无意义的浪费行为，不能做到物尽其用。年轻人在寻找自己的伴侣时要从实际出发，不可完全按照自己的梦中情人的标准来要求对方，因为现实中的人和理想中的人总是有差距的。有些人坚信自己能够找到理想的伴侣，一直在苦苦追寻，结果自己就成了“剩男”或“剩女”。

（三）质的进程的极端：重度（过度或极度）

从过程的角度看，度作为质量统一的过程，经历轻度和中度，再进展到重度，就表明事物内部矛盾双方正在进行最后的决战，力量正在消长变化，矛盾双方地位正在转化过程中。古人在谈到这个问题时往往同“轻度”相联系，孔子说“过犹不及”。“过”就是过了头，属于重度，“不及”就是轻度，不完全到位。

重度的特点在于它意味着事物开始从成熟走向衰亡，虽然还维持着质和量的统一，但这种统一已经非常不稳定了。任何事物的度进展到重度这个程度，就表明已经达到了度的上限，必然是走向衰亡，这是事物发展的规律。正如黑格尔所说：“一方面定在的量的规定可以改变，而不致影响它的质，但同时另一方面这种不影响质的量之增减也有其限度，一超出其限度就会引起质的改变。”① 黑格尔说的“限度”就是重度、极限的意思。例如在电磁波中，由于波长的不同而区分为射电波、微波、红外光、可见光、紫外光、X射线、伽马射线等各种类型，每种类型的辐射都有自己的波长限度。就可见光来说，在一定范围内波长增大并不影响可见光的质，但当波长增至7000埃时，可见光的质量统一就达到极度状态，开始转化为紫外光，当紫外光的波长继续增大到极限状态，紫外光的质量统一状态就被打破，转化为新的质量统一体——X射线。再如一辆汽车，开了几十年，各个零部件严重老化，使用过度，磨损过度，虽然作为汽车的质和量还能勉强维持统一，即作为汽车的质还未发生变化，但不会持久。当代资本主义制度虽然还能维持质和量的统一，但它已经由中度进展到了重度，资本主义的黄金时代结束了，开始走向衰亡。2020年春开始，新冠病毒肆虐全球，资本主义世界乱了阵脚，不管是欧洲还是美洲、印度，都严重失序，乱成一锅粥。一场疫情使资本主义的弊端暴露无遗。面对疫情，政府的无能和民众的自私逐利与无奈，使整个社会成为一盘散沙，只好等着“集体自然免疫”。这些都表明了资本主义制度病得非常严重，属于重度病情。

事物的质进展到“重度”之后的必然趋势就是导向质量统一的极限（度的边界），越来越接近转化为“自己的他物”。《庄子·天下篇》云：“一尺之捶，日取其半，万世不竭”，物体每分割一次，就离自身原有的质远了一步，不断地分割，就逐渐远离自身的质，而与度的边界逐渐接近。东汉时期的数学家刘徽（225—295）通过“割圆术”阐述了他的极限思

① ［德］黑格尔. 小逻辑［M］. 贺麟，译. 北京：商务印书馆，1980：236.

想，他指出：“割之弥细，所失弥少；割之又割，以至于不可割，则与圆周合体而无所失矣。”（《九章算术·方田章“圆田术”》刘徽注）这就是说，圆内接正多边形的边数无限增加的时候，它的周长的极限是圆周长，它的面积的极限是圆面积。当圆内正接多边形的边数不断增加，这个正多边形就越来越远离正多边形的质，变得越来越圆，越来越接近圆形，达到极限之后就成了圆形。刘徽的这种“割圆术”的方法，与数学中的极限方法是一致的。古希腊哲学家芝诺（约公元前490—公元前425）也提出了关于极限的思想，表现在他提出的“阿喀琉斯追不上乌龟”这一命题中。这是说作为古希腊跑得最快的人阿喀琉斯永远也追不上跑得最慢的乌龟。只要先让乌龟跑上一段距离，阿喀琉斯就永远追不上了。因为他要追上乌龟，就必须首先跑到乌龟的出发点，而当他跑到这个出发点之后，乌龟又往前爬了一段距离，到达一个新的出发点，这时他要追上乌龟，同样必须跑到这个新的出发点，以此类推以至无穷，因此他永远追不上乌龟，当然对芝诺的这个命题还有一些不同的解读版本，不管是哪种解释都是对极限思想的描述，从质的进展角度看，都涉及质的进展达到度的极限或边界的问题。受这种极限思想的启发，牛顿、莱布尼茨提出了微积分的问题。

“极限”思想作为一种思维方法，就是从“联系—变动”的视角，把所考察的对象看作是另外某种事物在无限的变化过程中而造成的结果。极限思想表达了过程与结果的对立统一、有限和无限的对立统一、质和量的对立统一。仍以上述圆内接正多边形为例。圆内接正多边形的量的规定就是边数的多少。当边数增加时，正多边形仍能保持质稳定，但这时它的质也是处在进展的过程中，边数的增加也只是量变。由于边数的不断增加，正多边形每一边的边长越来越短，正多边形就越来越接近圆形，直到最后和它的外接圆重合，越过了质的边界，这时多边形的边数就趋向于无限多，于是原来的质量统一体就被打破了，正多边形就变成了圆形，原来的质量统一体被新的质量统一体所取代。

极限总是同有限和无限密切相关，离开有限和无限也无法理解极限。无限由有限构成，有限本身也是无限的，无限存在于有限之中，人也是通过有限认识无限的。在极限式 $\lim_{n \to \infty} x_n = a$ 中，x_n对应数列中的每一项，这些不同的数值 x_n 体现着动与静的统一，即质的进展过程。一方面，数列中的 x_n 和 a 都是确定的量，是有限值；另一方面，随着 $n \to \infty$，n 的值趋向无穷大，x_n 就无限接近 a，并趋向于等于 a，即逐渐接近并碰触质的边界，因此，无限是有限的发展，有限导向无限，无限是有限运动的结果。重度（极度、极限和过度）的存在是普遍的，这就要求我们在实践中要把握好事物的重度，认清即将达到的极限，及时地促进新的质量统一体取代旧的质量统一体，如果事物还未发展到极限，质与量尚能保持统一，度的进展未到达质的边界，就不要急于求成、揠苗助长。当然如果维持旧的质量统一体于我们有益，那就创造条件，延缓事物质的进展。

第四章

根本之质：本质

质不仅是对量而言的，也是相对于根本之质（本质）来说的；因而必须联系本质来研究质，否则质和本质都讲不清楚。本质是相对于现象而言的，所以要深入理解质的概念，就不能不联系现象来分析质和本质。

一、对本质认识的历史考察

（一）古希腊哲学的本质论

什么是本质？历史上哲学家们仁者见仁、智者见智。哲学家们探讨“本质”问题，都是联系现象、形式、个别等来论述的。不很严格地说，在古代哲学家那里，本质、本原、基质、共相、内容等概念的含义基本相同，甚至是一回事。古人不满足于感官经验的认识，认为我们看到的各种现象、经验事实，其根源不在它自身，而在于另外的其他东西。既然如此他们就要在感性经验事实之外去探究事物存在的根源或依据，至于这个根源是什么，则是众说纷纭的。有人把某种原初物质如金、木、水、火、土、风、元气、原子等作为万物的本原；也有人把万物本原归结为神、心、良知、理念等精神性的东西。这就有了唯物主义和唯心主义的区分。现在看来这些观点不无合理之处，主要是他们区分了事物或经验事实和事物的本质、本原，区分了个性与共性，体现了要通过研究现象和形式而认识本质，在变中求不变的认识思路。

在古希腊哲学中柏拉图和亚里士多德的观点最具有代表性。其中柏拉图的观点深化了人们对本质的理解。他认为我们所处的世界是不断变化的现象世界，在可感知的现象世界背后有一个永恒不变的理念世界，这个理念世界是本原，而现实世界不过是它的摹本。个别事物正是因为“分有”了理念，才获得了自己的本质。柏拉图试图从各种变化的现象中找出永恒不变的原型，从个别事物中抽象出这类事物的共性，并把这种共性当作现象的本质。

亚里士多德首次使用了“本质”这个概念。针对柏拉图的抽象理念，他提出了越是具体的东西才越是实在的观点，这种实在的东西就是实体。亚里士多德认为他的“第一哲学”要说明实体是什么，更要说明实体之为实体的原因，要“知其然”，还要“知其所以然”，为探讨实体存在或产生的原因，他提出“四因说”，这四因是：质料因、形式因、动力因和目的因。以建造一所房屋为例，砖瓦木料是房屋的质料因，设计蓝图是它的形式因，工匠及其技艺是它的动力因，而房屋的用途是供人居住，这是它的目的因。在构成实体的“四因”中，亚里士多德认为“形式因”是本质，即事物成为它本身的原因。“我所说的形式，就是指事物的本质，事物的第一本体”,① 这个本体就是“怎是”，“所谓一个事物的本质，就是它自己的本性（自然）是这样的。”② “事物的‘怎是’（所以成其为事物者）其意只指一点，这就是事物的‘本体’”。③ “我们寻找的原因，也就是形式。因为有了这个形式，这些质料才成为某个特定的事物，……形式就是事物的本体。”④

亚里士多德提出本质（本体）概念，意在阐述事物的本体（形式）与

---

① 汪子嵩. 亚里士多德关于本体的学说［M］. 北京：生活·读书·新知三联书店，1982：123.

② 汪子嵩. 亚里士多德关于本体的学说［M］. 北京：生活·读书·新知三联书店，1982：106.

③ ［古希腊］亚里士多德. 形而上学［M］. 吴寿彭，译. 北京：商务印书馆，1959：66.

④ 汪子嵩. 亚里士多德关于本体的学说［M］. 北京：生活·读书·新知三联书店，1982：179.

事物存在形态本身的关系，虽然没有把本质与现象相对，但实际上也是在讲本质与现象的关系。他看到了形式或本质不能单独存在，它必定是与事物相结合，并存在于事物之中，人只是通过思维把它抽象出来。在最高本体问题上，亚里士多德又把本质看作是单个的存在，并设想了一个绝对本质，这是先于事物而存在的，从某种意义上又回到了柏拉图的理念论，陷入客观唯心主义。

（二）近代哲学的本质观

荷兰哲学家巴鲁赫·斯宾诺莎（Baruch de Spinoza，1632—1677）提出了他的本质观。他说："我所谓属于一件事物的本质的东西，就是那种有了它那件事物便必然成立，去掉它那件事物就必然消灭的东西，换言之，没有它那件事物就既不能存在，也不能被理解；反过来，没有那件事物，它也既不能存在，也不能被理解。"① 斯宾诺莎所理解的本质类似于黑格尔所讲的质，它与事物的存在是直接同一的，这一点具有合理性，因为质包含本质，本质也不过是"根本的质"。斯宾诺莎在"实体"与"样式"的关系问题上，认为实体是万物的共同本质，而自然万物又是实体的特殊状态、特殊表现，即"样式"。斯宾诺莎是这样来界说"实体"的："实体（substantia），我理解为在自身内并通过自身而被认识的东西。换言之，形成实体的概念，可以无须借助于他物的概念。"关于"样式"，他说"样式（modus），我理解为实体的分殊（affectiones），亦即在他物内（inalioes）通过他物而被认识的东西（peralium concipitur）"② 黑格尔认为斯宾诺莎的"实体"与"样式"的关系就是一般与个别的关系，"在黑格尔看来，斯宾诺莎对于实体、属性和样态的规定可以更确切地被表述为'普遍者、特殊者和个别者'之间的关系。"③ 不难看出，斯宾诺莎所谓"实体"与

① 北京大学哲学系外国哲学史教研室．十六—十八世纪西欧各国哲学［M］．北京：商务印书馆，1975：164.

② ［荷兰］斯宾诺莎．伦理学［M］．贺麟，译．北京：商务印书馆，2009：3.

③ 王玉峰．实体与样式：对斯宾诺莎哲学的一种思考［J］．外国哲学，2012（22）：210.

“样式”也就相当于一般与个别、普遍与特殊的关系，与亚里士多德本质观相比更进了一步，已经接近提出本质与现象的关系。

17 世纪英国哲学家约翰·洛克把中世纪经院哲学讲的隐秘的本质变为实在的本质，认为本质是隐藏在事物表面性质背后的“基质”，但他们又把本质设定为与主体无关的、不可认识的、在现象之外的独立存在，陷入了抽象化，于是在康德那里就形成了现象与物自体（本质）的两极对立。

德国哲学家伊曼努尔·康德（Immanuel Kant，1724—1804）提出“现象”和“物自体”（“自在之物”）的范畴。康德认为现象是可感知的存在，属于此岸世界；而物自体是独立于人的认识之外的不可认识之物，属于彼岸世界。一切现象都以物自体为基础。康德认为，物自体是无法认识的，因为物自体只要形成某种现象，这种现象就会从物自体中剥离开来，成为可认识的现象。物自体与现象是两个不同类型的概念，现象是由物自体产生的，但物自体本身是一种终极的存在，它在人的意识中不可能留下任何痕迹，因此物自体是不可认识的。

黑格尔对康德“物自体”理论做了批判，从逻辑学和意识的经验科学两个方面分析了物自体的可知性。他用“本质”代替了“物自体”，并指出康德把现象和本质区分开来是有积极意义的，“但康德只走到半路就停住了，因为他只理解到现象的主观意义，于现象之外去坚持着一个抽象的本质、认识所不能达到的物自身。殊不知直接的对象世界之所以只能是现象，是由于它自己的本性有以使然”。① 黑格尔认为康德的这种观点“其主要不行之处，就在于它死抓住抽象的自在之物作为终极的规定，并把反思，或者说特性的规定性和多样性，与自在之物对立起来。”② 这样就使物自身没有了任何规定性，成了极端的抽象，当然是不可认识的。黑格尔认为本质不是空洞抽象的存在物，它是实际存在的，通过现象表现出来。“本质必定要表现出来”，“当我们认识了现象时，我们因而同时即认识了本质，因为本质并不存留在现象之后或现象之外，而正由于把世界降低到

① ［德］黑格尔. 小逻辑［M］. 贺麟，译. 北京：商务印书馆，1980：276.

② ［德］黑格尔. 逻辑学：下卷［M］. 杨一之，译. 北京：商务印书馆，1980：128.

仅仅的现象的地位，从而表现其为本质”,① “发展了的映像就是现象，而即由于本质是实际存在的东西，实际存在就是现象。”② 这就是说本质与现象二者相互反映（Reflexion），没有离开现象而单独存在的本质，也没有不表现本质的现象。一方只有从另一方之中得到规定和理解。

黑格尔对康德“物自体”理论的批判，从现象与本质的角度看是正确的，但“物自体”是否真实存在的问题、物自体是不是本质的问题并未真正解决。康德提出的“物自体”概念，成为哲学史上争议很大的一个问题，有人（黑格尔等）否定它的存在，有人（孙学章等③）肯定它的存在。从生活常识的角度看，把一个物体的所有的物理性质去掉，不考虑感觉的因素，那么这个被剥离一切物理性质（属性）的物体就是物自体，可见这个观点符合生活常识。“物自体”概念之所以引起争议，主要是因为它的存在问题没有一种令人信服的逻辑证明。

“本质”范畴在黑格尔“逻辑学”中占有重要地位。他在讲完“存在论”之后再讲“本质论”，这种安排本身表明“存在”是“本质”的前提，后者是前者的发展，前者是表层的，后者是深层的。“存在论”中所谈的范畴都是直接的，而“本质论”中的范畴是间接的。因为本质是在现象背后的间接的东西，黑格尔称其为“过去了的存在”。所以“本质论”中的范畴都是“双层的”，是彼此对立而又相互依存的：甲范畴的本质要在和它对立的乙范畴中才能反映出来，反之亦然。用黑格尔的话说，范畴间的这种关系就是“反思”，而这两个相互对立又相互依存、相互映现的范畴或概念就被称为“反思的概念或规定”。

按照“存在”和“本质”间关系的深浅程度，黑格尔把本质的运动过程分为三个阶段：第一阶段是“作为实存的根据的本质”。在这里，本质一开始是“映现于自身内”，自己与自己联系，即“自身同一”。这种自身同一是包含差别和对立的，即包含矛盾。在黑格尔看来，“矛盾是推动整

① ［德］黑格尔. 小逻辑［M］. 贺麟，译. 北京：商务印书馆，1980：276.
② ［德］黑格尔. 小逻辑［M］. 贺麟，译. 北京：商务印书馆，1980：275.
③ 孙学章. 本质学——向物自体还原［M］. 北京：中国人民大学出版社，2014：45.

个世界的原则"，"由对立而进展为矛盾的直接结果就是根据"。这是说，概念的发展并不停留在矛盾和对立中，它必然发展成为根据。而根据进一步映现出存在，有根据的存在就是实存。而实存与根据的对立统一的全体就是"物"。物是形式与质料的对立统一体，而物作为一种在自己本身内扬弃自己的本质的实存，就是"现象"，而本质与现象的统一就是现实。

黑格尔对本质的理解是深刻的。他指出："某物的真正本质，不在于说某物是自身同一或异于对方"，而在于指出某物存在的"充分的根据"，"根据就是被设定为全体的本质。""根据就是内在存在着的本质，而本质实质上即是根据。"在这里根据就是差异、对立发展的结果，即事物之所以为事物的原因，"由对立而进展为矛盾的直接的结果就是根据，根据既包含同一又包含差别在自身内作为被扬弃了的东西，并把它们降低为单纯观念性的环节"。① 值得注意的是黑格尔把本质理解为一种对立统一关系，突破了以往哲学家把本质抽象化、凝固化的观点。他说："本质只是纯同一和自己本身内的假象，并且是自己和自己相联系的否定性，因而是自己对自己本身的排斥，因此本质主要地包含有差别的规定。"② 黑格尔把本质看作是自身同一，同时也是自身否定的关系。这一见解是深刻的。当然黑格尔在唯心主义基础上把现象和本质理解为两个概念之间的自我推演并结合在一起。应当说，黑格尔关于本质的理论，达到了唯心主义哲学所能达到的最高程度。

（三）现代西方哲学的本质观

奥地利哲学家埃德蒙德·古斯塔夫·阿尔布雷希特·胡塞尔（Edmund Gustav Albrecht Husserl，1859—1938）是现代西方哲学中现象学派的代表人物，他认为本质是指纯粹意识，这种纯粹意识因独立于经验而成为先天的，因它能所构成经验的事物而成为本体。本质不是超越现象的东西，而是纯粹的、一般的现象。"纯粹的"意味着最初的直接给予的，"一般的"

---

① ［德］黑格尔．小逻辑［M］．贺麟，译．北京：商务印书馆，1980：258-259.

② 北京大学哲学系外国哲学史教研室．西方哲学原著选读：下卷［M］．北京：商务印书馆，1981：409.

是指非具体的、摆脱了感性内容的、现象中稳定的、变中不变的东西或常项。那么现象又是什么呢？胡塞尔认为是呈现在意识中的一切东西，包括感觉经验、一般观念。

我国学者倪梁康先生认为观念（idee）在现象学中有两种含义：一是精神的构想及想法，二是理念（先天观念），后一个意义上的观念与本质同义。胡塞尔说："最初，'本质'一词表示在一个体最独特的存在中呈现其'什么'（was）的东西。然而任何这种'什么'都可'纳入观念'"之中。经验的或个别的直观可被转化为本质看（观念化作用）——这种可能性本身不应被理解作经验的，而应被理解作本质的。"① 本质作为纯粹现象，"它显示出自身是这样一种东西，没有它，这一类的对象就无法想象，就是说，没有它，这类对象就无法直观地被想象为这类对象。"② 可见本质是类之所以为类的东西，它不是感觉要素的复合，也不是与主体无关的抽象地存在的纯自然，而是主客体相互作用即主体意识的意向性活动与客体的给予相互作用的产物，这种见解基本上克服了传统唯物主义和唯心主义在本质问题上的缺陷，为哲学发展开辟了一条新路，但由于缺少实践观点，现象学的这些论证只能说明本质的概念是如何在意识中被构成的，但不能从根本上说明本质与现象的辩证关系。

现代西方哲学的本质主义者美国哲学家克里普克（Kripke，1940—）等人从区分事物本质特性和偶有特性的角度深入分析了本质这一范畴。他们指出，个体的起源（或由它以构成的材料）对于该个体是本质的；而一类个体的本质是那个种类里的一切个体所具有的内在结构，它使得那个种类的成员资格在本质上依赖于具有这种适当的内在结构。为了加强对事实必然性的认识，克里普克引进了"现实世界的非真实情形"这种可能世界，他以水为例来立论，提出如果有一种物质具有我们最初用来识别水的各种特性，但原子结构不是 H_2O，那么它就不是水，而是假水。美国哲学

① ［德］胡塞尔．纯粹现象学通论［M］．李幼蒸，译．北京：商务印书馆，1996：51.

② ［德］胡塞尔．胡塞尔选集：上［M］．倪梁康，选编．上海：上海三联书店，1997：498.

家普特南（Putnam，1926—2016）的观点与克里普克基本相同，他说："一旦我们发现水（现实世界中的）是 H_2O，任何世界，如果其中水不是 H_2O，那么就不能算作可能世界。……那么水不是 H_2O 就是逻辑上不可能的。"① 即是说不存在水不是 H_2O 的可能世界，引进这种非真实情形的可能世界，目的在于排除水在这一可能世界中不具有原来的分子结构这种可能性，也排除了在这一可能世界中像水但不具有水的内在结构的物质是水这种可能性，这就使我们对水必然具有内部结构的特性有了清晰的认识。本质主义的这些观点对于丰富辩证唯物主义本质理论具有一定意义。

（四）经典作家的论述

马克思恩格斯扬弃了黑格尔的本质观，论述了本质和现象的辩证关系，指出本质决定现象，现象表现本质，本质存在于现象之中。马克思虽然没有给出本质的定义，也很少集中论述本质和现象的关系，但通过《资本论》，我们不难发现马克思关于本质和现象的思想不仅十分丰富，并且作为研究方法贯穿其中。

从研究方法来看，马克思就是通过研究分析资本的各种现象形态，深入资本的本质，这是从具体到抽象的过程。《资本论》分析了资本运动的各种现象，科学地揭示了资本运动的内在规律，揭示了资本的本质，经过多层次的外化，阐明了资本运动的外部现象与内在本质的对立统一关系。可以看出，《资本论》从第一卷到第三卷科学地揭示了资本最深层的内在的本质的联系到资本的表面的现象的联系，这是一个逐步外化的过程。

从《资本论》的叙述方法来看，则是在揭示资本的本质之后，再用资本的本质理论去解释和说明资本的各种现象和具体形态，这是从抽象到具体的过程，从而在本质上把握资本运动的形式。马克思还特别提到了本质和现象之间关系的复杂性，认为本质与现象往往不一致，甚至是颠倒的。马克思说："如果事物的表现形式和事物的本质会直接合而为一，一切科

① ［美］普特南．"意义"的意义［M］//［英］艾耶尔．二十世纪哲学．上海：上海译文出版社，1987：307.

学都成为多余的了。”① 这里的“表现形式”是指现象。在谈到“劳动的价值”和“土地的价值”时，马克思指出：“这类虚幻的用语是从生产关系本身中产生的，它们是本质关系的表现形式范畴，事物在其现象上往往颠倒地表现出来，这是几乎所有的科学都承认的。”②

列宁也是结合现象来论述本质的。首先，他指出现象是多变的、易逝的，本质是稳固的。“非本质的东西、假象的东西、表面的东西常常消失，不像‘本质’那样‘扎实’、那样稳固。例如：河水的流动就是泡沫在上面，深流在下面，然而就连泡沫也是本质的表现”③。其次，列宁还提到了“本质”和“现象”的关系，认为“假象的东西是本质的一个规定，本质的一个方面，本质的一个环节。本质具有某种假象，假象是本质自身在自身中的表现”。④ 最后，列宁还提出了本质的层次性问题。指出：“人对事物、现象、过程等等的认识，从现象到本质，从不甚深刻的本质到更加深刻的本质的深化的无限过程。”⑤ 毛泽东对于本质以及如何认识本质都有许多论述。他把本质与事物的主流联系在一起，颇有新意。他说：“这些同志看问题的方法不对。他们不去看问题的本质方面、主流方面，而是强调那些非本质方面、非主流方面的东西。应当指出：不能忽略非本质方面和非主流方面的问题，必须逐一地将它们解决，但是不应当将这些看成本质和主流，以致迷惑了自己的方向。”⑥，主流的东西当然是根本性的、实质性的。

不难看出，经典作家谈本质都是着眼于本质与现象的辩证关系，强调在实践中把握本质的重要性。

---

① ［德］马克思，恩格斯. 马克思恩格斯全集：第 25 卷［M］. 北京：人民出版社，1974：923.

② ［德］马克思，恩格斯. 马克思恩格斯全集：第 23 卷［M］. 北京：人民出版社，1972：587-588.

③ ［俄］列宁. 哲学笔记［M］. 北京：人民出版社，1974：134.

④ ［俄］列宁. 哲学笔记［M］. 北京：人民出版社，1974：137.

⑤ ［俄］列宁. 哲学笔记［M］. 北京：人民出版社，1974：239.

⑥ 毛泽东. 毛泽东选集：第 5 卷［M］. 北京：人民出版社，1977：180.

（五）究竟怎样理解本质

对本质的理解在学界并未取得一致意见，主要有以下五种观点。

第一，本质就是根本性质。在谈到本质与现象时，当前哲学教科书一般把本质定义为“事物的内在联系和根本性质”，① 把本质定义为“根本性质”，在常识范围内是正确的，从哲学上说是不够深刻的、不到位的。因为根本性质也是性质或属性，它反映的是共同的质或普遍属性，还未深入本质层次，本质要揭示的是事物存在发展的根据，即最根本的质。什么是根本性质？如何区分根本性质和非根本性质？并没有人作出说明。无论是根本性质还是非根本性质，都是一种外在属性，表示事物的存在状态，是质的具体形式，包括特殊质和共同质的存在形式。

第二，本质就是根本属性。如现代汉语词典对本质就做了这样的定义：“事物本身所固有的，决定事物性质、面貌和发展的根本属性。事物的本质是隐蔽的，是通过现象来表现的，不能用简单的直观去认识，必须透过现象掌握本质。”② 本质是与现象对应的，事物的属性就是现象，根本属性也是一种性质或质，可以为人所感知。如黄金的物理属性是可以被人感知。不管是根本属性还是非根本属性，都不是本质，而是现象。所以这个定义也是不到位的，只是对本质的一种解释，未能揭示本质的实质内涵。

第三，本质就是物自体。有学者认为本质就是物自体，提出“一切事物的存在根据都是物自体。一切事物的最终本质都是物自体”。③ “物自体”是康德哲学术语，又称“自在之物”，是一种失去一切个性和规定性的“纯存在”，这一概念后来被马克思主义哲学的“物质”概念所扬弃。把事物的本质归于物自体，也就等于事物的本原是物质。

---

① 陈先达，杨耕．马克思主义哲学原理［M］．北京：中国人民大学出版社，2001：140.

② 中国社会科学院语言研究所词典编辑室．现代汉语词典［Z］．北京：商务印书馆，2012：60.

③ 孙学章．本质学——向物自体还原［M］．北京：中国人民大学出版社，2014：152.

第四，本质是构成事物要素的根本属性。这种观点把事物整体分解为构成要素，并把事物整体的质归结为这些元素的质。如认为铁的本质就是铁原子的本质，水的本质就是 H_2O，山的本质就是泥土、砂石，等等。这种观点把整体的构成要素或细胞视为整体的本质，由于事物是无限可分的，这种元素的本质是不能穷尽的，所以永远是相对的本质，这个意义上的本质是科学研究的内容，不是哲学要研究的本质。

第五，本质就是共相。共相是普遍性、一般性、共同点。把本质归于共相在哲学史上源远流长，是一种传统本质观，有教科书是这样解释的，"本质则是同类现象中一般的、共同的东西"，"现象是多变的，易逝的；本质则是相对平静、相对稳定的"。① 这种观点在很多场合特别是在常识范围内是正确的。对某些事物来说，掌握了它的一般性、普遍性的规定就是找到了它的本质。例如粉笔具有书写的功能，这是粉笔的普遍性，也是粉笔的本质——书写工具。因为它的本质就存在于一般性之中，本质和一般性基本上是重合的。把本质归于共相，就是揭示该事物属于何种事物，其共相层次越高，就越具有普遍的本质意义，这种定义本质的思路虽然具有合理性，但不可把它绝对化，否则就把本质与共性混为一谈了。本质属于共性，共性中有本质，但并非任何共性都是本质，这一点将在后文中加以阐述。与之相联系，也有人把事物的最高法则和最普遍的规律，即事物的最高共相看作事物的本质，体现在认识中就是绝对真理或终极真理。但由于人类对事物的研究不可能达到无限大或无限小，不可能对世界上的一切事物都达到彻底而全面的认识，所以这个意义上的本质只能作为一个目标来追求，所以对终极真理的追求就永远不会结束，认识过程永无止境。

定义"本质"这个范畴是非常困难的，因为本质具有非常丰富的内涵，不同的人有不同的理解。就以上各家对本质的定义来看，也是各有差别，众口难调，并未形成一个统一的标准化的认识。至于"内在联系"，通常的解释是"同外部联系相对，是事物和现象内部各要素之间的关系"，

---

① 赵家祥. 马克思主义哲学原理［M］. 北京：经济科学出版社，1999：103.

这样的解释并未提供新信息。并且事物内部的任何联系也不能都归结为本质。本质是根本性质的说法也是值得商榷的。因为本质之为本质，已经不再停留在事物“性质”这一层面，不管这些性质是否是根本的。本质应是决定事物性质的东西，按黑格尔的说法就是“根据”，是“矛盾”，是内部诸要素的“联系”。把本质规定为根本性质，就会混淆作为事物根据的本质与作为本质之表现的属性，从而取消了由事物外部性质、属性深入认识事物本质的必要性。属性也就是性质，它们的总体就是质。即使本质属性也不过是表现本质的属性，是反映事物本质的特征，它与本质处在不同层次上，不能将二者等同。人们认识事物的质是比较容易的，认识根本性质或根本属性也不难，但要认识决定这些性质的内部矛盾、根据就不那么容易了。

在一定意义上说，认识了事物的性质只是“知其然”，把握了事物的本质才是“知其所以然”。就拿人类社会来说，能够把握其各种“性质”甚至“根本性质”的思想家在马克思之前不乏其人，但只有马克思揭示了人类社会中生产力和生产关系、经济基础和上层建筑的矛盾之后，才算找到了人类社会的真正本质。社会基本矛盾是不能用人类社会的其他什么“性质”来代替的。如果把本质看作一种性质或根本属性，实际上就把本质与质（属性）等同起来了。按照这种观点，必然得出如下错误结论：既然属性是多样的，事物某个属性的丧失并不影响该事物仍为该事物，于是本质作为一个属性其丧失与否同事物的存在就是无关紧要的了。

“本质”在现代汉语中的含义非常丰富，在日常生活中人们也常常把本质理解为根本性质（属性）、主流、主要或基本的方面，这当然是可以的，但这毕竟不能等同于作为哲学范畴的本质。本文认为，对本质的陈述应符合下述要求：表达被指称事物根本规定性的内涵而非外延；不应当是对被指称事物的解释；不能用否定句式；不应使用类比等修辞性的文学语言；不应当是描述性的而应是实质性的。根据这些要求，对本质做出如下界定：本质就是事物成为它自身的内在根据，是事物是其所是的活动倾向性，是事物维持自身存在和发展的根本规定性。相对于质而言，本质是占统治地位的质，是事物存在和发展的内在根据。

“根本规定性”是占统治地位的质，一个种类就自身而言“是其所是”的东西，是事物存在和发展的内在根据，也是该种类所有、其他种类所无，并在一切可能世界所具有的某种性质的根据。“内在根据”就是决定事物的存在、发展的内部原因，是事物内部固有的根本矛盾，事物运动的根源，各种必然性的总和，包括构成事物的要素、关系及结构功能关系。从系统整体的角度看，本质就是质系统的根基与核心，是根本之质或占统治地位的质。

这一界说继承了亚里士多德和黑格尔本质论的合理因素，也避免了现象学的抽象思辨和当前教科书的循环定义；既以现实世界的“真实情形”为基础，又以“可能世界的非真实情形”作参照系，在目前也许是较妥当的。

对本质的界定还要厘清与之相近的另一个概念：实质。实质即实际上的性质，是事物实际上需要解决的问题或者要求你指明的事物本真状态的东西。实质是事物内外关系中最重要的关系，是众说纷纭杂乱的事物性质中的最实在、最重要的性质，或者是用于强调虚假的外表与真实面目的严重不符的语境中，与“要害”含义接近。通常人们把实质作为本质的同义语。本质与实质的关系可以这样来认识：

第一，事物的实质与事物的本质，都是决定事物性质、表象和发展的根本属性的东西。二者均与“现象”相对，均为现象所掩盖，又寓于现象之中，并通过现象表现出来。实质与本质是不能通过人的感官直接把握的，只能透过现象去分析和认识。在广义范围内，两者是一对同义词，可以通用。如毛泽东的一些论述就是这样。“一九二七年革命失败以后，革命的主观力量确实大为削弱了。剩下的一点小小的力量，若仅依据某些现象来看，自然要使同志们（作这样看法的同志们）产生悲观的念头。但若从实质上看，便大大不然。……我们看事情必须要看它的实质，而把它的现象只看作入门的向导，一进了门就要抓住它的实质，这才是可靠的科学的分析方法。”① 毛泽东在这里讲的“实质”也兼有本质的含义或者说就是本质。在通常的情况下，本质与实质可以不作区分。

第二，两者侧重点有差异，不可以互相代替。本质更侧重于客体的一面，主要是从事物本源性质的角度进行阐述的；实质是从事物实在性质的角度阐述，更偏重于主体的一面，属主体的判断。如提到本质，人们常说，社会生活在本质上是实践的，生命的本质就是蛋白体的存在方式，世界的本质（本原）是物质，人的本质在其现实性上是一切社会关系的总和，等等，在这里就不宜用“实质”来表述。

提到实质，人们强调的是事物内外关系中最重要的关系，如说发展是前进的上升的运动，发展的实质是新事物的产生和旧事物的灭亡；辩证否定的实质是“扬弃”；改造主观世界的实质是改造主体的认识能力和精神境界，使主观符合客观；腐败的实质是公与私的矛盾，是假公济私、损公肥私；台湾问题的实质是中国的内政问题。在这里如果用“本质”代替“实质”，那么表达的针对性就有些欠缺。可见，本质强调的是事物存在的根据，偏重于事物本身的规定或原本的状态、原来的样子；实质是针对问题来说的，强调的是事物现在的样子，事物实际的属性；本质作为根本之质是客观存在，无感情色彩，不带有主体评价性。实质是对主体而言的根本属性、本质特征、要害等，或多或少带有感情色彩。

第三，本质和现象，是唯物辩证法的一对重要的范畴。实质与现象，不是唯物辩证法的基本范畴，而是常常用于说明两者的巨大差别，突出形式和内容的反差，在一定意义上用作互为反义词。如在环境保护问题上，发达国家往往以全人类代言人的身份，借口维护“人类整体利益”，对发展中国家开采资源发展经济指指点点，说什么“污染环境，破坏生态”，摆出一副“高大上”的样子，实质上是以环保为幌子，遏制发展中国家的发展。当今世界环境问题实质上主要是发达国家工业化过程导致的，不能嫁祸于发展中国家。

---

① 毛泽东．毛泽东选集：第 1 卷 [M]．北京：人民出版社，1991：99.

第四，本质具有层次性，实质无层次性，是一整体。本质存在于现象之中，具有一定的层次结构，如列宁说的初级本质、二级本质，而实质作为一种判断，是一种性质，无层次结构。由于主体的立场不同、利益不同，对同一客观事物就有不同的实质判断，如对奴隶制生产关系实质的理解在哲学家、科学家与道德家之间是有较大差别的。

二、质与本质的关系

当前哲学教科书把本质解释为“事物的根本性质”，讲到质变时又说“质变是事物根本性质的变化，是事物由一种质态向另一种质态的转变，是一种根本性的、显著的突变，是飞跃。”① 从定义来看，质被界定为“一事物区别于他事物的内在规定性”，而本质则是“事物的根本性质和内在联系”，凭此界说很难看出它们的区别在哪里。从认识顺序来看，哲学教材指出“认识事物首先是认识事物的质”，② 在此基础上认识事物的量，要透过现象认识本质，这就等于说认识事物首先是认识本质。这既混同了质与本质，也造成了逻辑上的混乱和矛盾。在举例说明质量互变规律时，人们往往用水的三态来表示不同的质，如果质就是本质，那么水的三态就是水的三种本质，显然这是错误的。因此，为了准确地把握质概念，还必须区分质与本质，讲清二者的关系。

（一）本质与质相比是更深刻的范畴

质和本质都是事物的规定性，本质在质中，是质系统的核心层次或存在根据，二者的区别在于，质是一种直接的、具体的规定性，而本质是间接的、抽象的规定性。

一般说来，人们能够把某物与别物区别开来就算是认识了这一事物的质，但并不能说已经掌握了该事物的本质。只有找到了该物成为它自身的

① 教育部社会科学研究与思想政治工作司. 马克思主义哲学原理［M］. 北京：高等教育出版社，2003：63.

② 李秀林，王于，李淮春. 辩证唯物主义和历史唯物主义原理［M］. 北京：中国人民大学出版社，1995：176.

根本规定性即存在的根据时才算认识了它的本质。如对某个人的认识，只把握其外貌特征就可以同他人相区别，只有深入了解他的健康状况、社会经济政治关系以及思想道德状况后才可以说达到了对其本质的认识。可见质相对于本质而言是具体的、特殊的、表面的，而本质是抽象的、普遍的、单纯而深刻的。质作为一种直接规定性属于现象范畴。有学者认为“纯粹的质就是纯粹的现象，即形式”①。从质料和形式的角度看，一事物区别于他事物的依据是纯粹的形式，因为质料本身无差别，例如一只老虎和一个美女的质料相同，都是由一堆若干种类的原子构成，但是二者的形式不同，才有了老虎和美女的区别。恩格斯说：“我们的不同感官可以给我们提供在质上绝对不同的印象。”② 列宁也以肯定的态度转述了费尔巴哈的观点：“质和感觉是同一个东西。最先和最初的东西就是感觉，而在感觉中不可避免地也会有质”，质是“事物或现象的规定”。③ 事物之间的区别都是属于质的，如一只青蛙和一块石头，这种质的区别通过感官就可以把握住。相对于本质来说，质的规定性多半是外表的、特殊的，因而质通过感性认识也可把握。本质存在于现象的深处，依靠理性认识才可把握。如衣服具有许多具体规定性：大小、式样、颜色、布料。每一规定中又有许多更加具体的规定。这都是可以感知到的。本质是从这多方面的具体规定中抽象出来的一般规定，就木柴燃烧现象来说，其本质是物质的氧化还原反应，这一本质规定就不是通过感性认识把握的。

（二）本质揭示了事物存在的根据

本质主要不是揭示事物的区别而是揭示事物存在的根据，这是相对于质而言的。认识事物的质，就是要区别事物，如区分苹果与梨、自行车与摩托车等仅凭感官就可以做到；认识本质就是要把握事物的根本和要害。如要认识燃烧现象的本质、自由落体运动的本质、资本主义的本质等等，

---

① 孙学章．本质学——向物自体还原［M］．北京：中国人民大学出版社，2014：195.

② ［德］马克思，恩格斯．马克思恩格斯选集：第 3 卷［M］．北京：人民出版社，2012：936.

③ ［俄］列宁．哲学笔记［M］．北京：人民出版社，1974：356.

仅凭感官是无济于事的，必须在感觉基础上通过抽象思维才能把握。

黑格尔最先区分了质与本质。他认为质和本质是程度不同的范畴，质是低等概念，与量、量变联系在一起；本质是质的逻辑发展，与矛盾联系在一起，矛盾侧重于事物存在的内在机制，本质侧重于事物存在根据的规定性。矛盾是多样的，本质是单纯的。黑格尔《逻辑学》的首篇是“存在论”，质在该篇中是初级的规定，只是一种“定在”“存在着的规定性”，它与存在论中的其他范畴一样是作为“直接的规定性”，它除了表明某物是某物而非他物之外并无别义。黑格尔认为本质是“质”“量”“度”范畴辩证发展的结果。“本质论”中的范畴是成对的，对立的双方互相包含，这就建立了范畴之间的联系，而“联系则是本质自己特有的规定”，“被否定了、一般地被扬弃了的存在，这就是本质”。① 或者说“本质是存在的真理，是自己过去了的或内在的存在”。② 可见黑格尔把本质看作是比质高一级的范畴，是隐藏在直接性背后的东西，认识应当透过直接性而发现本质。本质是对质的扬弃，它包含了比质丰富的内容，但这些内容是以质已经潜在地存在为前提的。质没有展开事物的矛盾，只是表述事物存在简单规定，本质作为“存在的真理”，是通过揭示矛盾双方的对立统一说明事物发展的内在动力。黑格尔把本质与矛盾相联系的思想受到经典作家的高度评价，并做了阐述与发挥。

（三）质与本质对应的范畴不同

质与量相对应，侧重说明事物状态的稳定，本质与现象相对应，主要表征事物的深刻程度，即事物“是其所是”的内在根据及发展趋势。因此，质和本质在规定事物的差别方面就具有不同特点。

其一，由于质是直接的外在规定性，本质是间接的内在规定性，因而质的差别和本质差别二者具有外在差别与内在差别之分。具有质的差别的事物可以是彼此分割、互相独立、各成系统的。如手电筒与青蛙、政府军

① ［德］黑格尔．小逻辑［M］．贺麟，译．北京：商务印书馆，1980：240.
② ［德］黑格尔．小逻辑［M］．贺麟，译．北京：商务印书馆，1980：242.

事演习和关于学生早恋的讨论等就属于这种差别。黑格尔称这种差别为“直接的差别或差异”，是“无关本质”的。与此不同，本质的差别是一种内在的差别，有本质差别之物不能是相互独立的，只能是相互依赖、互为前提的。差别的双方“每一方面都映现在它的对方内，只由于对方存在，它自己才存在，”“每一方都是它自己的对方的对方”,① 如真理和谬误，雌与雄、冷与热、公有制与私有制等。上述所言手电筒与青蛙如果深一个层次考察，二者也有本质差别，在这一层次上双方就是相互依赖的了，手电筒属非生命体，青蛙是生命体，非生命体和生命体二者互相规定。

其二，质的差别可以是历时式，也可以是并列式，而本质的差别具有“同时性”和“相对性”特点。如恐龙和类人猿以及现代人的区别作为质的差别在时间上不具有同时性；槐树、蛇和石头之间质的差别在空间上有并列性。本质差别的同时性是指双方只能并存或同时产生，而不可先行后继，一方的产生就标志着另一方的出现，如男人与女人、同化与异化。在这里不能说先有男人后有女人或者相反。本质差别的相对性是指具有本质差别的双方是对立的，黑格尔说：“本质的差别即是‘对立’。在对立中，有差别之物并不是一般的他物，而是与它正相反对的他物。”② 男人相对于女人来说才是男人，热相对于冷来说才叫热。所以不能离开对立来讲本质差别。如石头和绵羊是有质的差别的。构成这种差别的双方并不排他，石头可以同绵羊构成质的差别，也可同其他事物构成质的差别。然而如果我们考察的不是质的差别，而是本质的差别，那么石头和绵羊这两种特定规定则已经泯灭，剩下的只有承担石头和绵羊具体规定的有机物和无机物这种一般规定，才构成这种本质的差别关系，二者是对立的、排他的，“因为无机物便不仅认作有机物以外的某种别的东西，而须认作有机物的必然对立者”。③

其三，构成差别的事物之间是否存在直接的相互转化关系。一般说

---

① ［德］黑格尔. 小逻辑［M］. 贺麟，译. 北京：商务印书馆，1980：254.
② ［德］黑格尔. 小逻辑［M］. 贺麟，译. 北京：商务印书馆，1980：254.
③ ［德］黑格尔. 小逻辑［M］. 贺麟，译. 北京：商务印书馆，1980：257.

来，质的差别物之间没有同一性，不能直接构成相互转化关系。质的差别只是区别事物的一种比较性关系，不是统一体内部的必然性联系。一个具体事物可以同它周围的许多事物构成质的差别，但不能同这些事物直接构成相互转化关系。如一台电脑和一棵杨树是有质的差别的，但两者之间并不存在相互转化关系，因为它们之间的差别只是质的差别而不是本质的差别，即不是统一体中的差别，缺乏直接同一性，不存在由此达彼的桥梁，所以电脑和杨树之间就不可能相互转化。本质的差别是统一体中的差别，双方都可以在一定条件下相互转化，这不是僵死的凝固的差别，而是辩证转化的差别。热与冷、快与慢、难与易等的差别是本质层面上的差别，是矛盾统一体中的差别，双方相互贯通，存在由此达彼的桥梁，所以两者在一定条件下可以相互转化。列宁在谈到黑格尔关于本质的东西就是每一事物都是“和它自己的他物有区别”这一思想时指出：“非常正确而且重要：‘他物’是自己的他物，是向自己的对立面的发展。”① 质的差别与本质的差别反映到认识上，就表现为不同认识阶段的内容。质的差别是感性认识的内容，黑格尔把质称为“直接的质因而亦即感性的质”。② 本质的差别是通过抽象思维来把握的，是理性认识的内容，本质是隐藏在直接性背后依靠中介来表现的，是“间接的和设定起来的东西”，它是不能通过感官直接把握的。

（四）质与本质在发展深化方面的区别

首先是二者在各自深化中的表现形式不同。质的深化过程是由量来表示和完成的，因为能精确地表现质的范畴的只能是量。只有具体把握了不同质对于不同量的要求，才能深刻认识事物的质。如一个学生初次接触电脑，就形成了他对电脑的质的认识——处理文字和玩游戏的工具。这种认识是初步的，有待于深化的。后来他通过学习了解了更多的电脑硬件指标和配置参数，通晓了电脑的多方面的量的规定，深化了对电脑的认识，所

---

① ［俄］列宁．哲学笔记［M］．北京：人民出版社，1974：288．

② ［德］黑格尔．小逻辑［M］．贺麟，译．北京：商务印书馆，1980：345．

以对事物的质的认识之深化过程是通过认识事物的量来完成的。只有精确地认识量才能更深刻地把握质，正如马克思说的：一种学科只有成功地运用数学的时候，才能达到真正完善的地步。

与质的深化过程不同，本质的深化过程仅凭对数量的分析难以完成，只能通过扩大其中介，展现出新的、更多的现象来完成，这些大量的新现象更能充分地表现本质，并且使更深层次的本质表现出来。如对“光”这种现象的认识。什么是“光”？此字初见于商代甲骨文。古文字的光像人头上有火，火能给人们带来光明。所以光的本义是明亮，通常指照在物体上，使人能看见物体的那种物质，如太阳光、灯光、月光，以及看不见的红外线和紫外线等，也叫光波、光线，这是人们对光的质的认识。从“质”上区分“光”与“水”“风”“声”或其他什么物体都是容易的，单纯分析认识光的量的规定，如光的强弱、温度高低等，是很难把握光的本质的。要认识光的本质，就必须采取各种手段，使光呈现出更多的现象，再透过这些现象去把握光的本质。光学的任务是研究光的辐射、传播和接收的规律；光和其他物质的相互作用（如物质对光的吸收、散射，光的机械作用和光的热、电、化学、生理效应等）而呈现出来的各种现象，终于认识到了光的本质，光既具有波动特性，能像波一样向前传播，又表现出粒子的特性，光既不是粒子也不是波，而是波和粒子的统一，即波粒二象性。

其次，表现质的深化过程的量不是任何一种量，而只是与该方面质相对应的量，其他与之无关的量则不能同时起作用。如一辆汽车和一辆拖拉机，一眼就能区分开来，很容易从质上来把握它们。但要深化认识二者的质，就要分别考察它们的量。就汽车来说，质的规定性是多方面的，发动机的排量、功率、扭矩、百千米油耗、百千米加速时间、车内空间、内饰等等，每一种规定都具有相应的量的指标。只有从量上把握了这些指标，才能加深对汽车的质的认识，明确是什么档次的车。对本质的认识是通过现象表现和深化的，任何一种现象都表现和深化着本质。因为本质在事物的规定中是统一的，占统治地位的质规定着事物的根本属性，因而它在通过现象表现自身的过程中，其中每一个现象都从某个特定方面表现本质，即使假象也都是本质的一个规定、本质的一方面、本质的一个环节。缺少这种假象也会影响人们对事物本质认识的深刻程度。如法轮功邪教标榜"健身祛病"，这是一种掩盖其本质的假象，如果离开这种假象，就会妨碍人们认识其邪教本质，不然为什么会有许多人痴迷呢？

三、本质何以呈现于主体

（一）现象是主体和本质之间的中介

如前所述，本质就是事物成为它自身的内在根据，是事物是其所是的活动倾向性，是事物维持自身存在和发展的根本规定性。在整个质系统中，本质占统治地位，是最根本的质。作为事物"是其所是"的东西，本质是不能通过感官直接感知的。由于本质存在于现象之中，人只能通过研究现象来认识本质，依靠抽象思维透过现象认识本质。在主体和本质之间有一个中介，就是现象，本质通过现象这个中介呈现于主体，这个现象的形成过程，就是本质呈现于主体的过程，这是主体与客体相互作用的重要内容，在这里需要探讨的关键问题是这个现象是怎样生成的。

现象与事物不是同一的概念，但它们都是作为过程而存在的。世界是过程的集合体，任何具体现象都有生成、展开和消亡的过程。现行哲学教科书和有关论著提及现象的易变性，但没有谈到现象的生成问题，似乎现象是一个既成的、先在的东西，把现象与事物等同起来了。这种观点带有浓厚的机械论色彩，没有把辩证法贯彻到底。应当从主客体关系的角度来探讨现象及其生成问题，这会有助于科学地理解辩证唯物主义的有关原理。哲学教科书一般把现象规定为"事物的外部联系和表面特征，是事物本质的外在表现"，① 现象和本质的区别在于："现象是多变的、易逝的，本质是相对稳定的；现象是外露的，本质是内藏的。"② 现象和本质都是独

① 本书编写组. 马克思主义基本原理［M］. 北京：高等教育出版社，2021：40.

② 陈先达. 马克思主义哲学原理［M］. 北京：中国人民大学出版，1999：143.

立于人，在人的意识之外的客观存在，所不同的是现象可以为人的感官所反映，而本质需借助于思维能力对现象的分析才能把握。这种见解以经验和常识为基础，把现象当作不言而喻的先于主体的客观实在。它肯定了现象存在的客观依据，但并未揭示出客观事物向现象转化的过程和实质，即现象的生成条件和机制。这就把现象和本质设定为标志人们对事物认识水平和深度的一对范畴，但又离开主客体关系、离开实践来谈现象和本质，简单地将二者当作同一的客观实在。这种见解并未超越胡塞尔所批评的“自然观点”亦即未超出旧唯物主义机械反映论的框架。由此带来的一个理论后果就是将隐含在可知论中的复杂深刻的主客观矛盾简单化了。

“现象”一词源于希腊语，是作为动词“phainesthai”出现的，有两方面的含义：一是显示出，二是看起来。这两个方面都是对人而言的。“显示出”就是被感觉到，“看起来”则是主动地去感觉。因为只有对人这个感觉者来说，客观事物才显得是这样的或那样的，产生这种或那种现象。马克思指出：“说一个东西是感性的即现实的，这是说它是感觉的对象。”① 马克思在批评费尔巴哈自然观时指出：“被抽象地孤立地理解的，被固定为与人分离的自然界，对人来说也是无。”② 所谓“无”并不是说不存在，而是说对人无意义，因为它没有成为人的活动对象，不是客体。从认识论的角度来看，认识的直接对象只能是作为客体的现象，而客体是相对于主体来说的，无主体即无客体。现实世界或属人世界是人所感知到的世界，认识只能认识处在认识过程之中的对象，如果对象存在于认识过程之先和之外，那么认识何以知道和切中这个对象？所以认识的对象必定在认识过程中。

可见，认识对象无非是指同主体发生了相互作用从而构成一定功能关系的客观事物，就其直接的现实性存在而言，就是现象。当然，主体所感

① ［德］马克思，恩格斯．马克思恩格斯全集：第 42 卷［M］．北京：人民出版社，1979：169.

② ［德］马克思，恩格斯．马克思恩格斯全集：第 42 卷［M］．北京：人民出版社，1979：178.

知的现象也并非主体感觉中先天固有的，而是客体“给予”感觉的，没有认识对象，就不会有关于这个对象的感觉，我们也正是在这个意义上承认物质世界的先在性。现象并非在人的感觉之外独立存在着，现象的形成和人对现象的感知是完全同一的，离开人的感知就无所谓现象。

综上所述，对现象可做如下界定：从内涵上说，现象就是人感觉到了的存在物，或人的感觉的对象性存在物；从外延上说，现象就是认识的直接对象的总和；从性质上来说，现象不是纯客观的，而是主客观相互作用的产物。

康德认为现象是区别于物自体（das dingansich）的一个范畴，它包括两个方面，即物自体的表现和人头脑中的理性构造。除去物自体的神秘性质，这种观点是合理的。康德之后许多西方哲学家把现象规定为“经验知识的直接客体或表现”。直接客体是人的认识活动直接指向的对象。与此相对的是间接客体，如事物的本质、规律等，它不是主体直接感知的。经验知识包括感性的和理性的，有许多是对事物本质和规律的认识，而本质和规律只能作为认识活动的间接客体，不能成为直接客体。康德说：只有上帝的眼睛才能看到事物的本质。所以不能笼统地说经验知识都是关于事物现象的认识，也不能笼统地说现象就是经验知识的直接对象物或直接客体。

对现象的这一界定需作几点说明。

第一，现象作为认识活动的直接对象物并非都是表面的，例如心理现象相对于行为来说就是内在的。基因变异这种现象相对于生物形体性状来说也是内在的。

第二，并非所有现象都可以被感知，如历史事件或历史现象、劳动异化现象和启蒙现象等。我们现在感知的月亮并不是历史上的月亮，正所谓“今人不见古时月，今月曾经照古人”。人们虽然不能凭肉体感官直接感知这类现象，但并不影响它们作为认识活动的直接对象而存在。实际上这类现象是人的理性加工过的东西，离开人的理性就不能成为客体。

第三，不是所有的现象都是多变的、易逝的，现象也可以是普遍的和稳定的。如地球上的自由落体现象、阶级社会的剥削现象等，就是稳定的、普遍的。

第四，在讨论认识论时应对事物和现象做严格区分。“事物是一个标志物质之存在性的哲学范畴，是物质形态的实体、属性和关系的具体存在形式，它是作为整个世界的单元或细胞而存在的”。① 可见事物是个抽象、概括的词，现象则是指进入主体活动范围的具体形态的个别事物，是关于客观事物的经验事实，它具有主观和客观的双重性。如果说事物是整体，则现象是部分，由于实践的发展，人们所得到的现象越来越多，但永远也不会在现象和事物之间画等号。

第五，在一般情况下，现象与本质不是直接合一的。这对于宏观领域的自然现象和社会现象是充分有效的，但不宜将其无限制地推广到微观、亚微观领域。在微观领域，现象和本质都是潜存的，当某种微观粒子潜存的现象被揭示出来时，它的本质也暴露出来了，也就说是揭示了本质。现象作为认识活动的直接对象物或直接客体，它本身就体现了主客观、主客体的辩证统一或联结方式。现象的生成离不开客体的和主体的因素的相互作用。

（二）现象生成的客观条件

1. 物自体

康德认为物自体是产生一切现象的本原或本体，现象背后的本体是物自体。在他看来物自体与现象是两个不同类型的概念，物自体是一种终极的存在，是现象产生的原因，人只能认识现象而无法认识物自体。如果人能认识物自体，那么物自体必定会显现某种现象，如形状、颜色、声音、气味等，而这些现象都是与人的感觉分不开的，属于主体的感觉要素，而不再属于物自体。物自体一旦形成某种现象，这种现象就从物自体中剥离

① 杨世宏. 论事物［J］. 齐鲁学刊，1999（4）：124.

出来，就不是物自体本身了。

黑格尔发挥了康德的观点，认为现象的产生是一个由无到有的过程，即“无中生有”的过程。黑格尔在《逻辑学》中阐述了“纯有（纯粹的存在）→无→限有（现象）”过程。“纯有”是一个单纯的直接的、没有任何规定性的东西，是一个纯粹的否定，但这是一个自身等同的直接性，在它之中就包含着自身的否定因素——无。所以“纯有”必然转化为它的反面——无。这里的“有”不是指“存在者”，而是指“显现”或“在场”；“无”是纯粹的否定，这种否定必定会转化为它的对立面“有”或肯定。现象的产生就是现象从无到有；现象从显现到消失，就是现象从有到无。当物自体存在而现象不存在时，就是“纯有”或“无”的状态。这种“纯有”（物自体）作为一种潜在的原因或能量完全有能力使现象产生。当物自体未显现出现象（限有）之前，人们感知不到它的存在，所以它就是相对的“无”；而当显现出现象（限有）之后，人们感知到它的存在，这个“无”也就转化成了现实的“有”（限有），这就是“无”中生“有”。例如在公园里有些音箱做成一块石头的模样，如果不是在播放音乐，谁也不会想到这块石头竟然是一个音箱。在音箱未播放时，在人们的眼里这只是一块石头，而作为一个音箱，当然是相对的“无”，因为音箱的规定被隐匿；而当它播放音乐时，人们才把这块石头视为音箱，因为这时音箱的规定显化出来。这是音箱从无到有，即无中生有。

抛开一切唯心主义神秘因素，从实际情况来看，物自体本身就是产生各种现象的实体，对主体而言就是客体，相对于意识而言是客观事物本身，这只是无限宇宙中被人所觉察到的那一部分客观事物。它们的内部结构和外部联系是无限多样的，从而表现出纷纭复杂的状态和特征，这是形成现象的客观依据或基础，失去了物自体，现象就没有了依托。物自体是由观察者确认起来的现象“主角”。没有它，现象的“表演”便失去了意义。物自体可以是某种自然物或过程或关系，也可以是各种社会事物、社会关系或者某种精神实在、精神事物。这些现实的或历史的物自体，为现象的生成提供了客观依据。

2. 时间和空间

现象总是具体的历史的，它离不开物质的存在形式——时间和空间。从时间方面来说，客观事物是作为过程而存在的，因此现象的产生和存在也是有时间性的。在自然状态下，朝霞只能在早晨看到，满天星斗只能在晚上看到。人工记录下来的现象如电影电视剧等，如果它们被重放的时序不同，人就会产生不同的现象知觉。同一事物在此时与彼时对人呈现的状态往往不尽相同，生成不同的现象。例如变色龙的皮肤在不同条件下会呈现不同的颜色，所以在现象的生成过程中，时间要素确实在起作用。从空间方面来说，现实世界的实存离不开空间，自然现象受空间制约。在赤道看不到的现象在极地可以看到；在地球上看不到的现象，在太空就可以看到。观察者所处的空间位置不同，观察到的现象也各有特点。"横看成岭侧成峰，远近高低各不同。"即使同一物质客体在不同的空间中会表现出不同的特性，对人来说就生成不同的现象。如同一块石头，在地球上和在月球上就有不同的重量。物质客体的同一性质的运动在不同的空间也会有很大的差别，如动物的呼吸运动发生在地面与发生在深海或太空就有所不同，这就是生成不同现象的客观根据。可见在现象的生成结构中，确实存在着空间这一要素。

3. 环境

任何事物都不是孤立存在的，它同周围事物有着多种多样的联系。就具体事物来说，在它之外的并与它相互联系的客观存在就是环境。对物体来说，温度、压力、光照、噪声以及各种不同强度的场等因素就构成了自然环境；对社会性的人来说，经济、政治、制度及各种社会关系、文化和意识形态等要素就构成了社会环境。

同一事物由于环境的不同在人们面前就会生成不同的现象，近朱者赤、近墨者黑。西伯利亚地区的土著人与赤道附近的土著人在外部形态上就有较大差别。同一台收音机在电磁屏蔽的环境中可能收不到电台信号，而在宽敞的广场上可以有很好的收音效果。这说明某种现象的生成不单纯是物自体的作用，环境的作用也不容忽视。

（三）现象生成的主体生理条件

现象不是纯客观的东西，客观事物的信息、能量等只有同主体的感官功能相联系才能形成现象，没有主体感知系统的参与就无所谓现象。

1. 人的生理现象

视觉、听觉、肤觉、味觉、嗅觉等感受到的现象，实质上是人的生理现象。物体颜色的主要属性是色调、亮度、饱和度。从常识看来似乎这些属性是物体本身所固有的，其实不然，它们是存在于客观物质世界中的电磁波作用于人的视觉分析器而产生的结果。在自然界中是找不到颜色现象原型的。从光源上看，存在着电磁振荡的波长，这些电磁振荡由光源发射到各种物体上，因物体性状不同，吸收和排斥的情况也不同。人的视网膜只能吸收 390~770 纳米（Nanometer，符号：nm，1 纳米 = 10^{-9} 米）波长的电磁振荡，视网膜接受刺激后引起人的眼睛之感觉细胞的兴奋，再经视神经传入大脑皮层的有关部位，才在人的面前产生颜色现象。如果视网膜的锥状细胞内缺少某些成分就会引起程度不同的色盲。由此可见，所谓五光十色的缤纷色彩也不过是人眼对于不同波长电磁波的刺激反映物。

声音现象的生成是同人的听觉器官功能密切相关的。与人相分离的、客观的声音是不存在的，存在的只是声波。当然，物体振动时会使空气等介质运动起来产生波，这种波从人的外耳传入，作用于耳鼓膜，使其振动，进而通过中耳听小骨的振动引起耳蜗内感觉细胞的兴奋，再经听神经传入大脑皮层听区，这时才反馈回来，生成声音现象。科学实验证明，只有频率为 20Hz~20000Hz 的声波作用于人的听觉器官时才会生成声音现象，在此范围之外的所有声波人是听不到的。这表明声音现象是不能离开人的听觉器官而独立存在的。至于其他如肤觉、味觉和嗅觉等现象的生成，也都是遵循各自的生理规律，分别是人的肤觉分析器、味觉分析器和嗅觉分析器对外界不同形式的物质能量刺激反应的结果，它们在自然界中并没有对应物。贝克莱曾经说过：平时甜的东西，在味觉失调时可以成为苦的，同一食品也会人人异味，如果滋味是真存在于食物中的一种东西，哪会有这种现象呢？费尔巴哈也说过咸味是盐的客观特性的主观表现，这种见解是合理的，因而受到列宁的赞赏、肯定。可以说，离开人的感觉系统的作用，整个客观物质世界也不过是一个无色无味无声的死寂般的存在。这种状态的可能性，已经被一些感觉系统受到损伤的残疾人所证实。

2. 时空现象的生成

外物的实存必有其时空结构，但是，作为客体的时空结构则是通过人的感知系统的折射而呈现给我们的。不过时空现象的生成同色、声、味不一样，它不是直接依赖于某一感觉分析器的作用，而是大脑皮质对视觉、听觉、运动觉和平衡觉传入的不同信息进行加工、综合的结果。

就空间现象来说，我们之所以会形成对某一物体的形状和位置的知觉，是因为有形状知觉、距离知觉和深度知觉的共同作用。在这一过程中，视网膜上物体的平面影像，观察物体时的眼球、眼肌的运动感觉，手触摸物体的多面轮廓感觉，都向大脑提供了关于事物空间结构的各方面信息。形状知觉向我们显示客体广延性的方式；距离知觉标明观察者与客体的位置关系；深度知觉向主体提供客体广延性的程度。空间现象的生成就是人的大脑皮层对这三种知觉进行分析的结果。

时间现象的生成离不开空间现象，但有它的独特性。它是伴随着一种以内脏机体感觉为主的知觉过程，这种过程包含着一定的中介，这个中介可以是自然界或社会生活的周期性变化，也可以是人自身的生理节律，当两者发生某种同步的联系时，经过大脑皮层的分析就形成时间知觉。很明显，以这种方式生成的时空现象，与客观物质世界固有的时空存在是不能等同的。无论是色、声、味现象还是时空现象，都不是原始物质客体所固有的，它们的生成都是物质客体与人的感官生理机能发生联系的结果，不存在与之相对应的纯粹的客观原型。

（四）现象生成的主观条件

人们凭借自己的生理条件或本能会生成许多现象，但人们所面临的现象远比这复杂，因为人的主观因素必然参与进来，在现象生成过程中起重要作用。当然，社会的或历史的现象本身就是有意识有目的的人们之间交互作用的产物，而精神现象本身是人的思维活动的产物。即使如此，作为社会事物和精神事物，也只有在主体的情感、理性和意志参与的条件下，才能在主体面前生成现象，胡塞尔曾指出过这一点：“所有文化现象，所有价值、财富、作品本身只有通过情感意识和意志意识的参与才能够被经验到，……举例说来，在一个不具有任何审美能力的生物的表象世界中，不可能出现艺术作品类的对象。”① 对同一社会事物或精神事物来说，由于主体状况不同，生成的现象也往往各不相同，从而产生不同的认识。如对孔子思想的认识会因人而异，有一千个《红楼梦》的读者就会有一千个林黛玉形象。对同一社会或历史事件的认识也会有差别。这都与人的主观因素有关，这些主观因素是有客观根源的。下面主要讨论人的主观因素在自然现象生成过程中的作用。

1. 心理、情绪和意志

一个人的心理素质和心理准备，如注意力、系统观察力和先入为主的心理暗示等，往往会影响主体对客体的观察。情绪、意志等虽然不是主体认识能力的组成部分，但它可以调控主体的行为和感知系统，在现象生成过程中有重要作用。如果人的情绪高涨、意志坚定，就会使一切有关的神经细胞处在活跃状态，整个感知系统兴奋起来，同周围物质、能量和信息相互作用，生成现象。如果情绪低落、意志薄弱，就会闭目塞听、食而无味，不能生成相应的现象。马克思指出：“忧心忡忡的穷人甚至对最美丽的景色都没有什么感觉，贩卖矿物的商人只看到矿物的商业价值，而看不

① ［德］胡塞尔．胡塞尔选集：上［M］．倪梁康，选编．上海：上海三联书店，1997：155.

到矿物的美和特性。"①

可见，没有一定的意志、经验、情绪，就不能形成相应的现象，如果具备这些条件，就能焕发感觉，生成一定的现象。

2. 意识参与现象的生成

意识包括自我意识和需求意识、经验知识和理论知识等。自我意识是主体对自身的内向意识。需求意识是主体要求客体满足其需要的外向意识。现象的生成同这两种意识密不可分。荀子说："心不使焉，则白黑在前而目不见，雷鼓在侧而耳不闻。"② 如果没有自我意识和需求意识的参与，某些现象对主体就不会生成。列宁说过，事物"同现象没有原则的差别并且随着个人意识和人类集体意识的不断发展而不断地转化为现象"。③ 可以说，意识水平的提高，有利于生成更多的现象，加深对事物本质的理解。

经验知识和理论知识对于某些现象的生成也是相当重要的，因为它可以引导人的感知能力，使其与外界的能量、信息相结合而对象化，从而生成某种现象。如在哥白尼（1473—1543）日心说提出之前，许多天文学家没有发现彗星和太阳黑子。在日心说提出之后的50年内，尽管使用的观测工具和方法相同，却发现了彗星、太阳黑子等天象，显然这是哥白尼理论引导的结果。正如科学家阿尔伯特·爱因斯坦（Albert Einstein，1879—1955）所说："只有理论，即只有关于自然规律的知识，才能使我们从感觉印象推论出基本现象。"④

---

① ［德］马克思，恩格斯. 马克思恩格斯全集：第42卷［M］. 北京：人民出版社，1979：126.

② 北京大学哲学系中国哲学史教研室. 中国哲学史教学资料选辑：上册［M］. 北京：中华书局，1981：222.

③ ［俄］列宁. 列宁选集：第2卷［M］. 北京：人民出版社，1972：161.

④ ［美］爱因斯坦. 爱因斯坦文集：第1卷［M］. 许良英，等译. 北京：商务印书馆，1976：211

3. 记录

记录是人们通过一定的技术手段把观察到的事物的信息记录下来，以便于将来加以研究。并非所有现象都是可以直接观察的。历史现象、某些社会现象、微观粒子现象，某些生理、化学、地质演变过程等，必须通过记录才能“观察”到，这种“现象”是由记录逻辑地得出来的，它不会没有误差，因为任何记录手段都是有局限性的。

（五）仪器在现象生成中的作用

在主客体之间增加仪器，会生成一些新现象，这是人们扩大感知范围、提高认识能力的重要途径，主要有两种情况：

第一，观察仪器对观察对象的干扰作用是许多现象生成的必要条件。如用温度计测量液体的温度时，温度计自身的温度必然要影响被测对象的温度，因为温度计可能向被测对象散发热量，也可能从被测对象中吸收热量，从而干扰我们的测量。在微观领域，所使用的仪器通常是高能量的，它对观测对象的干扰也是高能量的，而且无法用物理方法将其排除。基本粒子体积极小、寿命极短，用科学仪器也看不到，但如果利用一些高能量仪器使基本粒子发生畸变，这就会生成一些现象，科学家正是通过这些现象来认识其性质和结构的。

在这方面量子力学中的“测不准关系”便是典型，它表明微观粒子的空间坐标和动量不可能像宏观物体那样同时予以测准，因为微观粒子的空间坐标只能借助于光子来测量，但光子本身具有波粒二象性，这必然会造成矛盾和测量的困难：一方面，为精确测量粒子的空间坐标，就要减少光的波长，而波长的减少则会导致频率和光子能量的增高，结果是由光子冲击所造成的粒子本身动量的改变也随之增大；另一方面，为精确测量粒子的动量，就要降低光波频率，结果导致光波波长加大，增加越多越不利于提高坐标测量的准确度。“测不准”的原因不在于人的测量水平不高，而在于微观粒子的固有特性。德国物理学家维尔纳·卡尔·海森堡（Werner Karl Heisenberg，1901—1976）曾在《严密自然科学基础近年来的变化》

中说过：在原子物理学中，不再可能有像经典物理学意义下的那种感觉的客观化可能性。放弃这种客观化可能性的逻辑前提是由于我们断定，在观察原子现象的时候，不应该忽视观察行为所给予被观察体系的那种干扰。其实，我们对宏观物体的测量也并非绝对准确，只不过是达到了直观上的最大近似性而已。当然，在微观领域生成的仪器现象中比之宏观现象会有更多的主体成分。

就量子力学来说，它所描述的微观物理性质可以说是观测者—仪器—对象共同作用的结果。观测对象和仪器的组合方式与主体的选择有关，这一事实构成了对传统实体观的挑战。依据这一事实，有些科学家甚至提出如下观点："实验者本人可以在物质和精神成分之间随意地划界，所以不存在客观的、绝对存在的物质。"① 显然这种观点把主体对客体的干预作用绝对化了，导致对物质的否定。应当说现代物理学引起的物理实在观的变革也只是动摇了对物质实体的形而上学信念，同时证明了主客体的相互作用对事物性质的影响。主体无论怎样干预客体，也不管客体发生怎样的变化，都没有否定客体的客观实在性。

第二，在保持事物结构和运行机制的条件下，借助某种仪器，可以显露或生成新现象。例如，使太阳光通过三棱镜就会有色散现象产生，出现赤橙黄绿青蓝紫的彩色光谱。用电子显微镜、光学显微镜、质子显微镜等，就可以发现很多微观现象。用声呐器可以接收人耳无法接收的次声波和超声波，扩展人的听觉。总之通过仪器的作用，可以使客观事物的某些无法被人的感官感知的能量、信息特性等放大或缩小，成为可感知的现象。从现象的生成条件和机制可以看出，没有主体的和主观的因素，很多现象就不会生成；但没有主体和主观，生成现象的原始初因仍然优先存在。德国物理学家马克斯·玻恩（Max Born，1882—1970）说过："在最小的领域里如在最大的领域里一样，在原子领域里如在恒星领域里一样，

① 罗嘉昌. 从物质实体到关系实在［M］. 北京：中国社会科学出版社，1996：232.

我们遇到的现象和我们周围事物的通常的样子是不像的，只有借助于抽象的概念才能描述，在这里，现象后面是否存在不依赖于观察者的客观世界，这个问题是无法逃避的。”① 现象作为认识活动的直接对象物，是主客体相互作用的直接产物，具有主客观的双重性质。它相当于主观方面和客观方面的“合取式”，如图 4 所示：

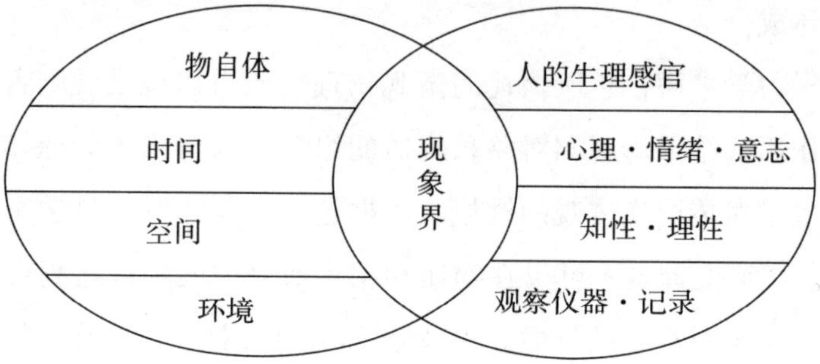

图 4　现象的生成示意图

传统的唯心主义和唯物主义在这个问题上各执一端，只知其一、不知其二，陷入片面性。马克思主义从感性活动来理解人的存在，将对象的本体论意义置于人的现实的对象性活动中来认识。马克思指出：“一切对象对他说来也就成为他自身的对象化，成为确证和实现他的个性的对象，成为他的对象，而这就是说，对象成了他自身。对象如何对他说来成为他的对象，这取决于对象的性质以及与之相适应的本质力量的性质。”② “从前的一切唯物主义——包括费尔巴哈的唯物主义——的主要缺点是：对对象、现实、感性，只是从客体的或者直观的形式去理解，而不是把它们当作人的感性活动，当作实践去理解，不是从主体方面去理解。因此，结果竟是这样，和唯物主义相反，唯心主义却把能动的方面发展了，但只是抽

① ［德］玻恩. 我的一生和我的观点［M］. 北京：商务印书馆，1979：97-98.

② ［德］马克思，恩格斯. 马克思恩格斯全集：第 42 卷［M］. 北京：人民出版社，1979：125.

象地发展了，因为唯心主义当然是不知道现实的、感性的活动本身的。”①这正是从根本上对传统唯物主义和唯心主义哲学的扬弃。

在现代西方哲学中，现象学坚持“回到实事本身”，力图克服传统唯物主义和唯心主义在现象问题上的片面性，提出了很有见地的思想。作为现象学的代表人物埃德蒙德·古斯塔夫·阿尔布雷希特·胡塞尔（Edmund Gustav Albrecht Husserl，1859—1938）没有明确地给出现象的规范定义，但他却从一个独特的角度分析了现象如何生成的问题。首先，现象学认为现象无非是事物向我们所显现的有关它们是什么的一面，是客体对主体的“给予”或“显现物”。现象“与感性物体的被给予性的有限范围有关，自然随着这被给予性在感知中显示出来”，② 这就肯定了现象生成的客观基础，同时也把现象看成是对主体而言的，无主体就无所谓现象。其次，胡塞尔认为一切现象（即所谓被给予的）都应是意识中或在意识面前出现的现象，因此应当使现象学中止判断即加括号这一框架内说明意识的意向性活动是如何构成意识活动对象（现象）的。“如果对象不对认识者‘显示出’，如果他没有关于这事物的‘现象’，那么这些事物对于认识者来说完全就是无。”③ 但是我们可以通过中止判断，将目光集中于什么是事物向我们显现的方面时，我们便可达到纯粹现象。从这里可以看出，胡塞尔特别强调主体因素在现象生成中的关键作用。

总之，现象学的所谓“现象”实际上是现象学还原法的结果。为了“回到实事本身”，做出无任何预先假设的论证，必须将包括经验自我在内的一切现实存在和理念性存在悬置起来（放在括号里）存而不论，那些剩下的没有被还原的东西就是现象或纯粹现象。显然这种“纯粹现象”既不

---

① ［德］马克思，恩格斯．马克思恩格斯选集：第 1 卷［M］．北京：人民出版社，2012：137.

② ［德］胡塞尔．胡塞尔选集：上［M］．倪梁康，选编．上海：上海三联书店，1997：155.

③ ［德］胡塞尔．胡塞尔选集：上［M］．倪梁康，选编．上海：上海三联书店，1997：153.

是感觉要素的复合（主体性的），也不是与主体无关的抽象地存在的纯自然（客体性的），而是主客体相互作用即主体意识的意向性活动与客体的给予相互作用的产物，离开主体或客体都不会生成。这种见解基本上克服了传统唯物主义与唯心主义在现象问题上的缺陷，为哲学发展开辟了一条新路，但由于缺少实践的观点，现象学的这些论证只能证明有关现象的概念是如何在意识中被构成的，但不能从根本上说明现象本身是如何被构成的。其实对现象学来说，如何定义现象并不重要，现象学之现象更多地带有方法论的意义。

第五章

质的生成及其辩证性

质与事物存在的直接同一性，就已经表明质不是凝固的、僵化的，而是活生生的，有生成和发展的辩证性。质的生成就是质如何被规定的问题。质是事物的质，事物的产生与质的生成是同一的，后者需通过前者去说明。

一、事物的构成要素及其联系是事物质的基础

事物作为自成单位的客观存在，其突出特点是具有相对独立性。这就意味着事物作为整体而存在，整体由部分构成，整体与部分的区分有相对性，对更大的整体来说是部分，对较小部分来说是整体，从而形成了整体与部分相互转化的无限层次。在这个无限层次的序列中，某个层次只有当它作为相对独立的整体而存在时，才能成为事物，否则，如果它作为更大整体的组成部分时，它便失去独立性，消融于这个整体中，不能作为事物而存在。黑格尔说过：一本书是一个事物，它的每一页也是一个事物，如此等等以至无限。这话当然不错，但书的每一页要能成为事物，必须当它不再作为书的组成部分，而是作为相对独立的“整体”时才是可能的。事物永远作为整体而存在，质便是这一整体系统的质。系统是由若干相互作用的要素构成的，因而组成要素的质、量及其联系方式就直接规定着事物（系统）的质。

（一）事物组成要素的质和量是事物质的前提

考察事物的质，不能不涉及组成事物的要素，正是这些要素直接或间接规定了事物的质。

一方面，组成要素的质不同，必定构成不同质的事物。系统要素不同，系统的质也就不同。如水（H_2O）和金刚石（C）两种物质之所以异质，是因为二者组成要素及其联系方式不同，异质要素功能不同，它所构成的联系也不相同，从而规定了由它们所构成的事物在质上的差别。如水和煤油都在常温下呈现为液体，但二者存在质的差别，就是因为构成成分不同，分子式不同。当然也不能排除下列情况，即两个事物的构成要素不同，但它们的功能相同，如机械表与电子表，其计量时间的功能相同，二者的构成要素是不同的。但这只是在特定范围内的功能上的同质性，还不是系统本身的同质性。所以从总体上看，组成要素不同，系统总是异质性的。

另一方面，如果事物的组成要素在质上相同，但各要素在量上不同，它们所构成的事物也是异质性的。这里有两种情况：其一，由同种要素构成的两个系统，如果它们包含的要素的数量不同，就往往构成两个不同质的系统。如 CO 和 CO_2都由 C 和 O 构成。但后者比前者多一个 O 原子，就使二者在质上截然不同。其二，如果两个事物的构成要素种类相同，各自对应的数量也相同，但这些要素所具有的运动量不同，也往往会构成异质系统。这在各种同素异性状态或物的不同聚集状态中是常见的。异氰酸银（AgNCO）和雷酸银（AgCNO）构成要素相同，但在质上有很大差别。前者稳定，后者易爆。这是由于两者的有机酸根是互为异构体，每两个对应原子所含能量不同。正如恩格斯所说：“几乎用不着指出：物体的各种不同的同素异性状态和聚集状态，因为是基于分子的各种不同的组合，所以是基于已经传导给物体的或多或少的运动的量。① 需要指出的是，运动的

① ［德］马克思，恩格斯. 马克思恩格斯选集：第 3 卷［M］. 北京：人民出版社，2012：902.

量在不同系统中有不同的含义和度量单位。

组成要素的质和量必然要反映到系统的质中，直接规定事物的质，但并不等于说事物的质就是组成要素质的机械相加，事物具有其组成要素所不具有的新质。如水是由氢和氧构成的，氢易燃，氧能助燃，但水既不易燃也不助燃，反而能灭火，这表明水作为系统具有其组成要素所不具有的新质。但水在一定条件下也可燃烧。一壶水烧开，溢出几滴水在火苗上，火苗不但没熄灭，反而窜得更高。这表明水的组成要素氢和氧的质也反映到水的质中。不仅组成要素的质，而且组成要素的量也会反映到系统质中。对机器而言，零部件优且数量合理，机器整体的质就优，反之则差。如一台电脑由很多硬件组成，这些硬件都有自己的特殊功能和作用。中央处理器（CPU）、内存、显卡、硬盘、主板、电源等。这些零部件本身的功能大小强弱是有量的差别的，甚至有很大差别。一般情况下，零部件功能越强大，与其他硬件搭配越合理，电脑的功能就越强大。反之电脑功能就越差。由此区分了高端产品和低端产品。

事物往往是复杂系统，其组成要素很多，系统质与要素质之间关系复杂，有些要素的质并不直接反映到系统质中，而且反映的程度也不尽相同，有的明显，有的不明显，甚至是潜在的。如自行车的塑料零件，它作为塑料的质并未反映到自行车的系统中。此外，组成事物的各种要素的质和量对事物质的生成所起的作用很不相同，某些次要要素的质和量所起的作用很小，甚至可以忽略不计，如自行车的尾灯。而主要要素的质和量之有无能直接决定事物质的存亡。如自行车的轮盘、链条、飞轮和轮子等要素对自行车的系统质的存在起关键作用。

（二）事物组成要素的联结方式（结构）直接规定着事物的质

事物的质不仅是由组成要素的质和量所规定的，还同组成要素的结构密不可分。事物组成要素的质和数量相同，如果组成要素的结构（排列次序）不同，事物的质就不同。化学上的同分异构体和同素异性体就是这种情况，如金刚石与石墨，甲醚和乙醇等。更为典型的是现实中的手性系统，即两个形状相同、高度对称而结构方向相反的系统，一个左旋螺钉和一个右旋螺钉，它们的成分、质量和大小完全相同，仅仅因为螺旋方向不同而成为不同质的螺钉。有些药物的分子式相同，但结构上有左旋与右旋之分，起的作用往往是不同的。有一种药物是“苯磺酸氨氯地平”，就分左旋和右旋，其中左旋的那种有降血压作用，而右旋的那种没有降血压功能。可见任何事物都有内在秩序即各要素排列次序的总和，这就是系统的结构。即使混沌，也不是简单的“无序”，而只是没有明显的周期和对称，如果一系统完全丧失其内部有序性，结构瓦解，组成要素就离散，它们的内在联系被割裂，系统就不复存在，事物不称其为事物。结构与要素共同构成了系统存在的基础，组成要素的结构之所以规定事物的质，是由于一定结构把组成要素有机组合成系统后，会使系统出现组成要素不具有的新质，事物之所以成为事物，就是因为具有要素没有的新质，这种新质是由结构赋予的。

由上述分析可知，组成要素的质和量必然反映到事物的质中及要素的结构赋予系统以新质，这是质生成的基本途径。即是说事物的质由其组成要素的质、数量、运动量和结构（排列次序）这四个因素确定。在这里要素之间的结构本身对要素而言，不是质的因素，而是量的因素，它不改变要素的存在或质，因而事物的质可表示为要素的质与量的函数：

Qs=f（Qei，Nei，Eei，Oei），其中 Qs 为系统质；Qei 为各要素的质；Nei 为各要素的数量；Eei 为各要素运动的量，Oei 为各要素的排列次序，且 i=1，2，…，n。

组成要素的质同事物系统整体的质不仅不矛盾，而且紧密联结。组成要素的质、数量和能量制约着组成要素将会形成什么样的结构，从而通过结构使组成要素的质、量不同程度地反映到事物的系统质中；同时，结构又制约着各个子系统的组成要素在该结构中的地位、作用及相互配合的状况，正是结构造成了作为系统的事物具有了它的组成要素所没有的新质，即系统质。所以事物的质是该事物的组成要素及其结构的体现，但由于事物之间的相互联系和相互作用，即使组成要素及其结构相同，由于外部条件不同，事物也会显现出不同的质，但这毕竟是外因。如果一个男人在家里是父亲，在工厂就是工人。电脑在家里是娱乐工具，在公司则是办公用品。从该事物系统看，直接规定事物质的是组成要素的质、量及结构。可以说，事物组成要素的质是事物系统质存在的依据或实体性基础，而事物的量和结构则是事物系统质的关系性基础。

二、外部联系在质的生成和实现中的作用

组成要素的质和量是形成事物质的基础，但也不能忽视外部联系在事物质的生成中的作用，事物外部联系是质赖以实现和维持的条件。质是事物所固有的，但又要依靠与他物的联系来实现或显现。①

（一）事物的相对性规定了事物质的现实形态

事物的存在总是有条件的，因而是相对的。同一个客观存在处在不同的联系中，就获得不同的规定性，形成不同的质，或者说表现为不同的事物。如一块四面环海的平地，由于所处联系的不同就会形成不同的质，作为不同的事物而存在。它相对于高山叫平原，相对于大海叫陆地，相对于生长于其上的植被叫土地，相对于大陆叫岛屿，相对于占有它的国家叫领土。那么，这块四面环海的土地究竟是什么？这取决于主体的观察条件或参考系。中国民主革命在1919年发生了质的变化，在此之前是资产阶级领导的旧民主主义革命，在此之后就变为无产阶级领导的新民主主义革命，这是因为俄国十月社会主义革命的胜利改变了整个世界历史的方向，开辟了世界历史新时代，这样中国的民主革命与世界背景的联系发生了变化，因而它获得了新质，“不再是旧的资产阶级和资本主义世界革命的一部分，

① 李大伟在《教育研究》1992年第3期上著文《试评教育本质争论中存在的问题及其出路》，认为“事物的质的规定性直接说明事物是什么，而不需要借助它周围世界的联系这一‘中介’来说明”。这种理解显然是不正确的，唯物辩证法认为事物是在联系中存在的，列宁在《哲学笔记》中也说“一切都互为中介，连成一体”，既然一切都互为中介，相互联系，一事物不能离开他事物的联系而存在，质与事物的存在是直接同一的，这样，事物的质能够离开“中介”（联系）而单独存在吗？

而是新的世界革命的一部分，即无产阶级社会主义世界革命的一部分了。”① 思维领域的事物也同此理。同一词汇在不同的语境中，由于与不同的词汇发生联系，就获得不同含义，有不同质的规定。如“逻辑”一词，这篇文章的逻辑很严密，此处“逻辑”的含义是思维的规律性。在“中国革命的逻辑不容更改”中“逻辑”指事物的客观规律。在“强盗逻辑”中，它是指歪理。在“开设逻辑学”课中，它是指关于思维规律的科学。

既然质与事物的存在具有直接同一性，那么事物的相对性也必然同其质的生成不可分割。黑格尔说：“实存即无定限的许多实际存在着的事物，反映在自身内，同时又映现于他物中，所以他们是相对的。”② 因此，“每一方只有在它与另一方的联系中才能获得它自己的（本质）规定，此一方只有反映另一方，才能反映自己。”③ 黑格尔虽然在这里说的是本质（根本之质），但也同样适合于质。他曾举例说：手只有同人体相联系才叫手，具有手的质。割下来的手就失去了它的独立存在，只有作为活的人体的一部分，手才获得它的地位。可见，如果没有事物之间的联系，就难以理解事物的相对性，事物及其质就不能获得现实的存在。事物的质正是由他物与该物之间的关系确定的。

（二）事物内部的否定因素通过外部联系而显化：新质生成

当一个客观存在随着联系的改变而生成另一种质，作为另一种事物而存在时，它赖以成为此物的因素从何而来？而使它成为原来事物的因素又到哪里去了？这岂不是无中生有、有化为无吗？实际上，尽管任何事物都由要素构成，但这也同时包含着使它生成其他质成为他事物的因素，这是事物自我否定的方面。任何事物内部都有肯定和否定两个方面，当肯定方面占主导地位，则事物处于相对稳定状态，否定方面处在潜匿状态。在一定条件下否定因素取得主导地位，事物的旧质就被新质取代。

---

① 毛泽东. 毛泽东选集：第2卷［M］. 北京：人民出版社，1991：668-669.

② ［德］黑格尔. 小逻辑［M］. 贺麟，译. 北京：商务印书馆，1980：265-266.

③ ［德］黑格尔. 小逻辑［M］. 贺麟，译. 北京：商务印书馆，1980：254-255.

在这里，维持事物存在的肯定方面的存在是以否定方面的存在为前提的。事物如果不包含否定因素，则这个事物就永远是它自身，不会变成他物，这正是形而上学 A=A 的思维模式。恩格斯曾一针见血地批评了形而上学这一思维方法，指出：形而上学者“在绝对不相容的对立中思维，他们的说法是：‘是就是，不是就不是，除此之外，都是鬼话’，在他们看来，一个事物要么存在，要么就不存在；同样，一个事物不能同时是自己又是别的东西。”① 形而上学讲的肯定是纯粹的肯定，否定也是纯粹的否定，这样一来事物就永远是它自身，成为僵死的一潭，事物的质也就被凝固化，否定了质的辩证性。

事物内部的否定因素只有在该事物同其他事物形成某种联系时，与之相关的潜匿因素才显化出来，取得主导地位，生成新质，使其成为某一特定事物。这种联系被新的联系取代后，与新联系相关的潜匿因素又显化出来，又生成另外的新质，这时原来的显化因素又返回到潜匿状态。如“人”这一客观存在，就包含多种否定因素，它们都以潜匿的方式存在。处于社会联系中时，他的社会因素便显化出来，他便作为社会关系的承担者而存在，其他因素，如身体构造、面貌特征等，此时便处于潜匿状态，或者说等于不存在。如果从自然联系中考察，他的自然因素显化出来，生成区别于其他动物的质。作为自然人而存在，社会因素处于潜匿状态，可以不予考虑。如果从生理联系来考察，生理、病理等因素又显化出来，其余的一切因素又处于潜匿状态，这种情境并不意味着人具有多种现实形态的质，只能理解为人这一客观存在具有潜在的多方面的质，但这多方面的质对既定条件下的同一观察者来说，不能同时以显化的形式存在，即不能同时取得现实形态，而只能是同某种外部联系相适应的方面处在显化状态，其他方面的则处在潜匿状态。

这种潜匿、显化相互转化的实现取决于事物之间的相互作用，事物之

① [德] 马克思，恩格斯. 马克思恩格斯选集：第 3 卷 [M]. 北京：人民出版社，2012：396.

所以取得相对独立性同环境隔离开来，是因为它在同环境因素相互作用过程中形成了把自身隔离出来的机制。即形成了客体性间隔（事物），这种间隔性存在于客体内部潜存的多方面的质之间。在一定条件下，当一种潜存性间隔显化为实存性间隔时，其他所有可能的间隔就都隐没了。如用电学仪器测量物体的电学参量时，物体的力学特征、化学特征、热学特征、经济学特征和美学特征等都被隐去了。剩下的只是一组自我封闭的电学特征量，一个间隔的实存化总是伴随着其他间隔的潜存化。

（三）外部联系在一定程度上保持了事物质的稳定

从时间空间的存在机制来说，时空是事物的存在形式，离开了这两种形式，事物的质就无法存在，事物只有在相互联系中才能获得各自的时空形式。时间是事物纵的历史的联系，它以事物之间的联系以及随之而来的运动为基础，事物的因果联系，不同运动过程出现的先后顺序，及过程之间的间隔交替，每一过程的持续状况都表征着时间的存在。空间是运动着的事物的横向联系，它也只能在相互联系中才能被规定。事物空间的存在以它同周围事物的联系为前提，时间空间作为事物存在的形式，也是在相互联系中得以存在的，任何事物的质也只有在与其他事物的联系中才能存在。如作为自然物的人只有在与空气、阳光、食物、水分等事物的联系中，其质才能存在；作为社会存在物的人，也只有在一定时代、阶级、群体的社会联系中，其质才得以存在。如果抛开了一事物与他事物的联系，就无法说明它自身的质。正如黑格尔在《逻辑学》下卷中所说：特性就是这种相互作用本身，而事物在相互作用之外，便什么也不是。

外部联系还规定着事物质的变化。

事物质变发生需要一定的条件，这些条件的成熟与否取决于一定的外部联系。如生命物质与非生命物质属异质。但在一定条件下二者也可相互转化，此转化过程是质变过程。生命体死亡后腐烂分解，变为非生命物质（无机物和有机物），生命起源理论说明了非生命物质可以演化为生命物质。现实生活中也有这种情况。一块面包是非生命物质，但它被人吃了之后，通过消化吸收，变为脂肪、肌肉，成为人的身体的组成部分。在认识领域，真理与谬误有质的区别，但如果具备了某种条件，二者也可相互过渡。某种认识在一定范围和历史条件下是真理，如果超出这一范围和条件，就会成为谬误，反之亦然。

事物新质生成和旧质消亡的方式在很大程度上取决于外部联系。质变有飞跃（突变）和渐进两种方式，对既定事物来说究竟采取何种方式质变，同事物所处的外部条件密不可分。如原子核的裂变在原子弹中与反应堆中采取的质变方式就不同。内部联系（内因）是变化的根据，但事物内部的否定因素是多方面的，因而事物的质变有多种可能性。内部联系既定，则外部联系决定事物质变的方式、方向。两个同质物因所处外部联系不同最终造成两个同质物变为异质。如两个刚出生的婴儿，一个在社会环境中抚养，一个由狼或豹抚养，几年后他们将会有质的差异。同一麦粒，既可在适宜的温度、湿度下生成麦株，也可放入开水中煮熟，也可放进炉火中烧焦，还可被鸡吃掉，之所以会有这不同方向的质变，就是外部联系的不同所致。

三、内部联系与外部联系共同规定事物的质

事物组成要素之间的联系及相应的排列次序都属于内部联系，它同外部联系共同规定着事物的质，分别考察内部联系和外部联系对事物质的规定只是思维中的抽象。而事实上这两者都不能单独规定事物的质，二者的相互结合才能规定事物的质。这种结合的方式也相当复杂，主要有以下五种情况。

（一）外部联系以内部联系为基础并与之有机结合规定事物的质

一是结合型。如在生物界，不同的外在生活条件环境与同一基因相结合，生物机体的性状就会有所不同。即基因型+环境——表现型。生物体的基因型包含了生物生长发育的全部遗传信息，是规定生物体性质的内部联系，但生物机体的性状并不是单独由这种内部联系来规定，而是由基因

型与机体和环境之间的外部联系相互结合共同影响新陈代谢而形成的。在这里外部联系不是改变内部联系（基因型），而是与之相结合，共同规定机体的质。当然外部联系也可通过改变事物的内部联系而规定事物的质，自然环境中的某些化学物质可以通过多种方式使DNA分子中碱基对排列顺序发生变化，引起基因突变，使生物体产生新质，改变性状。

二是合成型，如两个事物互为外部条件，它们在相互作用过程中，通过某种联系方式使二者结合为一个新的整体，形成新质。原来的两个事物就丧失独立性，消融于新生成的整体中，自然界中简单物质化合为复杂物质的过程就是这样。在氢与氧结合生成水的过程中，氢氧原子互为外部联系，它们相互作用时，彼此并不改变对方的原子结构，而是在原子核与电子层矛盾的基础上，通过共价键结合起来，氢氧原子失去独立性，构成新系统——水分子，形成新质。

就具体事物来说，内部联系与外部联系共同规定质的结合方式，往往不是单一方式，而是两种或更多方式的结合，并且事物的外部联系和内部联系的划分也不是绝对的，在较小的范围内是外部联系，在较大的范围是内部联系，就既定范围来说外部联系也可向内部联系转化，如社会与自然环境之间的物质能量交换过程就是如此。外部联系与内部联系规定事物质的作用是不相同的，具有非常复杂的情况。

（二）外部联系可以成为规定事物质的主要因素

一方面，事物内部联系相同，外部联系对质的规定往往起主要作用。如母代有先天性耳聋这种遗传病，其子代不一定是聋人，但都携带这种遗传病的基因，即各子代具有相同的内在联系。子代是否发病就取决于外部环境因素的作用，在能否发病这一点上外部联系起主要作用。例如两个孩子都有相同的艺术天赋，可以说内部联系相同，但一个生活在边远农村，一个生活在城市，结果很可能是前者的艺术天赋泯灭，成为普通农民；而后者的艺术天赋得以发挥出来，成为艺术家。正如两枚都能孵出小鸡的鸡蛋一样，其中的一枚处在适宜的温度下正常孵出小鸡，而另一枚处在不适宜的温度中，结果就没孵出小鸡。这是因为它们生活环境不同，接受的环境刺激不同。

另一方面，从动态上说，当外部联系成为主要矛盾时，事物的质主要取决于外部联系。在中国近代社会，外部联系（民族矛盾）和内部联系（阶级矛盾）就同时存在，在不同条件下二者的地位也发生变化。当帝国主义大规模入侵如 1894 年甲午战争，1900 年八国联军侵略中国，1937 年抗日战争爆发，挽救民族危亡就成为当务之急，这时民族矛盾就成为主要矛盾，国内阶级矛盾变成次要矛盾，在这些民族危亡的历史关头，中国的命运如何，是沦为殖民地，被外国吞并，还是保持民族独立？这在根本上取决于帝国主义与中华民族之间的民族矛盾解决的状况。因此作为外部联系的这种民族矛盾就规定着中国社会本身的质。如果处理不好这种民族矛盾，中国就会成为殖民地。虽然此时作为内部联系的阶级矛盾的解决也会影响到民族矛盾的解决，但这种影响对于中国社会质的规定无疑只起到次要的作用，正是基于这一点，自 1931 年九一八事变后，中国共产党一直在争取与国民党建立抗日民族统一战线。此外，对主体来说，如果事物还是个黑箱（人们不知其内部组成状况和机制），那就只能根据它的外部联系和功能去确定其质。

（三）内部联系也可以成为规定事物质的主要因素

一方面，事物的外部联系相同，则事物的质主要取决于内部联系。例如两个人中有一人携带聋哑基因，在外部环境作用因素相同的条件下，发病者只能是携带聋哑基因的人，在这里，作为内部联系的遗传因子起了决定作用，这是外因通过内因而起作用。

另一方面，当事物的内部联系成为主要矛盾时，则事物的质主要取决于内部联系，外部联系起次要作用。在中国近代史上，在没有大规模的外敌入侵时，国内阶级矛盾就成为主要矛盾，民族矛盾成为次要矛盾。太平天国运动、辛亥革命、北伐战争、土地革命战争、解放战争都是国内阶级矛盾激化的产物，在这期间，中国社会的质如何，革命胜利后建立什么样的国家政权，就取决于国内阶级矛盾的解决状况。在这里，作为内部联系的阶级矛盾在规定国家性质上起了决定作用。

（四）内部联系与外部联系对质的规定在内容上具有同一性

联系的实质内容是矛盾，内部联系就是内部矛盾，外部联系就是外部矛盾，二者的形式不同，但内容具有同一性。它们是同一矛盾系统内容的不同表现形式。就某一事物来说，外部与他物的对立和在内部与自己的否定因素相对应，本质上是具有同一性的。可以说内部矛盾从肯定方面规定质，外部矛盾从否定方面进行规定，虽然它们规定的方面不同，但都规定的是同一个质。对一个生物体来说，生命与非生命的矛盾就是其外部矛盾；同化与异化的矛盾就是其内部矛盾，其实这一内部矛盾归结起来仍是生命与非生命的矛盾或对立。“同化”就是把外界非生命的东西转化为自身生命物质的一部分。食物被人吃下后就成了生命运动的一部分，表现为“生的”因素。“异化”是将有生命物质转化为外界无生命的东西，是生命的分解，这就表现为“非生”的因素。显然同化异化的矛盾也表现了生命与非生命的对立。因此，就生物体来说，内部矛盾、外部矛盾表现的是同一的内容，它们是以不同的方式规定同一个质。哲学教材把质理解为单纯的内在规定性，就是只注意到了内部联系对质的规定作用，忽略了外部联系对质的规定作用，造成这种误解的重要原因是对“事物”概念理解的偏差，即没有看到事物是在一定联系中被规定的产物，只把事物理解为“自在之物”，而没有同时把它理解成“为他之物”。

（五）量在事物的质的生成过程中的作用

质由内部联系和外部联系共同规定，与质相对应的是量，那么联系与量又是什么关系呢？这一点搞不清楚，就不能真正理解联系对质的规定作用。

质与量作为两种规定性，二者最大的区别在于是否与事物的存在直接同一，只有在这一点上量才被看作事物的外在规定性，一旦超出这个前提，量也可以被看作事物的一种具有内在特征的规定性，量是质的量，如黑格尔所说："质潜在的就是量，反之，量潜在的也即是质。"① 量与质相互包含，相互规定。既然质是由联系创造和规定，那么量也必定依联系存在和表现。黑格尔认为量有两个规定性：一是连续性，即量的因素以"引力"或同一的方式相联系。二是分离的量，即量的因子以"独立"或斥力的方式相联系，"但连续的量也同样是分离的，因为它只是多的连续，而分离的量也同样是连续的，因为它的连续性就是作为许多一的同一或统一的一"②。例如5这个数，作为一个整体是连续的量，从其中5个1的角度看又是分离的量。可见5本身是诸因子相互吸引和互相排斥这两种联系的统一，正是这种纵横交织的有序联系，才规定着5这个量。

黑格尔还进一步从量的进展方面说明了联系对于量的规定。"量的无穷进展所包含的意义一般是以数规定数的过程。而这种以数规定数的过程便得出量的比例。"③ 而"比例"意味着一种有规则的联系。如在3：5的比例关系中，3这个定量完全是在5中建立自己、规定自己的，因为3与5有着不可分割的内在联系，只要变动其中的一项，整个关系，包括3与5各自的质也就随之改变。再如一定数量的砖块可以胡乱堆放在一起，成为砖块堆，也可以按一定的组织方式和程序砌成一座拱门，即以拱门的形式存在，这就会产生砖堆所没有的新质。砖堆只能承担压力，而砖拱则能承担拉力和切力的作用，这就是说因联系方式的不同，结构变了，便获得了更大的结构信息量。可见，量也是由联系创造和规定的，离开了联系，量的产生与存在就不可想象。

四、实践对质的确定

实践对质的确定作用问题，哲学教材一般是在讲质的概念之后，顺便提出确定事物的质应考虑到社会实践的需要，把社会实践作为质的实际的

---

① ［德］黑格尔．小逻辑［M］．贺麟，译．北京：商务印书馆，1980：239.
② ［德］黑格尔．小逻辑［M］．贺麟，译．北京：商务印书馆，1980：221.
③ ［德］黑格尔．小逻辑［M］．贺麟，译．北京：商务印书馆，1980：232.

确定者，近来又有教材说得更简明：“确定事物的质，既要根据事物的客观属性，又要根据人们的实践需要。”① 这都是很好的见解，但忽视了两个问题，或者说有两个方面需要补充，一是没有说明实践确定质的机理和过程。二是没有指出实践确定质的依据。

（一）实践确定质的依据

首先，事物相对于主体而言的对象性决定了其质的确定离不开主体的实践。事物分为两类：一类是客体事物，即那些成为主体认识与实践活动对象的事物（客体）；一类是非客体事物，即存在于主体活动范围之外的客观事物。显然，在自在世界中，非客体事物的质不是由实践确定的，而是由客观过程自发确定。马克思从实践的角度分析了现实世界，指出人们“周围的感性世界决不是某种开天辟地以来就直接存在的，始终如一的东西，而是工业和社会状况的产物，是历史的产物，是世世代代活动的结果。”② 可见，事物作为客体，是实践的产物，是对象性存在。这样，主体的实践就是理所当然地成为事物的质的确定者。

在中国传统哲学中，“事物”概念同主体实践活动密不可分，是作为主体的对象而存在的。“事”在儒家经典中通常指“行”。《说文解字》云：“事，职也，从史。”“事”在古代具有从事某种事情或从事于某种事情之人的含义，即指职业。（《说文解字》，清代陈昌治刻本，卷三【史部】事）在甲骨文和金文中，“事”与“吏”“使”为一字 。③在儒学中，“物”是客体，“事”则直接与主体相联系。可见“事”最初为一个动词，表示主体见之于客体的活动，如土地、锄头各是一物，当人拿起锄头锄地时就叫作“事”。与之相对应，“物”就是感性的具体的客体存在，它也反

① 教育部社会科学研究与思想政治工作司．马克思主义哲学原理［M］．北京：高等教育出版社，2003：62.

② ［德］马克思，恩格斯．马克思恩格斯选集：第 1 卷［M］．北京：人民出版社，2012：155.

③ 张允熠．从“事物”范畴看儒学与现代辩证唯物主义哲学的内在联系［J］．中国哲学史，1998（2）：38.

映着主客体关系，事与物的结合构成了中国传统哲学的重要范畴：事物——“事”（主体）与“物”（客体）的合一而派生的新概念，这是中国哲学独有的范畴，在西方哲学术语中尚无对应的概念，所谓“thing”“matter”“business”“object”等词语都不足以表明主客体的对立统一，因此，“事物”一词既是唯物的又是辩证的，含本体论也含认识论，体现了中国哲学唯物辩证的实践本体论，这样，“事”本身就是主体的实践（道德践履），“物”完全被看成“事”的对象性存在，事物就是主客体相互作用的产物。因此，主体对事物质的确定就不能不依靠实践来进行。

其次，从认识角度看，质属于现象范畴，人们透过现象认识本质，而现象作为认识的直接对象，是主客体相互作用的产物，这也决定了质的生成离不开主体的活动，揭示本质要从认识质开始。感知事物的现象，其中不可避免地包括了质，同样也不可避免地包括了量。认识的对象无非是同主体发生了相互作用的客观事物，就其作为直接的现实性存在而言，就是现象。主体感知的现象并不是主体感觉中先天固有的，而是客观事物给予感觉的，但现象也并非在人的感觉之外，现象的生成和人对现象的感知过程就是质的生成与主体实践对质的确定的过程。在人化世界中，明确事物是一个对象性存在，具有重要意义。马克思指出：“一个在自身之外没有对象的存在物，就不是对象性的存在物。”① 这种“非对象性的存在物”是一种根本不可能有的怪物，形而上学的“实体”和康德的“自在之物”就是这样的怪物。黑格尔在评论康德“自在之物”时说：“自在之物”是摆脱了一切规定（为他的存在）的抽象，是摆脱了一切对于他物的关系的抽象，即无。”黑格尔的观点得到列宁的称赞，② 客观事物只有成为人的实践对象，才能谈得上是什么的问题，即确定它的质。

只有把事物看作人的对象物，才能形成主客体关系，才能谈得上对其

---

① ［德］马克思，恩格斯．马克思恩格斯全集：第 42 卷［M］．北京：人民出版社，1979：121．

② ［俄］列宁．哲学笔记［M］．北京：人民出版社，1974：85．

质的确定和把握。

一方面，对事物质的把握不能只从客体属性的一方，否则就会陷入烦琐哲学。因为事物在不同的关系中呈现出不同的属性，人们不可能把握事物的所有显化的和潜匿的属性，而应当以事物的客观属性为基础，根据人的实践需要去把握事物的质。列宁曾以玻璃杯为例，说明了在实践中如何把握事物的质。列宁指出：“玻璃杯既是一个玻璃圆筒，又是一个饮具，这是无可争辩的。可是一个玻璃杯不仅只具有这两种属性、特质或方面，而且具有许许多多的其他的属性、特质、方面以及同整个外界的相互关系和‘中介’。玻璃杯是一个沉重的东西，它可以作为投掷的工具。玻璃杯可以用来压纸，可以用来装抓到的蝴蝶。玻璃杯可以作为带有雕刻或图画的艺术品。这些同杯子是不是适于喝东西，是不是用玻璃制成，它的形状是不是圆筒形，或不完全是圆筒形等等，都是完全无关的。”① 列宁在这里列举了玻璃杯的很多属性或质的方面，但究竟哪一项才是玻璃杯的质呢？这应当考虑两个方面：一是玻璃杯本身的属性；二是人的实践需要。虽然玻璃杯有很多属性或质的方面，但现在人需要一个喝水的工具，这样玻璃杯的饮器属性与人的实践需要一拍即合，所以对人来说，玻璃杯的质就是一个饮水器具。既然作为饮水器具使用，人们完全没有必要知道它的形状是否完全是正圆筒形，它是不是真正用玻璃制成。由此可见，玻璃杯与人们生活的多个方面都有联系。随着这些联系或关系的不同，玻璃杯就呈现出不同的质。或者说玻璃杯实际上是作为不同对象（饮具、容器、重物、艺术品、商品等）为人所把握。

另一方面，如果仅从主体实践需要确定事物的质而无视事物的客观属性，就会导致随意认定事物的质，最终会陷入主观唯心主义。例如我现在从事教学实践活动，需要一个黑板擦，擦去满黑板的字，但课桌上只有一部手机。这时我不考虑手机是否具有擦黑板的属性，于是拿起手机就去擦

---

① ［俄］列宁．列宁选集：第4卷［M］．北京：人民出版社，1972：452-453．

黑板，当然不可以，虽然手机功能很多，但没有擦黑板的功能。虽然事物的质就是事物对人来说“是什么”的问题，但也必须以事物能满足人的实践需要为前提，即事物本身的功能属性同人的实践需要相一致。因此，也不能说事物的质完全是由人的实践确定。有人把质界定为“相对于人的实践任务和目的的规定性”。① 这就大有否定质的客观性之嫌。因此，质同客体事物本身一样，既不能单纯从客观方面去理解，因为质不是纯客观的；也不能仅从主观方面去理解，因为质也不是纯主观的，质本身是主客体相互作用的产物，体现了主客体的统一。

（二）实践确定质的机理

实践是怎样确定质的呢？对非客体事物来说，其存在状态的变化，新质的生成和旧质的灭亡，都是自发进行的，存在于主体实践之外，它对于主体是没有意义的。对客体事物而言，其存在状态的变化是在主体的“注视”之下的。因为它作为主体的对象，是为实践所关注的。在这个意义上可以说质是人们从实践角度对事物的确定性（功能、属性）的把握。实践对质的确定机制可从以下三方面理解：

其一，事物的客观过程与状态同主体实践的需要相契合，从而使事物的某些潜在属性和功能显化，被主体确定为系统质的一个方面。如前所述，人们对质的把握既以客观过程为准绳，又根据人们实践的需要。这样，同实践有密切关系的变化就被充分重视，而与实践无关或关系不大的变化或状态就被主体所忽略或淡化。如两个相同型号的玻璃瓶以同一种方式破碎后，其破碎的状态肯定有差别。因为它们的碎片大小、形状、数量不可能完全相同。在通常情况下，人们注意的只是完好的玻璃瓶与破碎状态的差别，而对不同的破碎状态则视而不见，这显然是基于实践功用的考虑。可见客体事物的质与实践有密切的关系。事物中并不包含永远不变的、纯客观的质。人的认识也不是朝着既定的悬在前方的质前进。从认识

① 张国珍．质量互变规律的三个问题［J］．湖南师范大学社会科学学报，1995（1）：50.

的角度看，可以把质理解为人们对该事物的实践和认识成果的概括。随着实践和认识的发展，该事物质的内容必然也是不断丰富和发展的。如人们对于石油的认识，最初的实践把它的质确定为黑色液体燃料，进入工业社会后，由于实践的发展，石油的某些潜匿的属性被发现，依据实践需要被确定为石油之质的新内容。客观事物在没有同人的实践与认识发生联系时，其质的存在虽然是客观的，但未被实践确定，对主体来说只能是潜匿的。

其二，从质变的角度看，实践对质的确定是通过思维把握某一时间内事物的相对稳定性而实现的。事物在发展变化过程中的不同时刻都有相应的存在状态。但人们从实践的角度把握这些变化时，并非对所有的变化予以同等程度的重视，事实上也不可能做到这一点。因为在任何一段时间内事物的变化往往是无限多的，正如一段实数区间内有无穷多的实数一样。在实践中人们为了有效地认识和改造事物，总是根据实践需要将某一段时间内事物的变化或状态忽略或淡化，在思维中把它们划为同一质态之内的变化，即量变，这段时间内变化的事物对实践是无关紧要的，因而被看作是稳定的，既能成为它自身又与他物相区别，这就是说事物被主体以某种形式赋予了同一种质。实践就是这样确定质的。如生物进化中的变异因素是逐渐积累的，生物个体的特征也逐渐变化，只要这些变化没有危及原物种的延续，人们就将这段时间内物种的变化忽略或淡化，视为量变，这是承认物种的相对稳定性，也是对该物种质的确定。在社会领域，在资产阶级取得政权以前，欧洲社会发生了许多变化，但这被看作旧质稳态的量变。资产阶级夺取政权后欧洲社会的变化又被视为新质稳态的量变，这样便确定了社会发展某个阶段上的质，即封建社会与资本主义社会。可见人们不是先根据事物的质认识事物的变化，而是先根据事物的变化去确定事物的质。

其三，事物被实践改造或重塑而形成新的系统质。列宁指出：“世界不会满足人，人决心以自己的行动来改变世界。”① 人不是消极地适应自然，而是能动地改造自然，变“自在之物”为“为我之物”，以满足自己生存与发展的需要。这个过程就是“人化”自然的过程，其结果便是人工自然物的出现，这类事物的质属人工系统质，即人通过劳动创造出了各种人工要素，这些要素按照人的意愿和设计组成了各种物件，如汽车、电脑、房屋和服装等，每一种物件都有预先设定的整体质，此乃人工系统质。可见，人工系统质的基础是人工要素，它是人对自然要素加工的结果，如水泥、玻璃、塑料、钢材、机械、电子组件等。这些要素是人制造出来的，它们都有预先给定的质，然后被按照人的意愿重新组合或重新塑造，形成了新的系统，产生了新的系统质，如把一定数量的电脑硬件组装成一台电脑，很显然电脑的质是预先给定的，它本身是人的需要的对象化，但仍需通过实践最后确定。如一台笔记本电脑的质是信息处理系统，这是预先给定的，正因为如此，才没有人将它当作铺路的材料使用，尽管在某种意义上笔记本电脑也具有铺路材料的属性。在这方面，确定事物的质更多的是考虑客体本身的属性与功能，而不能单纯根据主体实践一时的需要而随意确定事物的质，否则会造成事物功能的破坏和浪费，违背“经济原则”，犹如“焚琴煮鹤”了。

（三）事物的质与人们在实践中掌握世界的方式直接相关

掌握世界比反映世界的内涵更广泛，更突出了主体对客体的能动性。掌握世界是在认识世界的基础上改造、控制世界，为我所用。马克思在《政治经济学批判》导言中指出了人们掌握世界的方式问题，他说：“整体，当它在头脑中作为思想整体而出现时，是思维着的头脑的产物，这个头脑用它所专有的方式掌握世界，而这种方式是不同于对于世界的艺术精神的、宗教精神的、实践精神的掌握的。”② 当然掌握世界的方式也不限于

---

① ［俄］列宁. 哲学笔记［M］. 北京：人民出版社，1974：229.

② ［德］马克思，恩格斯. 马克思恩格斯选集：第 2 卷［M］. 北京：人民出版社，2012：701.

这几种，可以说，每一种掌握世界的方式都会使世界的某一种质得以显现，人们就感知和掌握了不同的东西，因此人们掌握世界的方式不同，事物所呈现出来的质就不相同，这就是质的生成和各种对象世界的突现过程。

不难看出，有不同知识背景、从事不同行业的人通常从自己的专业视角来看世界，使同一事物呈现出不同的质。如面对一片森林，生态学家、经济学家和画家就有不同的掌握方式。生态学家看到的是这片森林在本地区的生态作用，经济学家可能看到的是木材的经济价值，而画家可能侧重于森林的审美价值。同样，当我们要掌握一个人的健康状况时，也就意味着舍弃了这个人的思想道德品质，舍弃了这个人的社会经济地位、政治地位和状况等等与健康无关的社会方面的质；当我们在研究、欣赏人的形体美时，也就屏蔽了与形体美无关的其他规定。

对人来说，我们认识和掌握世界都是在一定的参考系中进行的，物质世界也是在这个参考系中呈现于我们的。就是说事物的质的存在是依赖于一定的参考系的，参考系不同，所呈现的质也就不相同。没有能够使事物的所有方面的质都完全呈现出来的绝对参考系。对于既定的参考系来说，只能显现某一种或几种质（属性），其他的质或属性就被这种参考系“过滤”掉了。物理学家海森堡说：“要知道一个物体的颜色，只有放弃去知道这物体中原子和电子的运动才有可能。反过来，要知道电子的运动，就不得不放弃去知道物体的颜色。”① 即使对于位置和速度的认识也必须依赖既定的坐标系才能说清楚。因此，随着人们掌握世界方式的变换，同一客观对象就会呈现出不同的质或属性。只有在主体选定的参考系、认识标准和掌握方式已经确定的前提下，才可以判定事物的质是什么。

同掌握世界的方式相联系，对于同一客体，人们在不同的条件下，在不同的角度观察的结果也是不相同的，由此产生事物的新质。在天文学

① 罗嘉昌. 从物质实体到关系实在［M］. 北京：中国社会科学出版社，1996：250.

上，参星（启明星或晨星）和商星（长庚星或暮星或太白星）都是指同一个对象——金星。这不是近代的发现，在古代人们就认识到了。《尔雅·释天》：“明星谓之启明。”晋人郭璞作注释：“太白星也，晨见东方为启明，昏见西方为太白”。太白星又叫长庚星，可见启明星和长庚星就是晨星和暮星，并且都是指同一颗星——金星。为何金星被看成了参星和商星两颗星呢？

从文学的角度来看，文学家、诗人一直将参星和商星视为两颗不同的星，它们对人有不同的意义，三国时期文学家曹植《与吴季重书》：“面有逸景之速，别有参商之阔。”曹植用“参商二星”此出彼没两不相见的情况，比喻人们分离不得相见。唐代诗人杜甫《赠卫八处士》：“人生不相见，动如参与商。”这里的参商是比喻人与人之间不和睦。既然古人知道参商二星都是指金星，但在文学作品中为何又作为两颗星来看待？难道曹植和杜甫没有这样的天文学常识吗？就算是没有这个天文学常识，我们是否应该依据科学观点来指责曹植和杜甫？同样诗仙李白还说：“小时不识月，呼作白玉盘。”月亮的真实尺寸难道就像白玉盘一般大小吗？日常生活中人们常说“日出东方”“日薄西山”，这不是地球中心论吗？但从现实来看，并没有人依据科学的观点指责这些说法，为什么会“放任”这些“错误”？这主要是因为文学家作品中的星象不同于天文学家（科学家）著作中的星象。现在出版的《辞海》在编写“启明”词条时就对这种情况做了恰当处理。在词条“启明”之外，还另列“参商”词条，把参商作为两颗星来对待，这样做有经验直观上的依据，更重要的是考虑到在千百年来的文化背景中参商已经被符号化，象征相爱之人“两不相见”，染上了浓厚的情感色彩，借景象喻人事，形成了一个固定的典故，至今仍有生命力，不能因为不符合科学就受到诘难质疑。因此，考虑到文化传统的延续，还必须视为两颗星。“参星是商星”这一案例充分说明了主体的观察角度不同，也会有新质的生成。

对于同一个客体，主体观察条件和角度发生了变化，客体原有的规定性（质）可以保持不变，但与之相对应的量的规定可以发生变化。如按照经典物理学的观点，一张床的长宽尺寸和质量是床本身所固有的量的规定，绝不会因为我们观察它的方式方法而改变。但是按照相对论的观点，这张床的长宽尺寸和质量确实与你观察它的方式方法有关。相对论认为，同一个物体，在不同的参考系中就有不同的长宽和质量。这样一来，物体的长宽尺寸、质量等量的规定在经典物理学看来是绝对属于客体（实体）自身的规定，在相对论中就变成了参考系同物质客体的关系了，相对于不同的参考系，所得出的相应数据有了差异。

英国哲学家伯特兰·阿瑟·威廉·罗素（Bertrand Arthur William Russell，1872—1970）在谈到这个问题时说过：“常识是合乎牛顿的学说的，常识确信在每个时刻一个物体本身具有一定的形状和大小，这种形状和大小与它在另一时刻的形状与大小是相同的。如果我们有绝对空间，这种确信就是有意义的，但是如果没有绝对空间，这种确信就是一眼就看出来的没有意义的东西。”① 这就表明事物的质也会不同程度地受观察者所在的参考系的影响，在不同的参考系，观察到的结果也不尽相同。

尺缩效应 $L' = L_0\sqrt{1-(\frac{V}{c})^2}$ （L_0—— 固有长度）

钟慢效应 $\Delta t' = \dfrac{\Delta t_0}{\sqrt{1-(\frac{V}{c})^2}}$ （Δt_0—— 固有时间）

质增效应 $m = \dfrac{m_0}{\sqrt{1-(\frac{V}{c})^2}}$ （m_0—— 静止质量）

尺缩钟慢质增效应公式（360 图片搜索）

在相对论中，物体的质的规定和量的规定如空间形状、尺寸大小、时

① ［英］罗素．人类的知识［M］．张金言，译．北京：商务印书馆，1983：339.

间间隔、质量大小等，都是随着观察者所选取的参考系的改变而发生变化的。即使在同一个参考系物体的形状、空间尺寸、时间间隔和质量状况也会随着物体运动速度的变化而有所改变。爱因斯坦相对论揭示了物体的时空、质量随着物体运动速度的变化而变化，这就是尺缩、钟慢和质增效应。尺缩就是物体沿运动方向的长度会随着物体运动速度的增加而缩短；钟慢就是物体内部的时间流程会随着物体运动速度的增加而变慢。从公式可以看出，这种变化如果速度（V）相对于光速（c）而言太低，是很难测量出来的，只有接近光速时才特别明显。当宇宙飞船运动速度接近光速时，同样是一米长的尺子，在宇宙飞船上的长度是两厘米，而在地面上就是一百厘米，这是“尺缩”；而在这个接近光速的宇宙飞船上，一秒钟相当于地面上的五十秒，这是“钟慢”。与之相适应，随着物体运动速度的增加，物体的质量也会比静止质量大。科学家计算过，当物体的运动速度达到每小时十万八千千米，物体的质量增加了（每公斤增加了一亿分之五公斤），与前两种情况一样，只有接近光速时才特别明显。

（四）质的生成是实践的主体与客体相互作用的产物

如前所述，质是事物的质，质与事物的存在是直接同一的，在这个意义上，事物的生成也就是质的生成。事物的质具有系统整体性，但可以表现在不同侧面，可以是显化的，也可以是隐性的。从常识的角度看，有些质是事物本身所固有，也有些质是在一定的条件下由于实践的主体与客体的相互作用而生成。

英国哲学家约翰·洛克（John Locke，1632—1704）曾提出过物体的性质分类问题，他认为物体有三种性质：

“第一种是物体的各个占体积的部分的大小、形状、数目、位置、运动和静止。这些性质，不论我们知觉到它们与否，都在物体里面，如果它们大到足以被我们发现，我们就借它们获得了事物本身的观念”。“第二种是一个物体里面那种根据它的不可感觉的第一性质的质以某种特殊的方式作用于我们的感官，从而在我们心中产生一些颜色、声音、气味、滋味的不同观念的能力，这些性质通常称为可感觉的性质”。“第三种是一个物体里面那种借自己的第一性质的特殊构造而改变另一物体的大小、形状、组织和运动，使它以不同于以前的方式作用于我们感官的能力。”①

洛克提出的物体的三种性质（质）的学说，在西方哲学史上影响很大，尤其是前两种性质的理论。在他看来第一性的质是物体本身所固有的，不依赖于观察者，也不依赖于它物，是绝对的质，它可以被人所感知，但也有暂时不能被感知的部分。第二性的质其实是第一性的质作用于人的感官引起的，它的存在依赖于观察者，其变化不依赖于物体。洛克认为第二性的质并不是什么存在于对象本身中的东西，而是一种能力，这种能力可以借助于物体的第一性质，也就是借助于物体的各个不可见的部分的大小、形状、组织、运动等，在我们心中产生各种不同的感觉，如颜色、声音、滋味等。

洛克认为第一性的质是物体本来就有的，与人的活动无关，不是主体与客体相互作用的产物。这就把第一性的质绝对化、凝固化了，忽视了质的相对性。洛克认为第二性的质是由第一性的质派生出来并为人所感知的，这种观点具有合理性，认识到了事物的质是由多种因素相互作用的产物，有一个生成的过程，符合辩证法。

从实际情况来看，第二性的质的产生离不开人的活动，是主客体相互作用的产物。离开了人的感官，就没有五颜六色，也没有酸甜苦辣，更没有玄妙的音响世界。就色彩来说，世界本身并无色彩。但在日常生活中，颜色是由刺激变量——波长在感官上的投影转化而成为物的属性；声音是一定范围（20Hz~20000Hz）的波长刺激人的听觉器官而产生的。离开了人的星球就是一个死寂的世界，如金星火星就是。可见第二性的质确实是依赖于人的感官构造以及感觉过程，可以随感官构造以及主体同对象之间的关系而改变。因此西方哲学中就有一个传统观念，即第一性的质是客观

① 北京大学哲学系外国哲学史教研室．西方哲学原著选读：上卷［M］．北京：商务印书馆，1981：457.

的，第二性的质是主观的，这种传统观念虽然具有形而上学绝对化的色彩，但也提出了第二性的质与人的实践活动密切相关的问题。

第三性的质实际上是物体改变另一物体的能力，如人通过实践改造世界，太阳对地球生态的塑造等，这第三性的质对人来说就是人的能动性，对动物来说就是它的生存能力，对一般物体来说就是它的功能属性，是较高层次的系统质。从现实来看，这第三性的质的确是人的实践活动的产物，及主客体相互作用的产物。如摄影、写生、音乐欣赏、观赏电影、品鉴花香等感性生活。摄影家捕捉生活中的美好瞬间或其他惊人瞬间，创造出社会生活的某些“新质”。电影、音乐本身也是主体加工改造客体使之产生“新质”，供人们去认识去欣赏。艺术写生也会选择绿水青山或人体作为“改造”的对象，营造出新质。这在现实生活中都是行得通的，因为主客体之间本来就存在相互作用关系，在相互作用中创造出“新质”。人们实践活动的目的、任务和方式，决定了他们选择什么样的事物或事物的哪些方面来作为自己的对象去感知和体验。所以，在科学世界里不存在的东西，可以在生活世界存在。

马克思曾把现实世界看作是实践的产物，而实践过程也就意味着主客体的相互作用，因而现实世界中的事物的质是主客体相互作用的产物。主客体相互作用首先是主体对客体的认知，通过这种认知来确定事物的质。孙学章认为：“质是一个相对的概念，它取决于体验者的体验即感觉和知觉的内容”，“质、性质、属性是人类凭借感觉内容定义的”，“主体不同，所站的角度不同，质的内涵就不同。”① 如在物理意义上水的三态变化就被视为三种不同的质，这是人类按照自身的感觉、知觉来定义质的。人们的实践内容不同，所生成的质也就有所不同。日常生活世界，画家、音乐家的对象世界，诗人和小说家的世界，科学家的世界都是有着不同质的世界，这些世界的质都是真实存在的，都是主客体相互作用的产物，它们具

① 孙学章. 本质学——向物自体还原［M］. 北京：中国人民大学出版社，2014：194-195.

有独立自主性、平权性，是不能相互替代的。

按照洛克和原子论者的逻辑，第二性的质并不是真实存在的，它只是第一性的质中的那些不可感觉的质作用于人的感官而产生的，这种观点的合理之处在于看到了第二性的质不是既成的、凝固的，而是客体与主体感官发生联系的产物。但是洛克和原子论者及其后继者——现代还原主义把质的相对性绝对化了，他们认为既然第二性的质最终可以还原为第一性的质，那么，第一性的质也可以还原为更为根本的“第零性质”，并且认为只有经过这样的还原，才能发现世界的本来面目。自从有了相对论和量子力学，证明了微观粒子的状态质与主体的观察工具有关，我们只能看到被主体通过仪器干预的微观粒子的质态，而未经主体干预之前的粒子状态我们无从知晓。相对论也证明了物体第一性质如广延、质量、时间、运动等也不是不可变的，在不同的观察条件下，有不同的表现，即是说，第一性的质和第二性的质一样，也不是视凝固于物体本身的，也是相对的，换句话说，第一性的质也是主客体相互作用的结果。如对于一栋房屋，从相对论的角度看，要问它本身的长宽高是多少，在上帝看来是多少，严格说来提出这些问题是无意义的。因为物体的广延（尺寸大小）也是就某个参考系来说的，是相对的而不是绝对的。可见即使像广延性这样第一性的质也是由许多因素共同决定的，属于系统质。

为了把握真正的实体，按照还原者的逻辑，第二性的质既然不为实体所拥有，那就把它还原为第一性质。同样，如前所述，第一性的质也可以还原为更为根本的第零性质，这样一来，第零性质就犹如第一性质，被看作是实体所固有的，是与主体无关的质。这种还原主义作为一种科研方法，不断探求事物的更深层次的质，无疑是有积极意义的。但不能绝对化，否则就会陷入虚无主义。西方哲学界的科学实在论者就走到了这一步。他们否认日常生活中的感性的经验的实在性，执迷于科学理论中的理论实体的实在性，试图通过科学抽象把握最终的实在。甚至像爱因斯坦这样的科学家也说出了这样的话："可观察的世界本身并不存在。"① 例如美国科学实在主义论者塞拉斯（Sellars，Roy Wood，1880—1973）就说："作为一个哲学家，我可以说处于空间和时间中的物理对象的世界并不是真实的，也就是说，并没有那样一些事物。或者：用比较不大离奇的话来说，就描述和解释世界这个方面而言，科学是万物的尺度，是判定什么东西存在或非存在的尺度。"② 这种还原主义的方法就是层层剥笋，层层否定，每剥去一层质（性质或属性），就是消灭了一个世界，无止境地还原下去，就是无止境地否定，不仅不能掌握世界的真实面貌，反而会陷入空无。殊不知，即便是第零性质，也是主体理性思维的结果，未必就是实体本身所固有。

五、质的单一性与多面性

事物本身是辩证发展的，与之相对应，质系统也是活生生的，富有辩证性的。主要体现为单一性与多面性、变动性与稳定性的统一。对质进行静态的研究是必要的，但仅此不够，还应进行综合考察，揭示其存在的辩证性。

（一）质的单一性

质的单一性是指一个事物只有一个系统质。这一观点的提出是从系统论考察事物的结果。事物作为一个系统存在，整体性是其最重要的特征，它表明系统是一个不可分割的统一整体，其内部的任何一个要素都不是独立存在的，而是作为系统的一个环节，融于系统整体之中。如一辆家用轿车，它的质就是机动乘用汽车，这是就系统整体的质来说的，忽略了它的组成要素。相对于系统整体的质而言，汽车的组成要素丧失了独立性，融入了汽车的系统质。

---

① ［美］爱因斯坦. 爱因斯坦文集：第 3 卷［M］. 许良英，等译. 北京：商务印书馆，1979：383.

② 罗嘉昌. 从物质实体到关系实在［M］. 北京：中国社会科学出版社，1996：240.

系统中各要素是相互联系的，由此决定了系统具有它的单个要素所不具有的整体规定性——系统质。如果没有组成汽车的各要素的相互联系，也就不会有汽车的系统质。这个系统质是任何一个要素都不能代替的，因而它具有系统性、独立性。这是系统之所以为系统的唯一规定性，即系统质具有单一性。古代希腊哲学中关于“一”与“多”的讨论在理解上不尽相同，总的说来，“一”偏重于质和整体，“多”偏重于量和部分。黑格尔体系中包含着质的单一性思想，他认为“事物性（Dingheit）是通过单一才被规定为事物（Ding）的”，“事物同样是单纯的否定性，是单一，是对于相反的特质之排斥”,① 这就意味着对某事物来说，其质有唯一性。“白只是与黑等等相对立，事物之所以是单一体正是由于它与他物有对立。”“所谓单一体，就是普遍的自我关联，也就由于它是单一的，所以它毋宁和一切等同，——它排斥他物乃是由于它的规定性。”② 马克思主义经典作家从根本上肯定了质的单一性思想。马克思恩格斯多次论及自然界的整体性、系统性。列宁以玻璃杯为例强调要从系统整体上把握事物，不能以局部代替整体。如果只是“根据最普通的或最常见的事物，运用形式上的定义，并以此为限。如果同时运用两个或更多的不同的定义，把它们完全偶然地拼凑起来（既是玻璃圆筒，又是饮具），那么我们所得到的是一个仅仅指出事物的不同方面的折衷主义的定义”。③ 列宁这段话也同样包含了质的单一性思想。

目前我国哲学界普遍流行“一物多质”的观点，认为“事物有无限多的质”，或者说“事物的质是多方面的”。这两种表述的共同缺陷是只看到了质的“多样性”（更确切地说是多面性），忽视了质的统一性（单一性）。两种表述差别在于，前者说得很绝对，包含着事物有许多质各自独

① ［德］黑格尔. 精神现象学：上卷［M］. 贺麟，王玖兴，译. 北京：商务印书馆，1979：77.

② ［德］黑格尔. 精神现象学：上卷［M］. 贺麟，王玖兴，译. 北京：商务印书馆，1979：80.

③ ［俄］列宁. 列宁选集：第4卷［M］. 北京：人民出版社，1995：419.

立之意。后者既可以理解为单一质作为整体有多个侧面或方面，也可以理解为许多分立的质。近年来又有个别论者提出质的单一性，并举出很多事例论证，① 有较好的见解，但又排斥了单一质的层次性与多侧面性，这仍有片面性。对于质是单一的还是多样的问题，应当以事物作为逻辑起点去认识，如果对事物的理解有偏差，就会导致不正确的结论。

（二）质的单一性的基础

质的单一性的基础就是事物的相对独立性。

首先，事物是在联系中存在的，它同周围事物有相对关系。

一方面，事物的质是相对于他物而言的，事物是在与别物的对比中获得自身质的规定性的。一事物同周围众多的事物相联系，但这其中能与它形成矛盾并对它进行规定的事物只有一个，这就是黑格尔说的“不是一般的他物，而是与它正相反对的他物”。正是由于作为规定者的别物的唯一性，也就决定了被规定事物质的单一性。如公牛周围的事物很多，房屋、树木、花草、湖泊、母牛、飞鸟、山羊等，但只有母牛才是与它正相反对的他物，从而能对它做出质的规定，公牛是从母牛那里获得自身单一的规定的。

另一方面，如果联系状态改变了，事物就会获得新的属性。如手电筒的质是手持式照明灯具，现在联系状态改变了，成为小孩子的玩具，或者是因装饰奇特而成为主人的装饰品，于是有人就说手电筒有多种质：灯具的质、玩具的质、装饰品的质等，并且在他们看来这些质都是各自独立的。这种观点的错误在于：一是把事物因联系状态的改变而获得的新属性也加在事物身上，把它当成事物的质，导致一物多质论。当然也可以把事物因联系状态的改变而获得的新属性看作是事物整体质的一个侧面，但决不可以将它与事物的系统质相并列。实际上手电筒的系统质（手持式照明灯具）并不因多一个属性或少一个属性而丧失单一性。二是把属性等同于

① 姜云. 论质［J］. 海南师院学报（社会科学版），1998（2）：34.

系统质。质作为属性的有机统一，它不能同其中任何一个属性相等同。

其次，事物之为事物，就在于它具有相对独立性。事物的组成要素或组成部分之所以被称为要素或部分，就是因为它们在作为整体的事物面前丧失了独立性，而被消融于事物整体之中。这些丧失独立性的要素或部分的属性就不能加在作为整体的事物身上。事物的单一质只能是事物总体所具有的唯一的规定性。如前面所举的家用轿车一例，作为机动乘用车是它的系统质，具有单一性。虽然家用轿车的组成要素很多（如发动机、变速箱、电器系统、底盘等），如果把每一个要素都独立出来，作为独立的事物与家用轿车相并列，那么这辆汽车的系统质、整体质就被掩盖起来了。可见一物多质论的失误之处在于把事物的要素或部分独立化，并把它们的属性与事物的系统质相并列。

事物质的单一性还可以从质的概念得到说明。既然质规定事物成为它自身，又使此物有别于他物，那就不难得出质是单一的结论。因为质规定此物区别于他物，它自身必然有一个先决条件即唯一性，否则它规定此物区别于他物就没有一个确定的标准。我们确认此人为张三，是因为他只有一副既定的面孔，如果他有多副面孔，那我们就无法确定他是谁了。唯心主义之所以为唯心主义，就在于它唯一的质是主张精神第一性、物质第二性，此外我们找不出别的质去描述它。持一物多质观点的论者常引用恩格斯的一句话作为论据：“存在着的不是质，而只是具有质并且具有无限多的质的物。”① 由这段话引出“一物多质”观点是对恩格斯原意的误解，恩格斯无非是说质不能脱离事物而存在，存在的只是无限多的具有质的物体。“无限多”指的是物体，而不是单个物体的质。认为事物具有无限多的质，且每个质都与事物具有直接同一性，那就意味着每个质的丧失都会导致该事物的灭亡或变为他物，这显然是不符合客观事实的。按照一物多质的观点，人有许多质：言语的质、生殖的质、劳动的质、文化的质等

① ［德］马克思，恩格斯．马克思恩格斯选集：第 3 卷［M］．北京：人民出版社，2012：936.

等。试问有人丧失了言语的质，得了失语症，或者丧失了劳动的质，失去劳动能力，难道这就不是人了吗？造成这种错误的原因仍然是把某个方面的属性与系统质等同并列起来了。

（三）质的单一性与多面性的统一

事物的质不仅是单一的，还是多侧面的，是二者的有机统一。

首先，质的单一性离不开多面性。没有事物的各个方面、各个层次的属性，质的单一性（整体性或统一性）就失去了存在的依托，多面性是单一性的基础和前提。正如没有要素或部分就没有系统一样，离开多面性的单一性只能是空洞的抽象，不能离开多面性片面强调单一性。对主体来说，如果把事物当作复合对象，就可以从中分析出若干维度和侧面，这是单一整体中的多侧面、多维度；倘若视对象为单纯的整体存在，则事物的质只能是单一的。可见，对观察者而言，多质与单一质的矛盾是由人们切入对象的不同角度造成的。如一台电脑，作为信息处理系统，这是电脑的质的单一性。但电脑本身是一个由多种要素组成的复杂系统，它是由中央处理器（CPU）、内存、显卡、主板、电源等组成，每个要素都有其独立的功能，没有这些要素按照既定的结构路线组合起来，就不会有电脑的整体功能（系统质），这说明质的整体性或单一性是以多面性为基础的。

其次，质的多面性也离不开单一性。离开单一性，质的多面性就会失去相互联结的亲和力，就是离散，事物就不成其为事物了。如果事物的质没有单一性，那么事物就会失去稳定性，成为瞬息万变、不可捉摸的了。黑格尔说过：“从概念来看，一为形成多的前提，而且在一的思想里便包含有设定其自身为多的必然性”，“‘一’显得是一个纯全自己与自己不相融、自己反抗自己的东西，而他自己所竭力设定的，即是多”。①

最后，承认质的单一性与肯定质的多面性并不矛盾。质的单一性是从整体上把握事物、考察系统的结果，它意味着系统质的唯一性。质的多面

① ［德］黑格尔．小逻辑［M］．贺麟，译．北京：商务印书馆，1980：213-214.

性是从部分和微观上考察系统的结果，它表征事物的各种属性，各个层次上的不同规定或属性，这些属性是不会同时对一个主体显现的，它们是被主体限定了的质（共同质、特殊质、根本质、非根本质就是在这个意义上说的)，不能与系统质并列。系统质是整体，方面质（属性）是部分，部分组成整体，整体包含部分。把事物某个属性说成是事物的质，就是以部分代替整体。从形式逻辑来看，质是属概念，而属性是种概念，它们是上下位或包含与被包含的关系。所以质本身是一个整体的集合，其存在取决于当时当地的情境，而不是一个抽掉了时空内容的概念。因此，在认识事物的质时，应当把质的单一性与多面性统一起来。如果片面强调单一性否定多面性，就会因缺乏分析陷入空洞的综合，相反，借口质的多面性而否认单一性，就会导致烦琐哲学，不能从整体上把握事物。

第六章

质和本质的层次性

质是否具有层次性？有人认为“事物的质虽然是多方面的、丰富的，但无层次高低之分”。[①] 也有人对质的层次性持肯定态度，并认为“物质实体系统的质有六个层次”。[②] 至于本质的层次性，列宁早就提出了，国内哲学界也大都认可，但并没有展开分析。据著者掌握的材料，无论是否定还是肯定质的层次性，到目前为止很少有人以专文的形式进行探讨。大多是在论及其他相关问题时略谈一二。目前除本人的抛砖引玉之作《论质及其基本层次》和《论本质及其基本层次》之外，尚未找到探讨这个问题的专文。质作为系统肯定是有层次性的，这是由事物系统的本性决定的，本质作为根本之质，也绝不是铁板一块，它同样是有层次的。

一、系统质的层次结构

（一）质的层次性依据

层次性是指系统在组织结构和功能方面的有序的间断和连续，或是系统要素有机结合的等级次序。系统由高级到低级往往有不同的层次，这些

---

① 张践明. 质和本质的区别［J］. 求索，1983（3）：57.

② 闵家胤在他的《质、质空间和质学原理》一文中提出质有六个层次；①物质基质（质料）的质；②结构的质；③功能的质；④第一属性的质；⑤第二属性的质；⑥在高层次系统中的系统质。参见闵家胤. 进化的多元论——系统哲学的新体系［M］. 北京：中国社会科学出版社，1999：189.

层次都具有相对独立性和整体性；高层次具有低层次所没有的质和量的新规定；低层次是高层次的基础。就像一个生态金字塔那样，高层次营养级的存在依赖于低层次营养级的存在，低营养级生物供养了高营养级生物。各层次之间相互联系相互制约构成了事物的整体。系统质的层次性来源于事物本身的层次性。分析质的层次性的前提是系统质保持稳定，即考察期间该事物仍为该事物。质是一个构成事物各个方面、各种特性的有机联系系统，构成事物质的各个要素或属性是按一定序列由简单到复杂、由外层到里层有规律地组成一个层次结构的整体。

1. 自然依据

质总是事物的质，而事物又总是相对独立的客观存在，没有相对独立性的东西，就只能作为系统要素而存在，不具有整体的结构与功能，就不能同实践需要相联系，不成为对象或客体，其质就不能为实践所发现并确定。事物的相对独立性是质的层次性的自然依据。因此作为哲学范畴的质就是事物所具有的相对独立的整体功能状态，包括：事物成为它自身的规定性；异于他物和同于类事物的直接规定性；是共性与个性、结构与功能的统一。因此，对主体而言，质总是具体的，它所回答的主要是事物作为特定层次和维度上的整体存在是什么。

要界定事物的质，首先要有既定的层次，明确在什么层次上谈论质，因为事物的存在状态各不相同，具有自然的或天然的层次性，从而构成了事物的相对性，这便是质的层次性的自然依据；另一方面，处在一定时空中的人只能首先接触到事物某个层次上的某种状态，或者是人们从某种实践需要出发，只考察事物的某种状态，这也确证了事物质的层次性。例如从生物层次定义不同的细菌，则它们作为微生物都有质的差别，但如果从化学元素层次上定义它们，就会发现它们都是碳（C）、氮（N）、氧（O）、氢（H）等元素组合而成的，作为微生物的质的差别就不存在了。可见如果考察层次不确定，事物的质也就无法确定。其次，被定义质的事物必须是处在相对稳定状态的单一整体或相对独立的单元。当人们认识一个事物时，就已经把它同别的事物“剥离”出来了，这种“剥离”也就是

“间隔”，它可以是更大系统的一个要素或某一维度或侧面，也可以是客观上原本就是相对独立的系统。如果被定义的对象不是稳定的，也没有什么间隔，就无所谓事物的整体性，又怎么能去界定它的质呢?

事物是普遍与特殊、共性与个性的统一，与之相适应，质也就有了不同层次：普遍的与特殊的。这两个层次的质直接标志着事物的存在。一个客观存在，只有当它作为相对独立的共性出现时，才成为事物。正是这种相对独立的共性构成了事物普遍层面上的质。当然共性之上又有共性，个性之下又有个性，共性与个性相互转化的层次是无限的，在这一无限转化的链条中，某个层次如果独立出来并涵盖它以下的各个个性层次，使自己成为相对独立的共性的，才能被看作事物，某个层次倘若只是作为更高共性的个性被涵盖于这个更高的共性之内，就会失去独立性，不能作为事物而独立存在。我们把萝卜作为考察对象，它是一个相对独立的共性层次，涵盖白萝卜、青萝卜、红萝卜等萝卜的具体个性，这样萝卜就作为一个独立的事物。我们把考察对象的共性提升到蔬菜这一层次，萝卜就被蔬菜所涵盖，作为蔬菜的个性而存在，就不能独立地自成事物了。可见事物之所以成为事物，不是因为它是更高共性的个性，而是因为它是较低个性的共性。当然共性本身存在于个性之中，无个性即无共性。没有事物特殊层面的质，则事物普遍层面的质就失去了存在的依托。异类事物的区别有共性层次，也有个性层次；同类事物的区别是属于个性层面的。

2. 历史依据

纵观历史，人类对事物质的认识经历了多层次推进，由个性到共性，直至本质，取得本质性认识后，再以它为指导认识新的个性，再深入共性与本质，这样循环往复，以至于无穷，每循环一次都是上升，哲学家们通过对这种认识过程的反思与概括终于认识到事物质的层次性问题。

哲学史上最早将质划分为不同层次进行分析的哲学家是黑格尔。他在《小逻辑》“存在论”中按照三段论原则分析质的发展，把质区分为三个层次，即“纯有（纯存在）、限有（定在）和自为之有（自为存在）。”“纯有”作为逻辑学的开端，是“无规定性的单纯的直接性，而最初的开端不能是任何间接性的东西，也不能是得到了进一步规定的东西"。① 可见"纯有"撇开了事物的一切特性，仅仅表征存在而已，是最空疏最抽象的概念。这种失去了任何规定性的东西就是"物自体"或"纯存在"。正如逻辑概念的开展是由抽象进展到具体一样，哲学史上最早的体系也都是最抽象的、最贫乏的。"限有"（定在）是具有一些规定性的存在。黑格尔说："定在或限有是具有一种规定性的存在，而这种规定性，作为直接的或存在着的规定性就是质。"② 在一定意义上规定性也就是否定，一种限度的界限。说某物之为某物，就意味着它不是别物，所以定在即特定的存在，已经包含了"非彼"的内容。关于"自为存在"，黑格尔认为这是对"纯有"或"限有"的扬弃，此与彼的外在关系被扬弃了，使彼成为此的内在有机内容，因此，"自为存在作为自身联系就是直接性，作为否定的东西的自身联系就是自为存在着的东西，也就是一"，"自为存在是完成了的质，既是完成了的质，故包含存在和定在于自身内，为其被扬弃了的理想的环节"③。

由于质和量是密不可分的、互相规定的，对质的层次性的界定离不开量，所以黑格尔在区分了质的三个层次之后，又分析了量的三个层次：纯量、限量和程度。纯量是一种无规定性的、笼统的量，如无限大、无限性等。限量就是定量，是具有一定规定性的量，具有排他性，是此量就不是他量。如 100 就是一个定量，它排斥了 99 以下的量，也排斥了 101 以上的量。定量也可以理解为是一个区间的量，如 100~200 之间的范围。程度是量的比例，是纯量与限量的统一。黑格尔对质和量三个发展阶段（层次）的分析是晦涩的，但也在一定意义上概括了人类对质、量认识的辩证过程。

马克思主义经典作家批判继承了黑格尔关于质的层次性思想，深入地考察了质的层次性。马克思在《资本论》中曾多次谈到应区分物的自然的

① ［德］黑格尔. 小逻辑［M］. 贺麟，译. 北京：商务印书馆，1980：189.
② ［德］黑格尔. 小逻辑［M］. 贺麟，译. 北京：商务印书馆，1980：202.
③ ［德］黑格尔. 小逻辑［M］. 贺麟，译. 北京：商务印书馆，1980：211.

(天然的质）和超自然的（社会的）质。在研究商品时马克思考察了商品的自然质与社会的质，即使用价值与价值。马克思对同一对象的质的考察，往往分为两个层次，即质的本性层次和质的特殊性的层次。质的本性即质的一般规定性，这是就该事物作为一个类在功能或结构方面的共有规定或共同属性。质的特殊性即事物特殊的质，用来指称事物或现象具体的、历史的形态变化，是事物系统的某些个别属性或要素。

马克思在《资本论》中指出资产阶级政治经济学混淆了事物一般的质与特殊的质，把复杂的质归结为简单的质，否定具体的历史的质，从而陷入错误。针对资产阶级政治经济学家只研究资本主义生产过程的普遍的质这一点，马克思指出："商品生产和商品流通是极不相同的生产方式都具有的现象，尽管它们在范围和作用方面各不相同。因此，只知道这些生产方式所共有的抽象的商品流通范畴，还是根本不能了解这些生产方式的不同特征，也不能对这些生产方式作出判断。"① 这就是说，要深刻认识生产方式，不仅要把握生产方式抽象的、一般的质，还要把握生产方式特殊的质。马克思提出了资本的一般与特殊，指出："与各特殊资本相区别的资本一般，仅仅表现为一种抽象，不过不是任意的抽象，而是抓住了与所有其他财富形式或生产发展方式相区别的资本的特征的一种抽象。资本一般，这是每一种资本作为资本所共有的规定，或者说是任何一定量的价值成为资本的那种规定。"② 资本是能够在运动中实现价值增殖的价值，此乃资本的一般规定。中共十五大报告提出"公有资本"就是在这个意义上讲的。另一方面，马克思又指出资本的本质不是物，而是以物为媒介的社会生产关系，即资本家剥削雇佣工人的关系。这是资本的特殊规定性，正是在这个意义上，人们才把资本看成资本主义特有的经济范畴。可见马克思对资本的分析体现了质的层次性。今天人们对资本的认识也是基于这两个

① ［德］马克思，恩格斯. 马克思恩格斯全集：第 23 卷［M］. 北京：人民出版社，1972：133.

② ［德］马克思，恩格斯. 马克思恩格斯全集：第 46 卷（上）［M］. 北京：人民出版社，1979：444.

层次。客观事物的质本来就有层次性，随着认识的深入，也必定反映到思维中来。

恩格斯对哲学中的基本概念的分析，也体现了质的层次性思想，在《自然辩证法》中，他揭示了运动的一般规定，即运动是物质的根本属性，是宇宙中发生的一切变化和过程，也研究了运动的特殊规定和存在形式，即机械运动、物理运动、化学运动、生命运动和社会运动。质范畴所反映的事物的普遍性不是纯粹的，而是包含着特殊性的。列宁曾转述黑格尔的话强调了这一点：不只是抽象的普遍，而且是自身还包含着特殊东西的丰富性的普遍。因此不能将质范畴所反映的对象的普遍性与特殊性加以割裂，仅仅满足于给出一个普遍性的界说，而将具体的特殊性弃之一边。

（二）系统质的基本层次

20 世纪 80 年代曾有学者提出：“质的内部结构大体分为三个基本层次：表层、中层和基质层。”① 表层是构成事物质的外圈，是事物质的表面结构。中层是事物质的表层与基质层之间的“中介”，即联系环节，构成事物质的中间部分，是事物质的中间结构。基质层是整个事物内部结构的基础，处于事物全部内部规定性的核心地位。应当说这种认识是有所突破的，但对各层次内涵的解释几乎是同义语的反复，并未提供新信息。著者认为应当根据经典作家的论述，立足于事物的一般与特殊之关系，结合现代系统论，可将系统质划分为三个基本层次：特殊质、共同质和本质。

1. 特殊质

指事物的个体相互区别的特殊规定性，即事物质的个性，或如黑格尔所说的一事物借以区别于他事物的那个界限，特殊的东西即是相异的东西或规定性。特殊的质也就是事物的独特规定性之总和，个体事物都有独一无二的规定性，它为该事物独有而其他事物所不具有，唯其如此，世界上才找不出两片完全相同的树叶。

特殊质首先表现为作为个别的事物之间的差异性。包括同类事物个体

① 钟阳胜，范英. 论质的层次结构及其转化规律［J］. 学术论坛，1984（4）：59.

的区别（如人与人、狗与狗的区别），也包括异类事物个体的区别（如人与石头、手电筒与大白菜的区别）。事物的个体就是个别，它是独立地存在的东西，体现着矛盾的普遍性与特殊性的统一。个别就是具体独立存在的区别，其本质是矛盾的普遍性与特殊性的统一。个别具有现象性、独立存在性、总体性和完整性特征，黑格尔说："个体或主体，是被设定为全体的概念。"① 因此特殊的质只是构成个别总体的一部分，而不是总体上的个别。特殊质与个性是两个不同层次的概念，特殊质是总体，个性是特殊质的具体形态或组成部分。例如张三与李四脸型不同，肤色有别，气质相异，智商高低等个性差别都是他们各自特殊质的体现。

在特殊质的这些方面或组成要素中，究竟哪一方面是主要的或次要的，就取决于认识主体的实践需要了。作为矛盾总体的个别，既有根本属性又有非根本属性，只有代表个别之本质特征的"个性"，方能表征"个别"具有的与存在密切联系的根本属性——独具性，即特殊质的基本方面；代表非本质特征的"个性"却表征着"个别"具有的与其他个别相异的特性，这都是特殊质的存在形态。由于构成事物要素的多样性及其相互关系的复杂性，同一层次的各要素之间、不同层次的各要素之间都有错综复杂的关系，这就决定了事物的特殊质不仅是多方面的，而且有轻重主次之别，这是事物个性千差万别、丰富多彩的根源。

其次，特殊的质按其本性来说又是普遍的、原则的东西，特殊的质是"个别"具有的某种限定的质，这里的限定、与认识"个别"的角度和层次密切相关，并随着认识角度或层次的变化而变化。对异类事物来说，特殊的质既是表层的，也是深层的；可以是非本质的，也可以是本质的。对同类事物来说，特殊的质只能是表层的，非本质的，因此，特殊的质是在对"个别"认识中被抽象出来，并被思维所规定了的性质，它是"个别"所具有的某种特殊规定性。作为普遍的东西，它是经过思维抽象出来的"个别"所具有的东西。如张三这个人与一棵树属异类事物，它们都是

① ［德］黑格尔. 小逻辑［M］. 贺麟，译. 北京：商务印书馆，1980：211.

“个别”，具有各自的特殊规定性：张三的细胞结构不同于树的细胞结构，张三的寿命不同于树的寿命。作为特殊的质，这都是表层的、非本质的。但张三作为人具有思维能力、具有社会性，这对树来说就是张三所具有的特殊质，这是深层的、本质的东西。另一方面，张三与李四属同类事物的“个别”，他们的特殊质如高矮、性格、体型、血型、指纹、肺活量、爱好等等只能是表层的、非本质的。个别与特殊的关系就是载体与被载体的关系，“个别”可以拥有多方面的特殊质，二者的联系是在不同方面不同层次中实现的。

再次，就某一具体事物来说，特殊的质规定着该事物的外部特征。在事物内部，特殊质主要是由构成事物的次要矛盾或矛盾的次要方面之间普遍联系所决定的，而又从整体上反映着这些矛盾群的规定性。一方面，特殊的质可以是同类事物之间的区别，如人与人之间的区别，大学生之间的区别，这种区别通常被看作个性。来自不同地区的人的生活习惯、说话方式（方言）、行为习惯、外貌特征、性格、思维方式都有不同程度的区别，既然是同类事物之间的区别，所以这种区别不会影响到事物整体的质或系统质。另一方面，特殊的质也可以是异类事物之间的区别，如一辆汽车和一头牛的区别，这种区别缺乏共同的基础，因而也就缺乏可比性或者可比性意义不大，很少有人考察这个问题。在事物的存在状态中，有些特殊的质是事物比较不稳定的部分，极易产生离心作用，其变化往往会影响到事物系统质，使其发生或多或少的量变。在事物之间的相互作用中，特殊的质处于作用或联系的界面，易受到外部条件的影响，产生离心运动。如一个人如果来到异国他乡长期工作生活，这个人的特殊的质就会受当地生活方式、文化的影响而发生改变，他原来的地方口音或方言、生活习惯、行事方式甚至外貌特征都会发生一些改变，这都是人的特殊质的变化。事物总的量变过程中的部分质变的发生，往往首先是从事物这个表层打开缺口的。

就认识过程来说，认识事物首先要区别事物，而事物最直接的区别就是特殊的质，特殊质具有外在性，可以直接为人们感知，黑格尔说质“是一种直接的质，因而亦即感性的质”,① 恩格斯也明确指出：“我们的不同的感官可以给我们提供在质上绝对不同的印象。”② 事物特殊的质成为感知的直接客体，但认识事物决不能仅仅反映事物特殊的质，更重要的是在此基础上认识事物共同的质，直至本质。设想脱离共同质的特殊的质，或者脱离特殊质的共同的质，只能是纯粹的虚无。

事物之间在特殊质上的差别可以很小，但无论如何也不能归结为量的差别。如果把事物特殊质的差别当作量的差别，就否定了特殊质的存在，如果连事物之间最直接的区别都搞不清楚，就谈不上对这个事物的认识和了解。

2. 共同质

共同质是指事物类的规定性，是事物构成要素的共同点或同一性的集合体。可以说事物所具有的类的特征或属性的总和都是共同质，它表征着事物之间的联系。同类事物有共同点，如狗的共性和人的共性。异类事物也具有共同点或同一性，如狗和蝗虫的区别很大，但由于具有共同点，便构成了一个更大的类——动物。每个事物都是具体的、个别的，都作为类的个体存在。区分事物类别的依据或标准有多个，类的内容随着分类标准的变化而变化，标准既定，则类的内容就是稳定的。同类事物的个体既相区别又相认同，有着共同之质。黑格尔说：“事物是无差别的被动的共性。”③ 对个体事物来说，它所具有的类的属性有机统一就是共同质。近来有学者虽然承认质具有层次性，但仅限于特殊质，只是把不同层次的区别看作不同层次的质，不承认有共同质，这是值得商榷的。如认为“质是在特定层次或维度上事物作为单一存在区别于其他事物的规定性”，“世界上的事物有多少种层次、有多少种存在方式、有多少中维度和侧面，有多少

---

① ［德］黑格尔. 小逻辑［M］. 贺麟，译. 北京：商务印书馆，1980：345.

② ［德］马克思，恩格斯. 马克思恩格斯选集：第3卷［M］. 北京：人民出版社，2012：936.

③ ［德］黑格尔. 精神现象学：上卷［M］. 贺麟，王玖兴，译. 北京：商务印书馆，1979：77.

局整关系，就会有多少中质与量的分类。”等等。①

事物要素质的共同点或同一性是构成事物共同质的基本单位，事物共同质展现着事物的共性、普遍性，事物组成要素及其结构的同一性组成普遍性的基本点，是事物赖以存在、发展的基础和前提。事物的同一性绝不是无矛盾的自身等同，而是包含着差异、对立的同一性。“同一性自身包含着差异性，这一事实在每一个命题中都表现出来”。② 如鸡与鸭是不同类的动物，有质的区别，但它们的构成要素如消化系统、骨骼系统、生殖系统、循环系统、运动系统甚至每一个器官组织，都具有大致相同的功能，每一细胞都在质上或多或少地具有共同点即同一性。正是这些共同点使它们获得了共同质，呈现为某些共性或普遍性，如卵生、二足、飞行功能退化、身披羽毛、能食肉等共同生理属性。同类事物的个体如鸡的个体，它们构成要素的质会有更多的共同点，构成多方面、多层次的共同质。可见相同要素或有同一性的要素之间的同一方式的联系，就会形成事物的共同质，如把必要的电脑硬件按一定的次序组装在一起，加上必要的驱动和操作系统，就构成了一台电脑。即使不同的要素，因联系方式的相似，也会产生共同质，例如用铁皮和塑料都可以制作成水桶。圆珠笔和钢笔是用不同性质的材料制成的，但都有共同的质——书写工具。

事物组成要素及其结构的同一性的集合就构成了事物的共同质，以普遍性、共性的形式存在。在这里，共同质与普遍性没有原则区别。如果说共同质侧重于表达个别具体事物单个组成要素质的共同点，那么，普遍性则侧重于表达各个组成要素及其结构之间过程的联系性，即规律性。共同质表现的是事物存在性、实体性意义上的联系，而普遍性反映的是过程性、发展性意义上的联系。

黑格尔说过：“在概念中，同一发展为普遍，区别发展为特殊，回到

① 洪昆辉. 量质转化论［J］. 云南社会科学，2002（2）：19-20.

② ［德］马克思，恩格斯. 马克思恩格斯选集：第3卷［M］. 北京：人民出版社，2012：914.

根据的对立发展为个别。"① 很明显，黑格尔认为普遍性与特殊性都是作为同一性与差别性的展开发展而存在的。在这里，构成共同质的同一性反映的是实体，而普遍性则体现着发展和过程，共同质是普遍性的根基和起点，如果同一性（共同质）是种子，那么普遍性就是种子的发芽、生长、开花和结果的成长繁殖过程。同一性是潜在的普遍性，而普遍性是公开暴露出来的同一性；共同质显出事物的普遍性，后者是前者的展开；如果把普遍性分解、还原、归结或浓缩时，就变成了共同质，即找到了普遍性的根基。可见，同一性是潜在的普遍性，而普遍性则是公开暴露出来的同一性。毛泽东指出："矛盾的普遍性和矛盾的特殊性的关系，就是矛盾的共性和个性的关系"，② 矛盾的普遍性就是矛盾的共性，它是由事物共同的质决定的，或者说事物共同的质显示出事物的共性。事物构成要素的多样性及其关系的复杂性，决定了事物共同的质不仅是无限多样的，而且也有主次、轻重之别。

就事物共同质的地位来看，它是事物特殊的质与事物本质之间的中介环节或联系环节，构成了事物质的中间层次和结构，体现了事物构成要素间的主要矛盾和次要矛盾、矛盾的主要方面和次要方面的联系环节。在事物的系统质中，共同质是比较稳定的部分，在事物相互联系相互作用中，它一般以事物质的外圈——特殊的质作为媒介同外界发生联系和作用。事物特殊的质受到外界条件的作用愈大，运动愈剧烈，对事物共同质的影响就愈大，对本质层面的作用也就愈大。如果事物特殊的质被改变了，这种质变的力量就直接冲击着共同的质，如果来自事物本质层面的阻抗力量不足以抵挡事物特殊的质之变化的渗透力，那么事物共同的质就可能发生变化，最终导致事物根本之质的变化。如生物个体的特殊质的某些方面即性状会受环境影响而发生变化。这些性状的变化最初是偶然的，但逐渐积累起来之后，就使该个体逐渐丧失原来的共同性状（共同质），随着共同质

① ［德］黑格尔. 逻辑学：下卷［M］. 杨一之，译. 北京：商务印书馆，1974：284.
② 毛泽东. 毛泽东选集：第1卷［M］. 北京：人民出版社，1991：319.

的改变，最终会导致本质的变化，完成从旧物种向新物种的进化。一种社会形态的质也是一个系统，其特殊质是这个社会的物质生活状况以及与之相适应的上层建筑的各种具体表现形态。社会形态的变迁，首先是从这种社会形态的特殊质开始，即社会物质生活的一些新变化，进而引起该社会的共同质的变化：上层建筑的形态、风俗习惯、生活方式甚至经济体制的变化，直到最后引起社会形态最核心的共同质（本质）层面的变化，即该社会的基本经济制度的变革，这个过程就是新社会形态取代旧社会形态的过程。

事物的特殊质和共同质是密切联系不可分割的。事物的质系统作为一个整体本身就体现着共性与个性的统一。正如莱布尼兹所说：世界上没有两个完全相同之物，也没有两个完全不同之物。

其一，就同类事物的不同个体来说，都具有自己特定的系统质，世界上没有两个完全相同的人，但由于同类事物具有相同的要素与结构，也就具有相同的质，如不同时空中的人总是具有共同的规定性。可见同类事物的每一个体的系统质也都是共性与个性的统一。

其二，就异类事物的个体来说，除自身特定的质外，它们之间往往也有联系，或者有些要素相同，或结构相似，或因所处环境相同，也会有共同之处，这便是共同的属性或质。如一个人和一棵树在构成成分、物质循环、能量转换、同化异化、遗传变异、时空等方面也存在一些共同点，也遵循共同的物种演化规律。

其三，要素与结构以及环境完全不同的事物，它们作为物质世界的一部分，至少也具有物质的共同属性。恩格斯说过：“两种不同的物总有某些质（至少在物体性的属性上）是共有的，另一些质在程度上有所不同，还有一些质可能是两种物中的一个所完全没有的。如果我们拿两种极不相同的物——例如一块陨石和一个人——来比较，我们由此得到的共同点便很少，至多只有重量和其他一些一般的物体属性是二者所共有的。”① 恩格

① ［德］马克思，恩格斯．马克思恩格斯选集：第 3 卷［M］．北京：人民出版社，2012：936.

斯在这里讲的“有些质”是指系统质的某些方面或组成部分，不是指系统质本身。这样恩格斯便指出了质的共性与个性。

曾有论者提出：“质总是某一类事物的质，个体事物是没有专属于它的质的”，即“个体事物并无其特有的质。”① 这种观点否定了质的个性，或以共同质代替了特殊质。对个别事物，如问它的质是什么，固然是问它属于哪个类，亦即它与什么东西是同质的。在这里主体的意向是把握事物的共同质，但丝毫也不能否定事物的特殊质。如指着某个桃子问“此物的质是什么”，答曰“是桃子”，而不说“是这个桃子”，显然这种探问的意图是把握这个桃子的共同质，找出它的属或类，这并不必然否定“这个桃子”的特殊质，世界上的桃子有万千，但没有两个完全相同或完全不同的，这只能从质的个性与共性去理解。

特殊质与共同质互为存在的前提，各自以对方的存在为自身存在的条件。一方面，质的共性通过个性而存在，以个性为载体，没有个性就没有共性，共性本来就是个性的共性，是个性的一部分，质的共性不能离开质的个性而存在。另一方面，质的个性也离不开质的共性，为共性所统摄。设想脱离共同质的特殊质，如同设想脱离特殊质的共同质一样，都只能是纯粹的虚无。承认共同质之外的特殊质，就是把特殊质视为脱离共同质而单独存在的东西，也就意味着否定了事物的联系。如果把事物的质仅仅归结为特殊质，否定共同质，那就无法说明同类事物为什么会有共同之处，等于否定类的存在。反之，只看到共同质而否定特殊质，就无法说明同类事物的个体之间为什么会有区别，否定了同类事物个体的差异，也就是否定了世界的丰富多彩。从认识的角度看，也不能把特殊质与共同质割裂开来或者互相代替。特殊质是认识的直接客体，但认识事物绝不能仅仅反映事物的特殊质，更重要的是在此基础上认识事物的共同质，直至本质。

3. 质系统中的本质

如前所述，本质即根本之质，是事物成为它自身的内在根据，是事物

---

① 张国珍. 质量互变规律的三个问题［J］. 湖南师范大学社会科学学报，1995（1）：50.

是其所是的活动倾向性，是事物维持自身存在和发展的根本规定性。从质的角度看就是质系统中占统治地位的部分，是质系统的根基；如果说质是事物成为它自身的直接规定，那么本质就是事物成为它自身的间接规定。前文从一般意义上论述了本质与质的关系，界定了本质与质的含义，并指出了二者的区别。在分析了质的两个层次——特殊质与共同质之后，就需要将本质纳入质系统，从抽象上升到具体，考察它在质系统中的地位。

本质作为根本之质，存在于质系统中。质系统中的低层次质以高层次的质为核心，受其支配并与之结合为有机整体，质系统的最高层次或核心便是本质。因此不可在质之外去寻找本质。质属现象范畴，本质存在于现象之中，脱离质的本质如同脱离现象的本质，都是不可想象的。黑格尔说："某物之所以是某物，乃由于其质，如失掉其质，便会停止为某物。"① 这里说的"质"是整个质系统，包括本质、共同质和特殊质。如果认为本质在质之外，那么即使某物"失掉其质"，也不会"停止为某物"，因为它的本质仍可以保持着，这就等于否定了质和事物存在的直接同一性。所谓质与事物的直接同一，绝不是与事物的特殊质或共同质的直接同一，而是就整个质系统来说的，实际上是与本质的直接同一。目前哲学教科书普遍认为质变是事物根本性质的变化，是新事物代替旧事物的过程。此处质变之质应当指事物的本质，或者包含本质在内的整个质系统，否则就谈不上新事物代替旧事物，无法理解质变。艾思奇曾说过："本质和质在某一方面具有同一的意义，但本质又是较为广泛而深刻的范畴。"② 可见他承认本质是一种质，也承认本质比质更深刻。

有人提出："本质则是同类现象的共性。"③ "本质总是类的本质，即一类事物的共性或普遍性。"④ 对此著者不敢苟同。共性作为类的实体并不等于类的本质，本质与共性相联系，但并非共性都是本质。如黄种人的黄

---

① ［德］黑格尔．小逻辑［M］．贺麟，译．北京：商务印书馆，1980：202.

② 艾思奇．辩证唯物主义纲要［M］．北京：人民出版社，1978：258.

③ 陈先达，杨耕．马克思主义哲学原理［M］．北京：中国人民大学出版社，2000：97.

④ 巩庆海，等．马克思主义哲学原理［M］．济南：山东大学出版社，2003：135.

皮肤、黑而直的头发是其共性，但不可说成是黄种人的本质。任何国家都有行政机关和官员，向管辖的居民收税，维护社会公共秩序，都制定法律，发布公文等等都是国家的共性，绝不可以说成是国家的本质。本质与共同质的关系是：本质存在于共同质中，共同质以本质为核心和依据。本质通过共同质、特殊质表现出来。离开本质的共同质或者脱离共同质的本质都是子虚乌有。共同质隶属于本质，受本质支配。对于比较简单的事物或在某些特殊情况下，共同质与本质是很难区分的，可以说二者直接同一。如放射性对于放射性物质来说，既是共同质也是本质。在微观领域，现象（质）和本质往往是潜存的。当微观粒子潜在的质被揭示出来时，它的本质也就暴露出来了。可见至少在微观领域共同质与本质是直接同一的。

人的认识过程也表明了本质在质中的地位。人们首先认识事物的特殊质，因为它具有外在性、直接性，可以直接为人所感知。在实践中人们依据已有的知识和经验，经过事物间的比较和感性分析就能把不同事物区分开来。人如果不能直接迅速地感知这些规定性和分界（主要是特殊质），他就连一天也不能生活。黑格尔说质“即感性的质”。事物的特殊质是感知的直接客体，但认识事物绝不就此而止，更主要的是在认识特殊质的基础上认识共同质。从特殊质认识事物，揭示出事物差异性、区别性。在认识特殊质的基础上，认识事物的共同质，揭示出事物的统一性、共性；在认识共同质的基础上探索更深层次的质，直至本质。

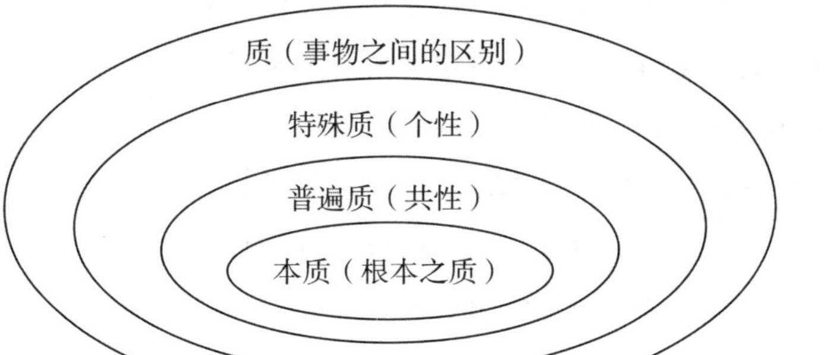

图 5　质的层次性示意图

4. 本质、共同质和特殊质在事物矛盾体系中的地位

事物的本质、共同质、特殊质都是由事物的矛盾及其运动形式决定的。

首先，事物的根本矛盾及其运动形式决定着事物的本质。从质和本质同事物矛盾体系的关系来看，事物的根本矛盾及其运动形式决定和表现事物的本质，而非根本矛盾及其运动形式决定和表现事物非本质的质。

任何一个比较复杂的事物，其内部都有许多矛盾，这些矛盾通过一定的关系形成一个具有新功能和特性的矛盾统一体，其中有一种矛盾贯穿事物发展的全过程，并对其他矛盾起着根本的支配作用，成为整个系统的核心，这就是事物的根本矛盾。同这种根本矛盾相联系的运动形式不是事物中存在的任何一种运动形式，而是指那种能将各种低级运动形式包含于其中的最高层次的运动形式，正是这种根本矛盾及其运动形式决定着事物的本质，成为事物本质的基础。由于根本矛盾贯穿事物发展过程始终，不到发生根本质变，它是不会消失的，这就决定了事物本质的稳定性，所以毛泽东说过，对事物“看它的过去，就可以知道它的现在，看它的过去和现在，就可以知道它的将来。”①

有人认为事物的本质和非本质的质分别由事物的主要矛盾和次要矛盾所决定，这是不妥当的。因为主要矛盾不过是根本矛盾在事物发展一定阶段上的具体表现，当事物发展由一个阶段进到另一阶段后，虽然前一阶段上的主要矛盾已解决，事物的一些非根本的质也发生某些变化，但由于事物的根本矛盾并未解决，这就决定了事物的本质不可能发生根本变化，因此该事物仍为该事物，保持性质的稳定。

例如中国近代社会的基本矛盾（根本矛盾）是帝国主义和中华民族的矛盾，封建主义和人民大众的矛盾。在不同时期由于具体历史条件的变化，可能其中一个矛盾更加突出一些，成为某一时期社会的主要矛盾。如19世纪末20世纪初的中国，人民大众与封建主义（满清王朝的倒行逆施）

① 毛泽东. 毛泽东选集：第4卷［M］. 北京：人民出版社，1991：1123-1124.

的矛盾就成为社会的主要矛盾，资产阶级革命派提出了推翻满清王朝建立民国的历史任务，通过辛亥革命推翻了满清王朝的封建统治，建立了资产阶级共和国——中华民国，社会生活发生了深刻的变化，当时社会的主要矛盾已基本解决，但是辛亥革命只是赶走了一个皇帝，并未完成反帝反封建的历史任务，所以当时社会的根本矛盾并未解决，这就决定了中国社会的性质仍然是半殖民地半封建社会。

其次，事物的非根本矛盾及其运动形式决定着事物各方面非本质的质。事物作为一个矛盾系统是由许多个矛盾子系统构成的，而子系统又是由更低层次的矛盾子系统构成的，由此可类推至无限。这些不同层次的矛盾子系统都有相应层次的运动形式，虽然受该事物的矛盾大系统及其最高层次的运动形式所制约和支配，但并不排除它们仍在一定程度上有相对独立的功能，对事物某个侧面的特性起着规定的作用，从而使事物在这些侧面上呈现出区别于他物或同于类事物的特征或状态，这就是特殊质和共同质。

例如社会形态就是一个矛盾系统，包含了不同层次的矛盾，有经济、政治、意识形态、文化等层次的矛盾，其中经济层面的矛盾关系是基础，制约和支配着其他层次的矛盾。但是政治、意识形态和文化方面的矛盾也具有相对独立性，表现为相同的社会形态在不同的国家和民族那里具有了不同的特色，当然，它们对于经济系统也具有或多或少的反作用。就资本主义社会形态来说，英、法、德、美、日等国家在经济、政治、意识形态、文化方面各有特色，这些特色就是由政治、意识形态和文化层次的矛盾与经济层面的矛盾的相互作用造成的。由于事物大系统的根本矛盾只有一个，因而由它所决定的事物本质也只有一个。“本质的真正二元论是没有的”。① 事物矛盾子系统是多样的、多层次性的，因而特殊质、共同质是多方面的。由于事物本质的广泛性、深刻性，决定了并非所有的质都是本质，只有那种由事物矛盾大系统中的根本矛盾及其最高层次的运动形式所

① ［德］马克思，恩格斯．马克思恩格斯全集：第 1 卷［M］．北京：人民出版社，1956：356.

决定的事物的根本的质，才是本质。

第三，本质在事物发展过程中的作用不同于特殊质与共同质。本质是事物的基质层，它作为整个事物内部结构的基础，处于事物全部规定性的核心地位，是质的主体部分。就事物存在状态来说，本质是最坚固最稳定的部分，只要事物作为一个过程还没有完结，它就绝不会发生显著运动。在事物发展中，之所以存在质变的关节点，就是由事物本质（基质层）的存在及其规定性决定的。虽然本质决定事物发展全过程，但本质的东西一般不与其他事物发生直接联系，而往往借助于特殊的质和共同的质作为联系的中介，在联系的性质和方式上，对特殊的质和共同的质起着根本的决定作用。当事物质的表层（特殊的质）发生的部分质变突破中层即共同的质之防线、腹地而扩散到本质层面时，决定事物本质的根本矛盾的双方就会发生力量的消长，事物能否最后发生质变，就取决于矛盾双方斗争的情况。

就生物进化过程来说，环境等引起变异的因素先是作用于生物个体的个别性状（特殊质的成分），导致共有性状的改变，达到一定程度，就会动摇该物种的本质规定。本质规定的改变意味着新物种代替了旧物种。需要指出的是，所谓表层、中层和核心，只是一种比喻。于光远说过：什么叫“里面”，这是认识论中的“里面”，不是几何学中的“里面”，即感觉达不到只有“思索”才能达到的地方。十分明显，我们不能说特殊质、共同质及其他现象是外壳，本质是核心，或者说一个人的本质位于他身体的某个部位。朱熹讲读书时做过比喻：如数重物，包裹在里面，无缘得见。须是今日去一重，观得一重。明日又去一重，观得一重。去尽皮，方见肉，去尽肉，方见骨。去尽骨，方见髓。皮肉骨髓，逐层深入，人们往往以为这就是从现象到本质（特殊质—共同质—本质）的认识过程，其实这种看法是不正确的。质的层次性不能理解为空间上的层次性。就事物质的存在来说，特殊质与共同质，可以被人直接感知，但本质是不能直接感知的，本质与共同质、特殊质不存在由里向外的空间层次关系。所以本质不在现象之后，或现象之外，只能在现象之中。当我们感知客观事物时，各层次的质也同时在感知中完全地给予着。一条狗的本质就在于它的生命现象之中，熟透了的苹果往地上落，这里也有本质和规律。

第四，事物各个层次的质也并不是凝固不变的，在一定条件下也是可以相互转化的，它们的区别具有相对性。本质取决于根本矛盾及其运动形式，共同质、特殊质取决于非根本矛盾。就事物发展的某个阶段来说，根本矛盾、非根本矛盾表现为主要矛盾和次要矛盾。在事物发展过程中，受各种因素的作用，有些次要矛盾或激化或缓和或解决、产生，都会导致特殊质、共同质某些侧面的彼消此长、此消彼长的复杂情况。当事物的主要矛盾（或矛盾的主要方面）与次要矛盾（或矛盾的次要方面）发生相互转化时，如果根本矛盾与主要矛盾同一，那么事物就会发生本质的变化；就某一生物物种的演化过程来说，始终存在着遗传与变异的矛盾，如果遗传是矛盾的主要方面，则该物种的性质不变。由于在演化过程中受到环境因素的刺激，加之物种内部各种矛盾的作用，就会产生一些变异或基因突变，就使物种的性状发生变化。如果变异的因素越来越多，以致成为矛盾的主要方面，那么该物种就变成了他物种，实现了新物种代替旧物种。

如果事物的根本矛盾不变，并且由其派生的其他矛盾不断产生和不断解决，使共同质、特殊质变化很大，但事物的本质不会改变，可以肯定的是事物发展进入了一个新的阶段。如资本主义社会的根本矛盾是生产的社会化与生产资料的资本主义私有制之间的矛盾，这个矛盾在资本主义发展的不同时期也有不同的具体表现。从 19 世纪 70 年代开始直至 20 世纪初，各主要资本主义国家都出现了不同程度的生产和资本的集中，而生产和资本的集中引起了垄断，此时资本主义的特殊质和共同质都发生了较大的变化，但由于资本主义的根本矛盾没有发生变化，这就决定了资本主义的本质不会发生变化。但可以肯定的是资本主义进入了一个新的阶段——垄断阶段。但需要指出，根本矛盾与本质是同等程度的概念，非根本矛盾与特殊质、共同质也是同等程度概念，区别仅在于矛盾侧重于关系、动态，而本质、共同质和特殊质则侧重于事物存在状态和方式的描述。

二、本质的基本层次

从运动的观点来看，本质"自己的运动"造成了本质的层次性。在事物根本矛盾发生根本性变化之前，本质是相对稳定的，但它仍处在绝对运动之中，并且它自身也在变动，达到一定程度便否定自身，转化成另一事物的本质；另一方面，本质也只有在运动中才能表现自身的规定性。本质形成过程即本质的表现过程，它是通过各种不同环节的运动在同别的事物相互联系、相互作用中表现出来的。事物是作为过程而存在的，因而本质所具有的种种规定性的展开，也必然有一个过程，这便是本质的深化过程，当然这种深化并非是对原有本质的抛弃，而是本质"自己的运动"，是本质自身的完善和发展，是由相对到绝对的转化。在此过程中，事物的本质就呈现出多个等级和层次。由于本质深藏于现象背后，必须通过现象表现出来，所以随着事物及其本质的不断发展，新的现象就会不断出现。

虽然我国目前哲学界都认为本质是有层次性的，但究竟它有哪些基本层次，各层次之间是什么关系？据著者所掌握的资料，当前学界尚无专文来讨论这个问题。对本质的各层次内容的规定不清楚，论者往往不知道彼此是在哪一个层次上讨论本质的，所以在讨论某些事物的本质时就很难取得一致意见。显然，对本质及其层次性的讨论是非常必要的。

（一）划分本质层次性的依据：属种关系

列宁认为事物的本质作为一个系统并非铁板一块，而是有梯级层次的："人的思想由现象到本质，由所谓初级本质到二级本质，这样不断加深下去，以至于无穷。"① 列宁明确提出了本质的层次性，但他没有说明怎样划分这些层次，也没有阐明各层次的内涵。本文认为，就主体认识而言，应当立足于事物的共同矛盾与特殊矛盾，依据事物属种关系来划分事物本质的层次性。

---

① ［俄］列宁．哲学笔记［M］．北京：人民出版社，1974：278.

属种关系是事物存在的基本格局，即所谓“物以类聚”。既然本质就是根本之质或占统治地位的质，是事物成为它自身的内在根据，是事物是其所是的活动倾向，那么正是这种内在根据决定着该事物或现象属于哪一类。事物只有在联系中才能存在并且获得自身的规定性。属种关系就是事物之间的一种普遍联系，它规定了事物之间的层次关系。认识这些层次关系，对于认识事物的本质是至关重要的。从属种关系的某一个既定层次来说，本质就是作为种的事物或现象的属。具体事物作为种必有其属，种是个别，属是共性或一般，它统摄着个别。从现实来看，属种（类种）关系就是本质与现象的关系，“属于”关系也就是现象与本质关系之实质。本质就是事物、现象的属，就是事物、现象所属于的类，类的规定性必然为组成类的每种事物所具有，从概念所体现的事物与本质的逻辑关系来看，揭示事物的本质就是要弄清楚它属于什么。

从属种关系来解释本质与现象的关系，也有哲学史上的依据。亚里士多德就是从种属关系上来理解事物本质的，他提出：“种是表示在属上相区别的若干东西之本质的范畴。”①“在定义的若干构成要素中，种被认为是最揭示被定义者本质的”。② 可见他主张“种”是“属”的本质。现代形式逻辑已把亚氏所说的“种”与“属”的地位颠倒过来，属成了种的上位概念，属是种的本质。先秦哲学中也有类似的观点，如墨子提出依类明故、推类察故的思想。后期墨家发展了这种思想，认为“命之马，类也，若实也者，必以是名也”。（《墨子·经说上》）马是类名，凡是具有“马”的特征的动物都可以称为“马”，这就是把本质和类等同起来了。在这里，属和类实质上并无区别，在现代形式逻辑中，“属”概念亦称“类”概念，属种关系，就是类种关系。因此，说事物的本质是它的属，就等于说本质是事物所属的类。

罗马哲学家波爱修（约480—524）说：“‘种’和‘属’是在个体之

---

① 苗力田. 亚里士多德全集：第1卷［M］. 北京：中国人民大学出版社，1990：385.
② 苗力田. 亚里士多德全集：第1卷［M］. 北京：中国人民大学出版社，1990：471.

中，但它们都被思考为共相，并且‘属’必须被看作不外是把个体中的众多的实质上相似性集合起来的思想，而‘种’则是集合‘属’的相似性的思想”,① 法国12世纪哲学家阿伯拉尔（1079—1142）认为本质不能离开具体事物而存在，“一切‘种’或‘属’都是在感性事物中。但是，因为对它们的理解总是和感觉分离的，所以，显得它们似乎绝不在可感觉的事物之中”②。既然本质的载体是具体事物，而具体事物又以属种关系这样的格局存在着，因此对于事物本质层次性的理解就不能离开属种关系，否则就不能真正搞清楚事物的存在方式和相互之间的关系。明确这一点，就不难理解现象学大师胡塞尔为什么从属种关系角度提出事物本质的层次性问题。胡塞尔认为：“每一本质，不论是实质性的还是空的（因此是纯逻辑的）本质，都存在于本质的层级系列中，存在于一个一般性和特殊性的层级系统中。这个系列必然有两个永不彼此相合的界限。我们向下可达到最低的种差，或者也可以说，本质的单个体，而向上穿过种本质和属本质又可达到最高的属。”③ 胡塞尔首次把本质分为一般本质与特殊本质，虽然他未能阐明这两个层次的内涵，但他的思路是可取的。

从主体认识活动来看，人们通过现象把握本质的第一步就是从个别深入到一般，抽象出事物的属（一般或共相），由于属同现象相比，它较为直接地表现着本质，所以认识的第二步就是从事物的“属”中提炼出本质。因此，找到了某事物或现象的属，就等于获得了打开本质大门的钥匙。

纵观科学史，人们对某一现象的本质是什么的争论，其关键性进展几乎都是以找到该现象的属或类为突破口的。对燃烧现象的本质，最初人们用“燃素”说去解释。后来法国化学家拉瓦锡（1743—1794）以充分的科

① 北京大学哲学系外国哲学史教研室. 西方哲学原著选读：上卷［M］. 北京：商务印书馆，1982：232-233.

② 北京大学哲学系外国哲学史教研室. 西方哲学原著选读：上卷［M］. 北京：商务印书馆，1982：254-255.

③［德］胡塞尔. 纯粹现象学通论［M］. 李幼蒸，译. 北京：商务印书馆，1996：65-66.

学依据证明了燃烧同动物的呼吸一样，都属于空气中的氧所参与的氧化作用，在这个基础上他确立了燃烧的本质是氧化反应的正确观点。热现象的本质是什么？经过近两个世纪的探索之后，直到英国物理学家焦耳（Joule，1818—1889）测定了热功当量以后，人们才逐渐认识到热现象是由于物质运动而产生的，找到了热现象的属，确立了热的本质是微观粒子的无规则运动的正确观点。此外，像对光、脉冲星等现象的认识也大抵如此。可以说，人们在确定对象的本质时表现出来的主要倾向就是寻找对象的属或类，一旦对上号，就意味着有了新的突破。正如列宁所说："当我们说伊万是人，哈巴狗是狗，这是树叶等等时，我们就把许多特征作为偶然的东西抛掉，把本质与现象分开，并把二者对立起来。"① 显然，列宁是把"人""狗"和"树叶"等属或类当作本质看待的。

在形式逻辑中，"属"概念和"种"概念分别称为"上位概念"和"下位概念"。在具有从属关系的两个概念中，外延较大的概念是"属"，外延较小的是"种"。对物种的个体而言，只有属才表明它与别的事物相区别的根本属性或原本的性质。"根本属性"就是从根本上讲属于什么类。某事物属于什么，什么就是它的属，而其本质就通过这个属直接表现出来。如蜥蜴、蛇、鳄鱼、恐龙与乌龟的外形相差很大，但爬行动物作为它们共同的属，直接表现着它们的共同本质：即这类动物共同的内在矛盾或存在根据。既然现象的属或类就是它的本质，那么当某一类现象的本质还未被前人揭示出来时，如果要揭示这一现象的本质其实就是给这一类现象一个属或类概念的规定。属或类作为概念乃是反映事物本质的思维形式，在外延上它包括、统摄它所概括的一切现象，但它本身却是抽象的、一般的东西，不是实体或实存，它只能存在于具体的现象和事物之中。马克思在《资本论》中指出，利润、利息和地租都属于资本主义剥削收入，这个属直接表现着它们的共同本质——剩余价值的转化形式。

---

① ［俄］列宁. 哲学笔记［M］. 北京：人民出版社，1974：410.

由于属种关系层次的多样性、相对性，这就需要从属种关系的不同层次上揭示事物多重本质。在定义某个事物时，首先要找到种概念的属概念，再找到种概念所反映的事物与同属的其他种概念所反映的事物相区别的根本规定性，然后将二者综合起来，就形成了被定义事物的内涵，这是“属加种差”的定义法。如果仅从事物属的方面定义事物，则只能认识其共同本质，只有加上种差（属与种的结合部或最低属）才能揭示事物更深层的本质即特殊本质。因此，属种（类种）范畴同本质与现象范畴有密切的联系。本质是属的内在根据，属是本质的直接表现，是本质与现象之间的中间环节。

每一事物都是作为属的种或类的个体而存在，但对主体而言，区分事物属或类的标准也不是单一的，因此属或类的内容便随着分类标准的变化而变化，并且从形式逻辑来看，母项与子项的划分既有一次划分也有连续划分，这就反映了事物本质的多重性、复杂性。如果属种关系既定，则其内容就是稳定的，它所表现的本质就是确定的。这样，属的不同层次也就反映着本质的不同层次，每一层次的属表现着相应层次的本质。事实上，从属种关系角度认识本质是人类从个别认识一般的基本思路。面对一个陌生的特殊事物，人们往往要首先揭示它属于何种事物，即它属于哪个类、属、种（共相)。种的本质是属，种是现象，属是本质；属的本质是类，对类而言，属又是现象。色彩的本质是颜色，颜色的本质是电磁波，共相的层级越高，其代表的本质就越具有普遍性。在这个前提下，我们根据作为种的事物的属之层次关系将事物的本质划分为一般本质与特殊本质这两个基本层次。

（二）本质的基本层次：一般本质与特殊本质

无论属种关系有多少层次，在既定的参考系之内，从矛盾的普遍性与特殊性的关系来看，属种关系总是具体的或者是确定的，这样我们就可以把事物的本质区分为一般本质与特殊本质两个基本层次。马克思、恩格斯没有专门论述一般本质和特殊本质，但从马克思对资本本质的分析来看，已经包含了这个思想。一方面，马克思指出："与各特殊资本相区别的资本一般，仅仅表现为一种抽象，不过不是任意的抽象，而是抓住了与所有其他财富形式或生产发展方式相区别的资本的特征的一种抽象。资本一般，这是每一种资本作为资本所共有的规定，或者说是任何一定量的价值成为资本的那种规定。"① 资本是能够在运动中自行增殖的价值，此乃资本的一般本质。另一方面，马克思又指出资本也同商品、货币一样，本质上是人与人之间的生产关系，资本的本质不是物，而是以物为媒介的社会生产关系，即资本家剥削雇佣工人的关系。这是资本的特殊本质，正是在这个意义上，人们才把资本看成资本主义特有的经济范畴。

毛泽东在《矛盾论》中明确地把事物本质分为两个层次："特殊的本质"和"共同的本质"，并最早对这两个层次做出了说明，认为事物"特殊的本质，为它自己的特殊矛盾所规定"，"如果不认识矛盾的普遍性，就无从发现事物运动发展的普遍的原因或普遍的根据"，② 毛泽东主张事物的共同本质和特殊本质分别由事物的普遍矛盾和特殊矛盾所规定，这是就实质内容来说的。从既定的属种关系来看，事物的普遍矛盾和特殊矛盾分别表现为属和种。属代表一般本质，种与属的结合部或事物的最低属则代表特殊本质。

1. 关于一般本质

亦称"共同的本质"，或"类本质"，是指深藏于同类事物背后为该类事物的每一现实个体所具有的共同矛盾和内在根本，是个体事物可能没有完全表现而又不断趋近的那种规定性。它规定着该类事物的共性，统摄着该类事物的运动趋势，使其万变不离其宗。洛克曾提出"名义本质"的概念。他认为通常人们探讨的本质只是名义本质，其内容是表示某一类事物中的一些共同的东西的抽象概念，简言之就是"种名"或"类名"而已。

---

① ［德］马克思，恩格斯. 马克思恩格斯全集：第46卷（上）［M］. 北京：人民出版社，1979：444.

② 毛泽东. 毛泽东选集：第1卷［M］. 北京：人民出版社，1991：309-310.

可见洛克所谓“名义本质”，不过是抽去了客观内容的事物的共同质。一般本质与共同质的区别在于：前者是深层的、稳定的，后者是表层的、易变的；共同质只是事物共性的集合，一般本质是决定共性的东西，是共性的根据。如手脚分工、会说话、能思维、有亲友关系等是人的共同质，而自由自觉的活动（实践）则是人的一般本质。就某些较简单的事物来说，很难区分一般本质与共同质，或者说二者是一致的。对于一般本质，可以从横、纵两个方面来考察。

从横的方面理解，既定的最高属就直接体现着一般本质。人们认识事物的一般本质，要求思维的抽象有一个最高限度，这就是作为考察对象的性质和内容保持稳定，该事物仍为该事物。如果超出了这个界限则等于变换了分类标准，属的内容就不是确定的。胡塞尔所谓“形式本质”概念，大体上相当于该意义上的一般本质。他说这是一种“完全‘空’的本质，这种本质由于其空形式的方式而适合于一切可能的本质；它由于其形式的一般性而具有一切的直至最高的实质一般性，并借助属于此形式一般性的形式真理，为它们规定法则”。① 对某一既定的物种来说，形式本质是一种纯本质形式。在这个意义上，人的一般本质就是人与动物相区别的根本规定性，即实践（首先是生产劳动），它把人从其他动物中提升出来，正是劳动才使人具有社会性，劳动或实践是人区别于一般动物、人之为人的最后界限，在此界限之内的才是人。人直接表现为社会性动物，这是适合一切人为一切人所具有的，是人的最高属。对人的本质系统的认识正是从人与动物的区别开始的。亚里士多德说：“人天生是一种政治动物”。② 在西方哲学史上有很多哲学家把理性、自由、追求幸福看作人的共同本质，实际上这都是讲人的共同质，它取决于人的一般本质，是人的社会性的表现，因为人的理性、自由和追求幸福等质的规定性，只有从人的社会性出发才能得到合理解释。费尔巴哈把“类”看作人的绝对本质，这本是无可

① ［德］胡塞尔. 纯粹现象学通论［M］. 李幼蒸，译. 北京：商务印书馆，1996：62.

② 苗力田. 古希腊哲学［M］. 北京：中国人民大学出版社，1989：575.

厚非的，但他所说的“类”抽掉了人的社会内容，把人还原为生物学上的类，这是他的缺憾。马克思也说过：“通过实践创造对象世界，改造无机界，人证明自己是有意识的类存在物，就是说是这样一种存在物，它把类看作自己的本质，或者说把自身看作类存在物。”① 与费尔巴哈不同的是，马克思强调人的物质生产的类生活，对“类存在物”的研究不能离开人的实践及其形成的社会性，这是“类”的实质内容，因为正是在改造自然的过程中，人们之间结成一定的社会关系，这种社会关系反过来又制约和规定人的本质，使人成为“社会存在物”。

对同一物种，如果用不同的分类标准去衡量，可以发现它的最高属也是相对的，这表明一般本质具有潜在的多面性、复杂性。如可以说人属于生物，属于动物，属于哺乳动物，属于社会动物。没有既定的分类标准，则类的内容就不确定，它所体现的一般本质也不确定。这一点可以较好地解释哲学史上的一些争论。对人的本质问题可以说是众说纷纭：理性、趋利避害、自私、食色，等等，造成这些混乱的原因，就是他们坚持的分类标准不同，争论的双方不是站在同一层次上，没有抓住人的最高属和最低属所体现的人之为人的根据。

本质总是事物的本质，一般本质是不能脱离事物而单独存在的。胡塞尔关于形式本质的思想是相当深刻的。他认为形式逻辑、纯数学都出于这个“形式区域”，“严格说来它不是一个区域，而是一般区域的空形式；它不是使一切具有实质的本质特殊化区域与自己并列，而是（尽管只是形式地）使其在自己之下”，② 但他又说：“逻辑的形式本质（如范畴）不是以与下述同样的方式‘存于’实质的单一体中，如在普遍项红‘存在’红的各种色调之中，或‘颜色’是存于红或蓝之中这个意义上”；“严格说来它

① ［德］马克思，恩格斯．马克思恩格斯选集：第1卷［M］．北京：人民出版社，2012：56-57.

② ［德］胡塞尔．纯粹现象学通论［M］．李幼蒸，译．北京：商务印书馆，1996：62.

们根本不‘在’实质的单一体之‘内’。”① 他极力强调纯粹本质的独立性、“本身性”，强调本质不能被经验到也不能通过抽象从经验中归纳比较而抽取，必须通过意识的还原才能“看到”，这样他就把形式本质看作一种先验性的东西，类似于柏拉图讲的“美本身”“数本身”“马本身”。这就是割裂了一般与个别的关系，承认了一般可以脱离个别而存在。

从纵的方面来说，事物的一般本质就是深藏于同类事物背后为该类事物的每一现实个体可能不完全表现而又不断趋近的那种规定性，典型性是它的突出特点。对于该意义上的一般本质，应从以下几个方面把握：

第一，它是事物内部矛盾所决定的事物已潜存的或在未来状态下的本质。例如，真理作为对客观事物的正确反映，这是它的一般本质，它表明真理应当是对世界的包罗无遗、完全正确的认识（绝对真理），而每一个具体的真理都有相对性，有待于扩展，有待于深化。绝对真理只有通过相对真理才能表现出来，相对真理必定具有绝对性，包含绝对真理的成分，并不断地趋近它。

第二，事物的一般本质就是由同类事物所共同具有的矛盾决定的，它是事物的类本质。正是这些共同的矛盾使客观事物具有类的特征，隶属于一个类别。如狗的个体中一定包含着狗类的共同矛盾，个体的狗不管外貌形态怎样特殊，但总是不能脱离狗的本质，虽然可能是不完全地表现狗这个类的性质。具体事物总是作为类的个体而存在的，“方以类聚，物以群分”，猴子区别于乌龟，鸟异于蛇，白菜不同于萝卜，这是因为它们属于异类个体，每个类的共同矛盾各不相同。

第三，事物的一般本质往往带有理想性、价值性。这是由事物的客观特性与人的需要之间的矛盾决定的。同人的活动直接有关的事物特别是被主体所改造的事物就更是如此，因为人总是按照自己的需要和事物发展的现实可能性来改造这些事物（如现代克隆技术的应用），使它既按照自身

① ［德］胡塞尔．纯粹现象学通论［M］．李幼蒸，译．北京：商务印书馆，1996：67-68．

发展的规律，又朝着人们追求的理想状态发展，达到合目的性与合规律性的统一。因此，这些事物的一般本质又具有价值性。苏联哲学家库兹明（生卒不详）提出的“功能质”就属于一般本质。他说：“这种质的规定性，其基础是专门化或效用的原则。在这里，物质本身的质的规定性失去了它的主导意义，指称规定的作用为功能所代替。……人造的‘第二自然’中的所有实物正是根据这一原则来确定的。譬如，许多家庭日用品可以用不同材料制造，材料的质在这里没有决定意义；主要的要求在于这些实物应该同自己的用途和功能相符合而这也就是它们的功能的质。”① 人们要求实物同自己的用途相符合，从而使一般本质带上了理想性、价值性。学术界有论者提出本质有现实存在和理想存在。“本质之现实存在就是现实存在着的事物的内在联系，它具有客观性、真实性。本质之理想存在指的是经过人主观改造了的，包含有认识主体之理想的，事物的内在联系，它具有客观性、虚拟性”。② 在这方面最明显的就是人造物，如汽车、电脑、手机等，其本质同人们的事先设定直接相关。

马克思在从横的方面揭示人的“类”本质（一般本质）是劳动或实践的基础上，又指出“自由的有意识的活动恰恰就是人的类特性。”③。这是对人的一般本质的深刻说明，是从纵的方面把握人的一般本质。在这个意义上，有的学者提出人是追求生存自由的社会性动物。实践的实质是自由自觉的活动，就某一代人来说，其活动并非完全自由，但总是趋向自由，人类实践活动的历史就是不断追求自由的历史。

从哲学史来看，提倡演绎方法的理性主义哲学家，他们所讲的“本质”大都是这种带有理想色彩的一般本质。在柏拉图看来，理念就是本质，它本身是完美的、理想的。现实事物虽然“分有”了理念，但总是有

---

① ［苏］库兹明. 马克思的理论和方法论中的系统性原则［M］. 贾泽林，等译. 北京：社会科学文献出版社，1988：53.

② 贾澜. 论本质之现实存在和理想存在［J］. 求索，2002（6）：140.

③ ［德］马克思，恩格斯. 马克思恩格斯选集：第1卷［M］. 北京：人民出版社，2012：56.

对理念或多或少的偏离，因而是不完美的。笛卡儿认为上帝作为物质实体和精神实体的本质，它是完美的，物质实体和精神实体都不是完美的，因而是有限实体，上帝才是无限实体。康德认为，人只能认识现象即此岸世界，物自体作为现象背后的本质，属彼岸世界，是认识不断趋近而又永远不能达到的一个目标。不难看出，这些理性主义哲学家对事物本质的理解互有差别，但有一点是共同的，就是把事物的本质理解为具有理想色彩的一般本质。可见，用演绎方法从已知的原理或自明公理出发推论出各类事物的本质，就更多地带有应然的性质。

2. 关于特殊本质

依据一般本质只能确定该类事物与他类事物的根本区别，而不能从根本上区别同类事物。如人的一般本质是社会实践特别是生产劳动，其特性就是自由自觉的活动，这是人与动物的根本区别，它不能说明人与人之间的根本区别。因此，只有揭示了事物的特殊本质，才能区别同类的事物。

什么是特殊本质？哲学史上很少有人论及。洛克提出的“实在本质”在一定程度上具有“特殊本质”的意义。洛克认为“所谓本质可以当作是任何事物的存在看，而且物之所以为物，亦就全凭于它。因此，事物的内在组织（这在实体方面，往往是不能被人认识的），就是可感性质所依托的，因此，它就可以称为本质。”① 洛克承认本质是客观的，内在于事物，决定着事物的外在表现，但他又认为人永远窥探不到事物的内在结构，因而只能认识名义本质而不能认识“实在本质”，陷入不可知论。

胡塞尔使用过“实质本质”概念，并认为它是相对于一般本质而言的，也是对应于各门理论自然科学的。各门自然科学由于其实质本质的不同而被划分为不同的“区域”，每个区域都包含着该区域的区域本质（实质本质），以及以它为基础的经验对象。可见，胡塞尔的“实质本质”相当于特殊本质。著者认为特殊本质就是某事物或现象的最低属的存在根

① ［英］洛克. 人类理解论：下册［M］. 关文运，译. 北京：商务印书馆，1959：398-399.

据，它由事物内在的特殊矛盾构成。从定义的角度说，特殊本质就体现为由种所限定的属，或者说种中之属，即种差。例如，资本主义是帝国主义的一个属，但这个属只表明帝国主义的一般本质，体现不出帝国主义之所以成为帝国主义的那种规定性。最能说明帝国主义存在根据的就是垄断，这是帝国主义最深厚的经济基础，所以垄断是帝国主义的特殊本质。再如灯是电灯的属，“照明装置”是电灯的一般本质，“将电能转化为光能的装置”则是电灯的特殊本质，它由电灯的最低属（种差）表现出来。如果说事物的一般本质是由事物内部矛盾所决定的事物已经潜存或者在未来状态下的本质，那么特殊本质就是事物在现存状态下的本质。事物内部总是有肯定和否定两个方面，前者维护事物的现存状态，后者则趋向于否定事物现存状态，这种矛盾决定了事物在任何时候都是处在现存状态而又离开现存状态趋向未来的理想状态。马克思在研究人的本质时，先是考察了人的一般本质，最后立足现实，揭示了人的特殊本质，包括人的群体和个体的本质，他指出：“人的本质不是单个人所固有的抽象物，在其现实性上，它是一切社会关系的总和。”① 仅从人的一般本质还不能认识人与人之间的本质区别，只有依据社会关系才能判明一个人究竟是地主、资本家或者工人，也只有对人的社会关系作具体的历史的考察，才能揭示出现实群体和个体本质的差别性、变动性。

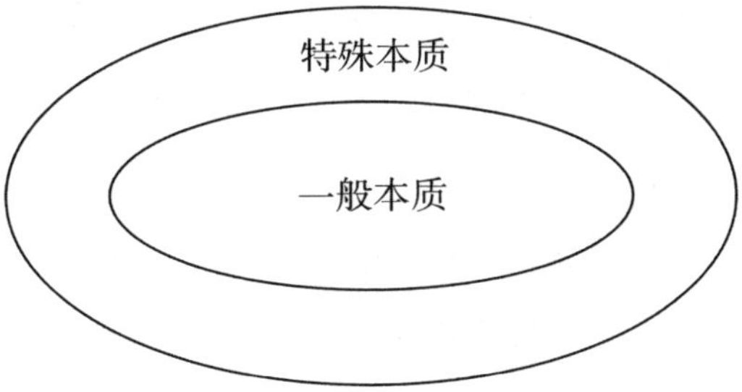

图 6　本质的基本层次示意图

① ［德］马克思，恩格斯．马克思恩格斯选集：第 1 卷［M］．北京：人民出版社，2012：139.

纵观哲学史，推崇经验主义方法的哲学家大都把事物的本质归纳为特殊本质。如古希腊泰勒斯、阿那克西曼德、阿那克西美尼、赫拉克利特等把水、气、无限者、火等视为世界的本质，这种认识无疑是来源于对事物的感性特征进行归纳概括的结果。近代经验论哲学家洛克等认为，人所认识的只是简单观念，即事物的各种感性特征，而复杂的观念则是对这些简单观念的综合，所以他认为事物的本质只是从事物的感性特征中概括出来的共同性。现代许多实证主义者也把事物的本质理解为某种现成的性质，并把它绝对化。可见，用归纳方法从事物实际存在的多种属性中概括出同类事物的共同属性作为该事物的本质，这样的本质就更多地具有实然的性质。

（三）一般本质与特殊本质的关系

事物的一般本质与特殊本质既有区别又有联系，共同构成了事物的本质系统。二者的主要区别是：

第一，它们存在的基础不同。一般本质由同类事物的共同矛盾构成。具体事物必有其属或类，同类事物必有共同的内在矛盾，否则就不能成其为同类事物。特殊本质由事物内部的特殊矛盾构成。同类事物的个体间的区别可以是表面的，也可以是深层的，前者属现象范围，后者属特殊本质范畴。如可以根据外部特征区别张三和李四，但只有从社会关系层次才能揭示他们各自的特殊本质，分清谁是资本家、地主或者工人。

第二，它们所处的层次不同。一般本质比较抽象，层次较高，通过事物的最高属或者较高属体现出来，是本质系统中靠近边界的地带。特殊本质处在较低层次，比较具体，通过事物的最低属（种差）来表现。在某种意义上，如果说一般本质是分析的结果，是抽象的规定，而特殊本质则是从抽象而达到的具体。

第三，它们的运动特性不同，一般本质具有相对稳定性，特殊本质相对活跃。自由自觉的活动或实践作为人的一般本质是稳定的，它决定着人类进化的总趋势。在总体上适合于一切时代。人的特殊本质即社会关系总和则是具体的，相对不稳定，一个人可能过去是资本家，现在是工人。某种生物个体的一般本质是稳定的，特殊本质有易变性，这正是该种生物各亚种存在的依据。

一般本质与特殊本质也是相互联系不可分割的。

首先，二者相互依存。一般本质存在于特殊本质之中并以它为基础，没有后者，前者就失去了依托。一般本质是特殊本质内容的一部分，正如一般是个别的一部分一样。哲学与科学都在研究世界的本质，但哲学研究的是世界的一般本质和一般规律，而具体科学研究的是世界的特殊本质和特殊规律。科学越发达，它对某一现象所揭示的特殊本质就越丰富、越深刻。如果科学仅满足于对一般本质的理解，那就没什么意义了。没有对事物特殊本质的揭示，事物的一般本质就难于被人们所认识和理解。胡塞尔说："由属和种表示的这些本质关系意味着，在较特殊的本质中直接地或间接地包含着较一般的本质。"① 另一方面，特殊本质也不能脱离一般本质而单独存在。事物的内在矛盾无论怎样特殊，都不能排除同类事物共同矛盾的制约，不能不顺应共同矛盾的运动趋势，正如胡塞尔所说："本质的单个体它们必然在自己之上有'更普遍的'本质作为其属，但不会在自己之下有任何特殊体。"② 如果事物的特殊本质发生畸变，超出了一般本质统摄的范围，就表明该事物已经转化为别的事物了。

其次，二者相互规定，使事物本质系统保持相对稳定。一般本质规定事物的属，划定事物本质系统的边界。黑格尔在说明本质时使用了"类"概念，认为类直接表现着本质，他举例说，任何一个动物都"必从属于其类，从属于其共性之下，而此类或共性即构成其特定的本质"。③ 他在《哲学史讲演录》中也有这样的思想，"客观的思想……宇宙以及自然中的理性，或者像我们所讲的自然界中的类，那是普遍的东西。狗是动物，动

---

① ［德］胡塞尔．纯粹现象学通论［M］．李幼蒸，译．北京：商务印书馆，1996：66.
② ［德］胡塞尔．纯粹现象学通论［M］．李幼蒸，译．北京：商务印书馆，1996：66.
③ ［德］黑格尔．小逻辑［M］．贺麟，译．北京：商务印书馆，1980：80.

物就是狗的类、狗的实质，狗本身就是动物。这个规律、这个理智、这个理性就是内在于自然中的，就是自然的本质。”列宁在摘引这话时加了批注：“类概念是‘自然的本质’，是规律……。”① 黑格尔举例做了进一步的说明：“动物本身是不能指出的，能指出的只是一个特定的动物。动物本身并不存在，它是个别动物的普遍本性。既是一个动物，则此一动物必从属于其类，从属于其共性之下，而此类或共性即构成其特定的本质。”② 马克思也曾说：“北极和南极都同样是极，它们的本质是同一的。同样，男性与女性构成相同一个类，同一种本质——人的本质。北和南是同一种本质的两种对立的规定，是同一种本质在高级发展阶段上的差别。”③ 马克思肯定了南北极、男人女人各属同一个类，有其一般本质。一般本质能区别异类事物，而不能将同类事物区别开来，男人与女人的区别取决于他们各自的特殊本质，即男人与女人身体内部的结构与特殊矛盾。一般本质只有在被特殊本质所限定之后才有现实意义。正是一般本质与特殊本质的相互规定，才使某物从根本上既同于类事物，又别于类事物。

最后，一般本质与特殊本质的区分也有相对性，因为一般与特殊的区分是相对的而不是绝对的。一个层次的本质相对于它的下一个层次的本质来说是普遍的、一般的，而相对于它的上一个层次的本质来说，则是特殊的。事物的属种关系的层次可以说是非常多的，也可以说有无限多的层次。A（种）→B（属）→C（种）→D（属）→E（种）→F（属）→G（种）→H（属）……相对于属来说，种是现象，属是本质。种属关系是事物普遍联系的表现形式，形成了一个种属关系的链条。从认识的角度看，每剥开一层现象，都会有另一层新的现象呈现出来，更新一层的现象就是它上一层现象的本质。从现象到本质就像剥洋葱皮一样，外边的一层对里边的一层来说是现象；里面的一层对外面的一层来说是本质，以此类

---

① ［俄］列宁. 哲学笔记［M］. 北京：人民出版社，1974：410.
② ［德］黑格尔. 小逻辑［M］. 贺麟，译. 北京：商务印书馆，1980：80.
③ ［德］马克思，恩格斯. 马克思恩格斯全集：第1卷［M］. 北京：人民出版社，1956：355.

推，由于种属关系层次的无限性，所以现象的终极本质是无法达到的。列宁曾说："人的思想由现象到本质，由所谓初级本质到二级本质，不断加深，以至无穷。"① 就种属关系的链条来说，如果种属关系不固定，就说不清哪是本质，哪是现象；如果种属关系确定了，哪是现象，哪是本质就是确定的。种属关系的相对性就决定了特殊本质与一般本质关系的相对性，这也表明了人类对事物的认识是一个不断深化、永无止境的过程。

① ［俄］列宁. 列宁全集：第50卷［M］. 北京：人民出版社，1988：213.

尾声

质系统研究的意义

对“质”范畴的讨论是一个老问题，但把质作为一个系统来考察则是近来才有的事情。这是现代系统科学发展在哲学中的反映。对质系统的研究，有利于深化完善辩证唯物主义，有益于指导主体在实践中完整准确地把握事物的质。

对系统的研究，把事与物、质与事物、质与属性、实体与属性、物质与实体、实体与关系、质与量、质与质量、质与度、质与本质等概念联系起来了，以质为中心分析了这些概念之间的关系；对质与现象、量变与质变、质的生成机制、质的进展过程的分析等丰富了质量互变规律的内容。对质系统研究的重要意义主要表现在以下几个方面。

一、有利于人们正确理解唯物辩证法的有关原理

从系统的观点考察事物的质，不仅会深化对唯物辩证法的理解，还能澄清在有关问题上的许多误解，这在理论上、实践上都具有重要意义。

（一）质系统的思想在质与量、现象与本质两对范围之间建立了联系

目前哲学教材把质与量、现象与本质这两对范畴视为互不相干的“两张皮”。一方面，在讲到质时强调认识事物首先要认识质，而质与本质又被等同起来，然后再考察量；另一方面在认识论中则讲透过现象认识本质。认识起于感觉，感觉的对象是现象。在这里，“认识质与量”同“由

现象认识本质”之间就被人为地置入屏障。这种观点显然不能说明人类认识的逻辑进程。从质的系统性观点来看，质与量、现象与本质是有内在逻辑联系的。对主体来说，现象是认识的直接客体，感觉作为认识的起点必定是对事物现象的反映。质与量是主体最先碰到的，认识事物首先要区别事物，认识事物的质是认识活动的起点。先确定了“是什么”，然后才能谈得上“是多少”“怎么样”。但是，能在质与量上区别事物并非认识了本质——对质与量的认识仍属感性认识。可见从区别事物的意义上来说，事物的质与量仍属现象范畴。从质系统的层次来看，本质是最高层次，是认识的间接对象，共同质、特殊质作为现象是认识的直接对象。可见质与本质这两个范畴体现了人的认识由直接到间接的逻辑递进过程。质范畴侧重于揭示客体的直接规定，本质揭示的是客体的间接规定。本质是直接存在背后的东西，是在质的规定的基础上更深层次的规定，是人类认识质的规定的深化。

（二）对质系统的研究可以丰富、充实质量互变规律的内容

什么是质变？目前有代表性的观点是认为“质变是事物根本性质的变化，是新事物代替旧事物的飞跃过程。”① 这个定义虽然不能算错，但从质的系统性观点来看就过于偏狭了。

1. 质变应当包括非本质的变化内容

传统的“质变”思想把非根本质的变化从质变概念中排斥出去了。一般说来质变除根本之质的变化之外，还应有非根本之质（特殊质、共同质）的变化。事物根本性质的变化只涉及本质的变化，以此作为质变概念是不完整的。黑格尔和恩格斯都没有说过质变就是根本性质的变化。黑格尔联系实例说明事物的质时，常指事物的“某种质”，如“一条河流的某种质”。从科学研究的实际来看，对质变的理解也不局限于根本之质的变化。甚至可以说：一切非量的变化都是质变。如生物科学中的分类学、遗

① 李秀林，王于，李淮春. 辩证唯物主义和历史唯物主义原理［M］. 北京：中国人民大学出版社，1995：172.

传学、作物栽培育种学等学科就不是根据本质的不同来区分事物、说明质变的。如蔬菜分类，有双子叶植物和单子叶植物，再往下就是蔷薇部、豆部等 30 多个部，每一部又依据根茎叶花果种子等的性状差异分为科、属、种、变种。各类蔬菜的这些差别都不是本质差别，而只是共同质、特殊质上的差别。种之间、变种之间虽然也是互为他物，但它们的区别往往是若干性状的不同而已，例如白花豌豆、紫花豌豆、食荚豌豆是豌豆的三个变种，它们的差异仅限于花色与种子的大小等性状，这只是涉及特殊质。这些差异绝不是量的差异，只能是质的差异，如果不承认这一点，那么在生物自然进化和人工选育中，也就无所谓新品系、新品种和变种的产生了。在工业产品中，有固态硬盘和机械硬盘两种存储工具，二者的差别也只是涉及共同质和特殊质的问题，并未涉及本质问题，因为它们都是硬盘存储工具。

2. 并非任何质变都是根本的

质和量都属于现象的范畴，在认识中都是最先被感知到的。如果把一切非量的变化都看成是“事物根本性质的变化”，那么上述案例中豌豆的紫花与白花、圆形种子与皱缩种子的差别都是根本性质的差别了，这就等于否定了豌豆的共性。既然一切质都是“根本”的，那就意味着质与本质是一个东西了。不可否认，某些简单事物的质与本质完全一致，但这不具有典型意义，哲学概念不能以此为基础，正如 100 包括 80，然而又不能将 100 等同于 80 一样，质系统中包含本质，但不能认为质与本质可以相互代替。

（三）对质的探索深化了对“部分质变”原理的理解

从质系统考察质变概念，不仅会获得更加丰富的内容，还能深化对“部分质变”概念的理解，消除目前教科书在这一问题上的矛盾与混乱。

当前哲学教科书把质变等同于根本性质的变化（根本性质又被看成本质），还承认部分质变是“事物的根本性质未变而比较次要的性质发生了变化”。在这里，“比较次要的性质”就是特殊质与共同质。这同前面讲的“质变是根本性质的变化”相矛盾。但倘若以质系统观之，此矛盾可以消除。

质系统观认为，事物有两个层次的质变，一是包括本质在内的整个质系统的变化、飞跃，或称根本质变。这是由事物根本矛盾的主要方面的变化决定的。人们通常讲的质变就是在这个意义上说的。二是部分质变。这个部分质变不仅包括特殊质、共同质的变化，还应包括本质的一定程度的变化。本质以根本矛盾为基础，本质的部分变化必然要影响到特殊质和共同质并使其发生变化。这才是“总的量变过程中包含着部分质变。”① 的确切含义。例如资本主义由自由竞争阶段发展到垄断阶段，这是资本主义社会形态发生的部分变化，包括本质的部分变化以及共同质、特殊质的相应的变化，所以列宁称帝国主义是资本主义的最高阶段。如果不承认帝国主义对于自由资本主义是整个系统质（包括本质）的部分变化，就不能把握帝国主义时代的特征，也不能正确理解列宁对马克思主义的发展。所以传统的“部分质变”观否认了本质的运动，把本质看作一潭死水。

传统的“部分质变”概念割裂了本质转化与部分质变的内在联系。在教科书中一般被规定为“事物根本性质未变而比较次要的性质发生变化”，这种观点认为本质在量变阶段是不变的，本质自身的运动只是一种本质向他种本质的转化而已。按照此观点，部分质变不是本质的部分变化，而只是本质之外的共同质和特殊质的变化。这就夸大了本质的相对稳定性，否定了本质的绝对运动，陷入形而上学。以质的系统观考察质变，可以正确定位部分质变，在这一问题上贯彻辩证法。在质系统中，本质的变化决定和影响共同质、特殊质的变化，而后者也会影响到本质的变化。本质作为质系统的核心，在发生突变、飞跃前，必定不是绝对静止的。在各种因素的作用下总会或多或少地发生变化，这便是“部分质变”，不承认这一点就不能理解本质为什么会发生飞跃式突变，没有这种“部分质变”，就没有整个质系统的飞跃。

20 世纪 20—40 年代，中国的社会性质从总体上说仍是半殖民地半封

① 李秀林，王于，李淮春. 辩证唯物主义和历史唯物主义原理［M］. 北京：中国人民大学出版社，1995：173-174.

建社会，但中国共产党领导革命人民建立了若干革命根据地，即在白色政权包围下建立了红色政权和革命根据地。毛泽东说：“陕甘宁边区和华北华中各抗日根据地的社会性质已经是新民主主义的，判断一个地方的社会性质是不是新民主主义的，主要地是以那里的政权是否有人民大众的代表参加以及是否有共产党的领导为原则。”① 不仅抗日根据地性质是新民主主义的，土地革命战争和解放战争时期的革命根据地也都如此。可见，红色政权的出现绝不仅仅是中国社会次要质的变化，而是对半殖民地半封建社会作出的部分本质的改变。没有这种本质的部分变化，就不会有新中国的成立这种根本质变。

质系统的存在是动态的，这主要取决于其核心（本质）的绝对运动。黑格尔提出过本质的无限运动的思想，他说：“本质……之所以是本质……是由于存在本身的无限运动。”②“本质中的变易，即本质的反思运动，因此就是一种从无到无、从而回到自己本身的运动。”③ 虽然没有从“无”开始的运动，但列宁仍称黑格尔的这句话是机智而深刻的。任何事物的本质都是发展的，都有一个生成、发展、变化的过程，这种部分的变化最终会导致质系统的根本变化，实现由一种本质向他种本质的转化。可见本质的存在是相对稳定与绝对运动的统一。承认本质的相对稳定，就同形而上学的相对主义划清了界限；承认本质的绝对运动，就同形而上学不变论划清了界限。

二、有利于人们认识、控制和改善事物的质

事物质的生成离不开组成要素的质及其联系方式，这就为主体提供了认识、控制和改善事物质的思路和一般方法。

（一）从事物组成要素的质、量及其结构来把握事物的质

事物质的生成离不开组成要素的质，后者必定以某种方式反映到事物

① 毛泽东. 毛泽东选集：第2卷［M］. 北京：人民出版社，1991：785.
② ［俄］列宁. 哲学笔记［M］. 北京：人民出版社，1974：134.
③ ［俄］列宁. 哲学笔记［M］. 北京：人民出版社，1974：138.

的质中，因此认识事物的质首先要具体分析事物系统组成要素的质和量，以及各种要素对事物质有什么影响；要素的质与量通过什么样的结构怎样反映在事物的质中。其次要考察各组成要素之间的联系方式即结构如何制约各组成要素从而使事物具有各要素所不具有的新质。上述认识事物质的思路和方法应用到实践上就形成了主体控制、改善事物质的方法。

首先，事物质变有优变（进化）与劣变（退化）两种情况，要使事物优变，就要在构成事物的要素的各种参量中进行优化选择，即质优化选择。这样就可以使那些能引起质优化的要素的量得到积累或调整，从而促进质的优化。例如某些微量元素在人体内的含量太少、太多都不利于人体的健康。要使这些微量元素在人体中保持最优的含量比例，才能优化人的健康。就饮食来说，各种食物对人体的作用也不相同。脂肪、蛋白质、淀粉（碳水化合物）、膳食纤维、糖类等在每种食物中的含量也大不相同，这就要求合理搭配食物，才能吃出健康。

其次，可以根据实践需要设计出最能充分发挥事物功能作用的结构模式。结构的变化引起质变也有优化与劣化两个方向，相同的要素在空间上的不同结构组合，就可以造成事物质的优化或劣化。要实现事物功能的最大化，就应当在优化要素质的基础上，使结构达到最优化，这是提高效率的基础。例如近些年电脑中央处理器（CPU）主要生产商 intel 公司（生产酷睿系列产品）和 AMD 公司（生产锐龙系列产品），每年都你追我赶地推出新产品，后一代产品总比前一代同系列产品在性能上都有所提高，这种提高主要是靠改进 CPU 的架构和提高主频实现的。再如我国的经济政治体制改革，就是要调整生产关系和上层建筑具体制度结构，使之与生产力发展状况相适应，使社会主义的系统质得以优化，可见，人们可以在定性和定量的基础上设计出该系统的最优化结构，使系统的质相对于主体而言达到最优状态。就工业产品的设计制造来说，要保证零部件优质，数量适中，也要使各零部件的结构合理，这样设计出的产品才会达到优质。

最后，通过系统质中各要素质的优化、提高而达到系统质整体的优化。组成事物要素的质优劣程度各不相同，人们可以选出那些最有利于系统质优化的要素，使其积极作用得到充分发挥。从内部看，这是要素质的改善与提高；从外部看，则是系统主动适应环境，在同环境的物质能量交换中形成一种符合自身发展的最佳状态。要保持和稳定这种状态，就需要把要素的质、量和结构稳定下来，特别是要控制住各要素之间的比例关系，以此稳定地保持事物的优质。一所学校要实现高质量发展，就必须优化构成这所学校的各要素。如择优选配教师，同时提高现有的教师素质。在招生方面，招收分数较高的学生。在硬件建设方面，采购高端、优质教学设备、教学仪器、实验仪器，建设高标准教学、实验楼房。在管理层面上，择优选聘高素质学校管理人员，建立健全各项管理制度。采取多种措施激发教职工的积极性。同样对于企业来说要达到最佳的功能状态，就要对企业的构成要素进行优化，使每个要素都能充分发挥作用。具体地说，一是要提高企业中各生产要素的素质，包括职工素质、改善企业技术工艺状况、设备性能，对各种生产要素的数量进行调整，达到合理化；二是要调整企业生产体系结构，使人尽其才，物尽其用，货畅其流。各种生产要素充分有效地配合，从而使企业的整体功能（系统质）得到优化与提高。

优化系统各要素的质对于提高系统整体的质是非常重要的，但是如果只是单纯地优化要素的质，也并不一定能够使系统质这一功能整体得到优化。这里还有一个系统结构的问题。一个系统如果没有一个合理的结构，就不能使各要素的功能得到充分发挥。一个企业生产设备再先进，技术工人再熟练，但如果人员专业技能分配错位，专业不对口；收入分配方面，不能体现多劳多得，收入与专业技能不匹配，等等，都会挫伤劳动者的积极性，不可能使企业处在最佳运行状态。就工业产品的生产来说，最初我国企业技术落后，自行设计能力差，有些企业急功近利，通过堆料的方式生产高端产品。购买国际上的大品牌名优产品的零部件，然后拼装起来，虽然这些产品的零部件都来自不同国家、不同企业的“名优”产品，但由于拼装的结构不合理，硬把它们组装在一起，彼此之间不能很好地匹配，结果并不能充分发挥每个零部件的功能，导致高端产品不高端。

（二）从层次性出发，准确而完整地把握事物的质

质的层次性的划分将本质与共同质区分开来，将共同质与特殊质做出界定，既提供了认识本质的思路，也提供了把握同类中的个别与个别中的同类的方法，有助于主体在认识和实践中达到主客观的统一。具体而言，区分质的层次性有助于人们正确地定位事物某一层次要素的质。系统与要素的区分有相对性，认识事物的质不能仅仅局限于事物本身，因为事物的质总是在联系中存在，所以还要考察外部因素对事物质的影响。这就需要将该事物纳入它所属的更高层次的系统，分析该系统对事物质的规定和影响，从而对该事物的质给出准确定位。例如我国现阶段的非公有制经济，主要是私营经济，就其本身这个层次的质来看，就是私人占有生产资料和以雇佣劳动为基础的私有制经济，即资本主义经济。但如果将私营经济纳入社会主义市场经济体系这一大系统来看，它就成为社会主义市场经济的重要环节，它的存在是同我国生产力状况相适应的，在政治上有合法地位，私营业主或民营企业家阶层也是中国特色社会主义事业的建设者。因此，对我国现阶段的私营经济，不能仅从它本身这一层次来认识其质，还要将它置于社会主义市场经济这一大系统中去定位，这样就可以看出它还具有社会主义市场经济的质，是社会主义市场经济的特殊而重要的一部分，不能将它同资本主义国家的私人经济等同起来。对于股份制经济、集体经济质的把握也应考虑到不同的层次，给出恰当的定位。

三、有利于人们正确地认识事物的本质

质系统观将本质区分为一般本质与特殊本质，这在哲学上具有重要的方法论意义。

第一，对本质层次性的划分有利于深化人们对马克思主义哲学本质特征的理解。从历史上看，经验主义与理性主义、归纳法与演绎法，分别将本质理解为特殊本质和一般本质，虽然有合理性，但它们各执一端，陷入片面性。现在把事物的本质理解为一般本质与特殊本质的有机统一，这就

克服了经验主义与理性主义各自的片面性，形成了对事物本质系统的完整认识。

马克思、恩格斯没有直接使用一般本质和特殊本质这两个概念，然而从他们对社会的本质、资本的本质、人的本质及其他事物本质的具体论述中可以看出，他们对同一事物本质的探索是有这个思路的，坚持了本质系统观，体现了与旧哲学不同的新思维。在马克思主义哲学中，要求考察事物的质，在广义上给事物定性，划定事物本质系统的边界，克服相对主义；同时又强调能动性与革命性的统一，合目的性与合规律性的统一，体现出对事物一般本质的肯定；强调从实际出发，实事求是，尊重客观规律，具体问题具体分析，表明了马克思主义哲学的客观性、科学性。将一般本质与特殊本质统一起来，就能实现客观性与能动性、科学性与革命性的统一，显示出马克思主义哲学的本质特征。

第二，对事物本质系统的层次划分，有助于主体正确地认识事物的本质。由于本质是一个系统，一般本质与特殊本质相互联系，不可分割。要全面深刻认识事物的本质，就必须把这两个层次的本质结合起来，绝不能仅仅局限于一个层次。如20世纪上半叶中国的革命战争，从一定属种关系来说，革命战争作为它的属直接表现着它的一般本质，即代表人民利益的进步力量推翻反动阶级统治的武装斗争。这虽然从根本上区分了革命战争与其他类型的战争，但它不能说明中国革命战争与其他国家革命战争的区别，所以还必须揭示它的特殊本质。中国革命战争包含的特殊矛盾限定了革命战争的特殊内容，把它同外国的革命战争区别开来，从而体现出中国革命战争的特殊本质，即由中国共产党领导的、人民大众的、反帝反封建的新民主主义革命。就当代中国的市场经济来说，它有着市场经济的一般本质，即以市场在配置经济资源中起决定作用为特征的经济形式。但中国的市场经济又具有不同于欧美资本主义市场经济的特殊本质。当今中国的社会性质处在初级阶段的社会主义社会，具备社会主义社会的一般特征，但与苏联的社会主义、朝鲜的社会主义、越南的社会主义有很大的不同，所以如果单纯地用社会主义来指称中国的社会制度就太过笼统，不足以概括中国社会的特殊本质，因而必须在社会主义前面冠以“习近平新时代中国特色”几个字，才能准确概括当代中国的社会性质。

由此可见，在认识过程中，如果仅仅把事物本质归结为一般本质，虽然有助于人们把握事物发展的总趋势、主流和典型特征；但这种认识同具体事物的现状是有距离的，不仅不能揭示事物的特有矛盾或矛盾的特殊性，而且极易陷入“美本身”“马本身”的怪圈，走向唯心主义。如果把事物本质仅仅理解为特殊本质，虽然有助于人们从事物的本来面目出发考察事物，揭示事物的特殊矛盾，但这种认识很可能是静态的，属事实性认识，带有纯客观性，容易使人们对现存事物采取非批判的、形而上学的态度，不利于把握事物发展的主流和趋势。

第三，本质层次性的划分为主体的认识活动提供了同一性前提。认识事物的本质应着眼于整个本质系统，明确就哪个层次上谈论本质的，只有在同一层次上讨论某一事物的本质，才会有共识，这是学术论争所遵循的重要原则。如果双方不是在同一层次上讨论问题，则彼此不能成为真正的对象，论争的锋芒也就交臂失之。这种讨论虽然有一定意义，但只是走向正确认识的一种过渡和准备。哲学史上对人的本质问题一直争论不休，莫衷一是。但从质和本质的层次性观点来看，哲学家们往往是站在不同层次上或者在同一层次的某个片面孤立地探讨人的本质。马克思主义对人的本质的理解是对以往观点的总结和超越，从其方法论来看也体现了本质层次性思路。首次提出了人的一般本质与特殊本质。人的一般本质是从人与动物相区别的层次上来说的，它就是社会劳动或实践。人的特殊本质是在人与人相区别的意义上来说的。“在其现实性上，它是一切社会关系的总和。”人的两个层次的本质是统一的、相互制约的，从这种认识出发，马克思把资本主义社会压抑人的自由自觉活动的状态，即工人的那种受剥削受奴役的生活称之为非人的、不符合人的本质的“异化”状态，而这种“异化”状态也只能是特定的社会关系（资本主义制度）的产物，因此马克思提出通过改造资本主义制度来消灭这种异化状态的任务。我们不能离开特定的社会关系和社会条件来追求抽象的绝对自由自觉的活动，也不能消极地充当现存社会关系的奴隶，而应当改造现存的社会关系，使人的自由自觉活动不断得到实现和发挥。

由此可见，只有把事物的本质理解为一般本质和特殊本质的统一，才能克服各自的局限性、片面性，把经验主义本质论与理性主义本质论统一起来，从而科学地把握事物的本质，解决在这个问题上的诸多论争。

第四，把事物的本质理解为一般本质和特殊本质的统一，在实践上有助于指导人们更加有效地改造世界。人的实践离不开理论指导，这种理论一般被认为是对客观事物本质和规律的认识，它到底是在哪个层次上反映事物本质的，这一点很重要，它直接影响实践的结果。例如，对社会主义本质的认识不同，就会影响社会主义建设的实践。社会主义制度的本质也有两个基本层次。作为"自由人联合体"，是其一般本质，它标志着人们摆脱了社会关系的束缚进入了必然王国的彼岸——自由王国状态。在这一思想指导下，结合当代社会主义运动的实践，邓小平提出了社会主义的现实本质或特殊本质，包括不可分割的两个方面：一是解放生产力、发展生产力，这是从社会主义运动发展规律和客观要求来说的。二是消灭剥削，消除两极分化，最终达到共同富裕，这是从解放和发展生产力的结果方面来谈的。改革开放前，我国对社会主义本质的理解是片面的，表现为三个方面：一是片面强调公有制与按劳分配，在实践上追求生产关系的"一大二公三纯"，搞平均主义大锅饭；二是只讲发展生产力，不讲解放生产力，导致体制僵化；三是忽视了"共同富裕"这个核心目标，甚至出现了"宁要穷的社会主义，不要富的资本主义"的说法，在实践上造成了严重后果。改革开放后，随着对社会主义本质认识的深入，社会主义现代化建设出现蓬勃发展的新局面。

关于对社会主义社会基本矛盾问题的认识也同样如此。社会主义社会基本矛盾与主要矛盾在社会主义初级阶段是一致的，其一般本质就是社会主义生产力与生产关系、经济基础与上层建筑的矛盾运动。但仅凭这一点是不能准确把握当代中国社会主义主要矛盾的本质内涵的，这就需要揭示当代中国社会的主要矛盾的特殊本质。在中国特色社会主义进入新时代后，社会的主要矛盾就由过去的人民日益增长的物质文化生活需要与落后的社会生产之间的矛盾，转变为人民的美好生活需要与发展的不平衡不充分的矛盾，这是习近平新时代中国特色社会主义主要矛盾的特殊本质内涵。

第五，把握事物本质的两个层次有助于人们在实践中做到合规律性与合目的性的统一。人的实践目标既要符合事物本身发展的规律和趋势，具有现实可能性，又要符合人的特定需要。事物的这种符合自身规律又符合人的需要的状态，就是它的理想状态，它取决于事物的一般本质，既然事物的一般本质为人的实践活动提供了目标要素，那么，人要通过实践把它改造成理想状态，就必须首先认清事物的现实本质或特殊本质。这是人的实践活动的科学出发点。既然人的一般本质是自由自觉活动，我们就应当以大多数人的自由自觉活动得到充分发挥即以人的全面发展作为活动的长远目标；既然人的特殊本质是一切社会关系的总和，所以我们必须把改变人的现实的社会关系作为实践活动的出发点，使社会关系尽可能地有利于人的自由自觉活动。社会主义的一般本质是“自由人联合体”，要达到这个境界首先必须解放和发展生产力，消灭剥削、消除两极分化，最终达到共同富裕。前一个层次是合目的性，后一个层次是合规律性。但在邓小平的社会主义本质论中，把合规律性方面放在前面，把合目的性方面放在后面，这就突出了客观规律的重要性，只有在尊重客观规律的基础上才能实现人民群众的共同富裕与全面发展。而人的自由自觉活动越得到充分发挥，即人越全面发展，就越有利于共同富裕，有利于促进生产力发展。2001 年江泽民“七一”讲话指出：“人越全面发展，社会的物质文化财富就会创造得越多，人民的生活就越能得到改善，而物质文化条件越充分，又越能推进人的全面发展。”习近平总书记提出“以人民为中心”的发展理念，更加具体地论述了人的全面发展的思想：“明确新时代我国社会主要矛盾是人民日益增长的美好生活需要和不平衡不充分的发展之间的矛盾，必须坚持以人民为中心的发展思想，不断促进人的全面发展、全体人们共同富裕。”①

总之，不了解事物的一般本质，就不能掌握事物本质系统的界限，陷入相对主义，导致主体实践目标的缺失或者不能形成正确的目标；不懂得事物的特殊本质，人的实践缺乏正确的出发点和有效的手段。只有把事物的本质理解为一般本质和特殊本质的统一，才能为人们认识世界、改造世界提供正确有效的指导。

① 习近平. 习近平谈治国理政：第3卷［M］. 北京：外文出版社，2020：15.

参考文献

一、文献与著作

1. ［德］马克思，恩格斯. 马克思恩格斯选集：第 1—4 卷［M］. 北京：人民出版社，2012.

2. ［德］马克思，恩格斯. 马克思恩格斯全集：第 1 卷［M］. 北京：人民出版社，1956.

3. ［德］马克思，恩格斯. 马克思恩格斯全集：第 2 卷［M］. 北京：人民出版社，1957.

4. ［德］马克思，恩格斯. 马克思恩格斯全集：第 23 卷［M］. 北京：人民出版社，1972.

5. ［德］马克思，恩格斯. 马克思恩格斯全集：第 25 卷［M］. 北京：人民出版社，1974.

6. ［德］马克思，恩格斯. 马克思恩格斯全集：第 42 卷［M］. 北京：人民出版社，1979.

7. ［德］马克思，恩格斯. 马克思恩格斯全集：第 46 卷（上）［M］. 北京：人民出版社，1979.

8. ［俄］列宁. 列宁选集：第 2—4 卷［M］. 北京：人民出版社，1972.

9. ［俄］列宁. 列宁全集：第 50 卷［M］. 北京：人民出版社，1988.

10. ［俄］列宁. 哲学笔记［M］. 北京：人民出版社，1974.

11. 毛泽东. 毛泽东选集：第 1，2，4 卷［M］. 北京：人民出版社，1991.

12. 习近平. 习近平谈治国理政：第 3 卷［M］. 北京：外文出版社，2020.

13. ［古希腊］亚里士多德. 形而上学［M］. 吴寿彭，译. 北京：商务印书馆，1959.

14. 苗力田. 亚里士多德全集：第 1 卷［M］. 北京：中国人民大学出版社，1990.

15. ［荷兰］斯宾诺莎. 伦理学［M］. 贺麟，译. 北京：商务印书馆，2009.

16. ［德］黑格尔. 自然哲学［M］. 梁志学，等译. 北京：商务印书馆，1980.

17. ［德］黑格尔. 小逻辑［M］. 贺麟，译. 北京：商务印书馆，1980.

18. ［德］黑格尔. 精神现象学：上卷［M］. 贺麟，王玖兴，译. 北京：商务印书馆，1979.

19. ［德］黑格尔. 逻辑学［M］. 杨一之，译. 北京：商务印书馆，1980.

20. ［美］爱因斯坦. 爱因斯坦文集：第 1 卷［M］. 许良英，等译. 北京：商务印书馆，1976.

21. ［英］罗素. 西方哲学史：下卷［M］. 马元德，译. 北京：商务印书馆，1981.

22. ［德］胡塞尔. 纯粹现象学通论［M］. 李幼蒸，译. 北京：商务印书馆，1997.

23. ［德］波恩. 我们的一生和我们观点［M］. 李宝恒，译. 北京：商务印书馆，1979.

24. ［英］罗素. 人类的知识［M］. 张金言，译. 北京：商务印书馆，1983.

25. ［苏］库兹明. 马克思的理论和方法论中的系统性原则［M］. 贾泽林，等译. 北京：社会科学文献出版社，1988.

26. ［法］萨特. 存在与虚无［M］. 陈宣良，等译. 北京：生活·读书·新知三联书店，1997.

27. ［德］胡塞尔. 胡塞尔选集（上）［M］. 倪梁康，选编. 上海：上海三联书店，1997.

28. 北京大学哲学系外国哲学史教研室. 西方哲学原著选读（上、下）［M］. 北京：商务印书馆，1982.

29. 北京大学哲学系外国哲学史教研室. 十六—十八世纪西欧各国哲学［M］. 北京：商务印书馆，1962.

30. 苗力田. 古希腊哲学［M］. 北京：中国人民大学出版社，1989.

31. ［英］洛克. 人类理解论（下）［M］. 关文运，译. 北京：商务印书馆，1959.

32. 论语［M］. 肖卫，译注. 青岛：青岛出版社，2020.

33. 黄寿祺，张善文. 周易译注［M］. 上海：上海古籍出版社，2010.

34. 孙雍长. 庄子注译［M］. 广州：花城出版社，1998.

35. 陈鼓应. 老子今注今译［M］. 北京：商务印书馆，2003.

36. 张觉. 荀子校注［M］. 长沙：岳麓书社，2006.

37. 北京大学哲学系中国哲学史教研室. 中国哲学史教学资料选辑［M］. 北京：中华书局，1981.

38. 中国大百科全书：哲学［Z］. 北京：中国大百科全书出版社，1987.

39. 李秀林，王于，李淮春. 辩证唯物主义和历史唯物主义原理［M］. 北京：中国人民大学出版社，1995.

40. 肖前，李秀林，汪永祥. 辩证唯物主义原理［M］. 北京：人民出版社，1991.

41. 冯契. 哲学大辞典：马克思主义哲学卷［Z］. 上海：上海辞书出

版社，1990.

42. 教育部社会科学研究与思想政治工作司. 马克思主义哲学原理［M］. 北京：高等教育出版社，2003.

43. 陈先达. 马克思主义哲学原理［M］. 北京：中国人民大学出版社，1999.

44. 李武林，等. 欧洲哲学范畴简史［M］. 济南：山东人民出版社，1986.

45. 孙学章. 本质学——向物自体还原［M］. 北京：中国人民大学出版社，2014.

46. 罗嘉昌. 从物质实体到关系实在［M］. 北京：中国社会科学出版社，1996.

47. 汪子嵩. 亚里士多德关于本体的学说［M］. 北京：生活·读书·新知三联书店，1982.

48. 本书编写组. 马克思主义基本原理［M］. 北京：高等教育出版社，2021.

49. 谢庆绵. 西方哲学范畴史［M］. 南昌：江西人民出版社，1987.

50. 李泽厚. 批判哲学的批判——康德述评［M］. 北京：人民出版社，1984.

51. 高懿德. 物道主义形而上下学［M］. 北京：北京燕山出版社，2016.

52. 刘树伟. 辩证法新论［M］. 长春：吉林人民出版社，2013.

53. 张永昌. 马克思主义哲学原理：上卷［M］. 北京：北京师范大学出版社，1992.

54. 赵家祥. 马克思主义哲学原理［M］. 北京：经济科学出版社，1999.

二、学术论文

1. 姜云. 论质［J］. 海南师院学报（社会科学版），1998（2）.

2. 姜云. 论度的进展过程［J］. 哲学研究，1982（3）.

3. 兰俊，李继武. 论度及其关节极限的特点和意义［J］. 齐鲁学刊，1994（2）.

4. 沈晓阳. 论事物的双重本质［J］. 现代哲学，1991（3）.

5. 王令训. 论事物的多维属性［J］. 怀化学院学报，2011（10）.

6. 闵家胤. 质、质空间和质学原理［J］. 哲学研究，1996（6）.

7. 张国珍. 质量互变规律的三个问题［J］. 湖南师范大学社会科学学报，1995（1）.

8. 张践明. 质和本质的区别［J］. 求索，1983（3）.

9. 陈炳枢. 哲学“质”的定义新探［J］. 宁夏社会科学，1994（1）.

10. 傅昌璋. 质变定义新论［J］. 天府新论，1987（6）.

11. 郭留柱. 也谈什么是本质［J］. 山西大学学报（哲学社会科学版），1993（1）.

12. 崔伟阂. 胡塞尔现象学的本质理论初论——事实与本质及各类本质之间的联系与区分［J］. 华东师范大学学报（哲学社会科学版），1997（6）.

13. 张家龙. 论本质主义［J］. 哲学研究，1999（11）.

14. 史平. 量变和质变关系之新解［J］. 江西社会科学，1998（1）.

15. 李道文. 论质与本质的区别与联系［J］. 现代哲学，1997（1）.

16. 邹化政. 论事物与存在［J］. 长白学刊，1999（5）.

17. 段士云. 论质变与量变的同一性［J］. 江西师范大学学报（哲学社会科学版），1989（4）.

18. 张尚廷. “部分质变”辨——对哲学领域中一个争鸣问题的思考［J］. 河北大学学报（哲学社会科学版），1988（4）.

19. 力明. 质、质变及其形式之我见 [J]. 兰州学刊, 1987 (5).

20. 汪胤. 胡塞尔现象学中无形式本质学说 [J]. 江苏社会科学, 1995 (2).

21. 李剑锋. 论质和本质、量和现象的区别和联系 [J]. 探索, 1986 (2).

22. 王庆仁. 现象和本质可以相互转化吗? [J]. 扬州师院学报 (社会科学版), 1990 (1).

23. 杨启蒙. 论本质与现象的中介及其作用 [J]. 湖湘论坛, 1990 (2).

24. 冯棉. 克里普克的本质主义哲学思想 [J]. 华东师范大学学报 (哲学社会科学版), 1996 (5).

25. 罗萍. 略论质、本质、属性的关系 [J]. 湘潭大学学报 (哲学社会科学版), 1988 (4).

26. 宏扬. 质量不属于质的范畴而属于量的范畴 [J]. 华中师范大学学报 (人文社会科学版) 1986 (1).

27. 全从熹. 试论范畴质及其方法论意义 [J]. 学术月刊, 1984 (17).

28. 傅旌原. 关于否定之否定规律的"层次说"及关于量变质变规律的"层次·因子说" [J]. 四川大学学报 (哲学社会科学版), 1993 (3).

29. 胡国祥. 事: 关于思维与存在的新概念 [J]. 华中师范大学学报 (人文社会科学版), 1998 (6).

30. 林夏水. 论量的层次性 [J]. 哲学研究, 1992 (2).

31. 罗川山. 时空·运动·规律 [J]. 辽宁师范大学学报 (社会科学版), 1989 (4).

32. 孙恒志. 论度 [J]. 文史哲, 1982 (2).

33. 王玉峰. 实体与样式: 对斯宾诺莎哲学的一种思考 [J]. 外国哲学, 2012 (22).

34. 张允熠. 从"事物"范畴看儒学与现代辩证唯物主义哲学的内在

联系 [J]. 中国哲学史，1998 (2).

35. 贾澜. 论本质之现实存在和理想存在 [J]. 求索，2002 (6).

36. 辜堪生. 关于现象和本质范畴之管见 [J]. 探索，1987 (2).

37. 崔卫峰. 现象与本质范畴辨析 [J]. 合肥工业大学学报（社会科学版），2009 (5).

38. 潘富恩，施昌东. 略论中国古代关于量变与质变理论的历史发展 [J]. 社会科学战线，1983 (1).

39. 杨六奇，蒋兆年，张锡金. 论度和关节点 [J]. 中国社会科学，1980 (3).

40. 向维稻. 论事物内涵的中间成分与质变的中间状态 [J]. 成都大学学报（社会科学版），2007 (3).

41. 李建莹. 论“度”的存在形态及其客观意义 [J]. 云南师范大学学报（教育科学版），2002 (1).

42. 双远华，毛建儒. 论质的层次性 [J]. 太原师范学院学报（社会科学版），2004 (4).

43. 李霄山. 论质与本质 [J]. 培训与研究（湖北教育学院学报），2003 (1).

44. 杨世宏，任厚升. “本质”新探 [J]. 湖北大学学报（哲学社会科学版），2008 (3).

45. 杨世宏，刘冠军. 本质层次性研究的哲学方法论意义 [J]. 淮阴师院学报（哲学社会科学版），2002 (3).

46. 杨世宏，刘冠军. 从属种关系透视本质及其基本层次 [J]. 社会科学研究，2002 (5).

后 记

“质”是马克思主义哲学的基本范畴之一，教科书中提到“质”这个范畴也都是三言两语一带而过。从知网查询的结果来看，以专文形式研究质的也很少。在马克思主义哲学中，质与物质、质与量、质与质量、质与度、质与现象、质与本质、质与事物、质与质变等众多概念和原理，都是具有相关性的。如果对质的概念理解不到位或不正确，就会对唯物辩证法的一系列相关概念和原理产生误解，从而不能正确理解唯物辩证法，这在理论上和实践上都会产生不良影响。

本人是一名高校思政课教师，长期从事“马克思主义基本原理概论”“马克思主义哲学”的教学活动。在教学实践中，我发现教科书及相关学术论著对“质”的阐述存在一些值得商榷的问题。多年来本人一直关注这些问题，并将其搜集起来，反复思考。随时将思考的结果写成文章发表出来，这就有了关于范畴“质”的探索的几篇论文。

本书的写作参考了当前学界的研究成果，凡能标注的都做了标注，也有个别的文献因条件的限制只能从其他的文献中转引过来，未能直接引用，对这种情况也做了注明。书中的图片有些来自网络，如“物”“事”“质”的字型演化图，已经分别作了标注。

越是深入思考“质”的问题，就越发现这个问题的复杂性，从古希腊哲学到现代西方哲学，从先秦哲学到明清哲学都或多或少地涉及这个问题。马克思主义经典作家对质的正面论述虽然很少，但他们在论述其他相关问题时体现出了他们关于质的思想，这是非常值得关注的，这些论述为质的研究提供了全新的视角、研究思路和科学方法论指导。这本小册子就是著者多年来对范畴质探索、思考的结果，其中肯定不乏疏漏之处，很多观点也是不够成熟和完善的，诚望尊敬的读者批评指正。

在本书的出版过程中，得到了马克思主义学院院长孙迪亮教授、副院长刘宝杰教授的大力支持和帮助，在此表示衷心的感谢！

杨世宏

2021年9月于曲阜师范大学马克思主义学院